1 MONTH OF
FREE
READING

at

www.ForgottenBooks.com

By purchasing this book you are eligible for one month membership to ForgottenBooks.com, giving you unlimited access to our entire collection of over 1,000,000 titles via our web site and mobile apps.

To claim your free month visit:

www.forgottenbooks.com/free1008761

ISBN 978-0-331-05709-6
PIBN 11008761

Vorrede.

Mein kurzes Mahlerlexikon, oder eine Vorbereitung zur Kenntniß guter und alter Gemählde hatte ich die Ehre im Jahre 1779. dem verehrlichen Publiko vorzulegen. Mein Mahlerhandbuch mit einem Register versehen, woraus ersichtlich wird, in welchem Mahlerfach dieser oder jener Meister excelliret hat, erschien darauf vollständiger im Jahre 1781. bey eben diesem Verleger.

Bey=

Beyde Werke waren an sich Studien, durch welche ich selbst Känntniß über die schöne Mahlerkunst zu erlangen beflissen gewesen bin.

Zu diesem zwar noch unvollständigen Verzeichniß der Mahlerkünstler fande sich dennoch eine so große Anzahl inn= und ausländischer Gönner und Liebhaber, daß ich der Zeit von manchem an die Fortsetzung dieser meiner Studien mündlich und schriftlich erinnert worden bin, mit dem Ansuchen, diese auch, wie die vorhergegangene durch den Druck bekannt werden zu lassen.

Seit dem Jahre 1781. nun, in einem Zeitraum von 16 Jahren habe ich weiters manche artige Gemähldesammlung gesehen, manches schöne Originalgemählde kennen gelernt, manches Meisterstück und kunstreiche Mahlerhand entdeckt, ja mit Kosten getrachtet, meine Studien in der Känntniß der Gemählde fortzusetzen, und durch das Sehen mehrerer Gemählde mich ferner in diesem Studio zu üben.

Dadurch nun in Stand gesetzt, etwas vollständiges zu liefern, und die Mahlerhände mehr zu vervollkommnen, erreiche ich auch zugleich die Absicht, Mahlerfreunde mit zeitherigen neuen Studien zu befriedigen.

Die=

Dieses verbesserte und vermehrte neue Mahlerlexikon ist auch noch mit einem Anhang, oder
Verzeichniß der Monogrammen und Unterschriften von Mahlermeistern auf ihren Gemählden ꝛc. versehen, welcher hoffentlich manchem Ge-
mähldefreunde sehr willkommen seyn wird.

Bey meiner angewandten großen Mühe be-
daure ich aber, daß dieses mein neues Werk in
der Beschreibung derer lebenden Meister noch so
unvollständig bleiben muß. Wie wäre es aber
wohl für einen Author thunlich, diese Künstler
alle, oder ihre Werke kennen zu lernen, ohne von
einer Stadt zu der andern zu reisen, und ihre Gemählde selbst in Augenschein zu nehmen? Was
für Kosten und Umstände machte also die vollstän-
dige Sammlung der neuesten Mahler zu verschaf-
fen? Ich überlasse die Ergänzung der leeren Stellen einem mit der Zeit sicher folgenden Samm-
ler; dann die Mahlerkunst wird immer Liebhaber
und Patronen haben.

Inzwischen schmeichle ich mir, die vorhergegangene Jahrhunderte mit besonderm Fleiß durch-
gegangen, und die darinn geschäftig gewesene
Künstler genau aufnotirt zu haben. Vielleicht
wird ein unpartheyischer Leser diesem meinem nun

neuen

neuen Werke die Gerechtigkeit wiederfahren laſ=
ſen, daß es von allen Mahlerlexikon bis nun zu
das vollſtändigſte, vielleicht auch in der Ausarbei=
tung das fleißigſte ſey.

Dann bey dieſer weitern Sammlung iſt mein
bisheriges Studium darinn hauptſächlich beſtan=
den, aus Gemähldegallerien, und aus andern
Sammlungen kennender Privatperſonen, näher
zu beſtimmen, welche Mahlergegenſtände, wo nicht
ganz gewiß, doch ungefähr, dieſer oder jener
Künſtler ſich zu ſeiner gewöhnlichen Arbeit gewählt
hatte, als durch welchen Unterſchied die Meiſter=
hände dem Nachdenkenden kenntlicher werden.
Dieſes mein mühſames Studium iſt alſo eine
neue Haupteigenſchaft des neuen Mahlerlexi=
kons. Wo nicht durchgängig, doch meiſtens iſt
darinn bey jedes Künſtlers Namen beygeſetzt, welches
Mahlerfach die Lieblingsarbeit des Künſtlers ge=
weſen war.

Sonſten über die Mahlerey ſelbſt, oder über
die Mahlerſchulen hier weiter zu ſchreiben, bin ich
nicht geſonnen; über dieſe Gegenſtände findet man
ja anderwärts ſtattliche Abhandlungen. Eins
aber noch wäre mir angelegen, und ich würde
mich keine Mühe gereuen laſſen, wann ich den
anfan=

anfangenden Gemähldeliebhabern diese einzige und
Hauptfrage: was ist Original, und was ist Co=
pie, oder woran läßt sich erkennen, was Origi=
nal oder Copie sey? erleichtern könnte. Dieß zu
unterscheiden, ist eigentlich für den Anfänger das
schwereste; und darüber läßt sich auch nicht eine
nähere Information geben, als daß ein Original=
gemählde mit keckem Pinsel hingelegt ist, eine
Copie aber zaghaft nachgemahlt wird.

Ich rede von einem Anfänger, der erst Ge=
mählde kennen lernen will, weil ein geübter Mah=
lerliebhaber nur ein Gemählde ansehen darf, so
weiß er schon, was Original, und was Copie
ist. Das aber macht die Ausübung, und haupt=
sächlich das Studium, oder die Gelegenheit vie=
le Gemählde zu sehen, oder gesehen zu haben. Da=
mit ist aber noch nicht gesagt, als wann eine je=
de Copie ein verwerfliches Gemählde sey; das
nicht. Dann es kann ein großer Künstler eines
noch größern Künstlers Originalgemählde copi=
ren, und beyde bleiben schön; zwar ist der Ori=
ginalgedanken, oder die Originalarbeit immer die
schönste und die vorzüglichste. Zum Beyspiel,
wenn ein jetzt lebender Künstler, eine demüthige
fromme Donna von Carlo Dolci fleißig copiren

wür=

würde; aus der Ursache würde diese Copie, weil
sie eine Copie ist, nicht gänzlich herabgesetzt, doch
wird sie niemal einem Gemähldekenner so schätz=
bar seyn, als das Original selbst, und zwar,
weil der Gedanke, oder diese Composition schon
bekannt ist. Unterdessen bleibt schön, was schön
ist; dergestalten dörfen jene Landschaften, worinn
sich die heilige Familie in Blumenalleen unter=
hält, und deren so viele alte Mahlermeister ent=
worfen haben, hundertmal von den heutigen
größten Künstlern copirt werden; der Gedanken
bleibt immer artig, und die Ausführung schön
und angenehm. Wann aber ein zaghafter Mah=
ler in unsern Tagen von Teniers frey bearbeite=
ten Bauernstücken eines copiren wollte, oder ein
Bataillenstück von Bourguignon, worinn ein
kecker Pinsel herrscht; da wird freylich die Co=
pie nicht gefallen. Daher je künstlicher das Ori=
ginal ist, desto weniger gut wird die Copie aus=
fallen, sonst würde jenes nicht ein Meisterstück
seyn.

Eben so schwer kann sich ein Anfänger bey
der Vorfrage: ob dieß oder jenes Gemählde wirk=
lich von diesem oder jenem Meister, wofür es aus=
gegeben wird, sey? helfen, ohne daß auch seine
Begierde oder sein Studium durch allgemeine Re=
geln

geln erleichtert werden kann. Zwey Dinge kommen bey dieser Untersuchung hauptsächlich zu beobachten, nämlich das Innere eines Gemähldes,
und das Aeußerliche. Jenes betrift den Mähler-
gegenstand selbst, und ob der Meister keck, geschwind, und mit reinen Farben gemahlt hat; ob
seine Draperie so und anderst gestaltet ist; ob die
Kleidungsstücke gut oder schlecht gefaltet seyen; oder
ob der Mahler zaghaft, geleckt, langsam und mit
stark gemischten oder schlechten Farben gemahlt hat;
ob die Draperie anderst, die Gewändter weiter oder
enger, als des Meisters Manier war, gefaltet sind;
oder ob der Meister, wovon die Rede ist, gar nicht
derley Mahlergegenstände verfertiget hat. Dieses, das Aeußerliche nämlich, betrift die Form
des Gemähldes, ob es auf Stein, Kupfer, Holz
oder Leinwant gemahlt ist; ob es in die Höhe oder
in die Breite geht; ob es ins Große ausgeführt,
oder ob es ein kleines Cabinetstück ist. Freylich
werden die Anfänger bey solchen nicht durch allgemeine Regeln aufzulösenden Ungewißheiten von
einem Zweifel zu dem andern hingeführt; dennoch
aber wird das Studium oder die Gelegenheit viele Gemählde und die Meisterhände gegeneinander
zu sehen, am Ende manchen Zweifel auflösen,
und die vorgefallene Beschwerlichkeit überwinden;
dann, fast jede alte Meisterhand hat gewisse Kenn-

zeichen,

zeichen, die sich, wenn man genauer nachstudirt,
zur Ueberraschung aufklären.

Zum Beyspiel: es würde angeboten ein Bau=
ernstück oder Tabackstube von Titian angeblich;
ein Jagdstück von **Philipp Wouwermann** 1 ½
Schuh hoch, 1 Schuh breit; ein schönes Frauen=
gemählde von **Gerard Douw** auf Kupfer und 1
½ Schuh breit, 1 Schuh hoch; ferner eine Geiß=
lung Christi von **Rembrand** auf Kupfer; eine klei=
ne heilige Familie von **Rothenhammer** auf Lein=
wat; ein Cabinetstück von **Franz Mieris** 1 ½ Schuh
breit, 1 Schuh hoch; ein Jagdstück von **Peter
Candit;** ein Seestück von **Hamilton** 2c.   Ja, zu
diesen neuen Erscheinungen würde ein Gemählde=
kenner beym ersten Anblick innerlich lachen, weil
Titian lauter erhabene Mahlergegenstände gewählt,
und nicht Tabackstuben gemahlt hat; weil des **Phi=
lipp Wouwermanns** Gemählde alle breiter, als
hoch sind; weil **Gerard Douw** nur auf Holz ge=
mahlt hat, und seine Werke in die Höhe, nicht
in die Breite geformt sind; ferner, weil **Rem=
brand** nie auf Kupfer gemahlt hat, dieser Künst=
ler war froh, wann er auf einer Bierbank ein
Stück Papier, eine schlechte Leinwant, oder ein
Brettgen von Holz gefunden hatte, um darauf
mahlen zu können. Des **Franz Mieris** Gemähl=
de

de sind auch fast alle höher, als breit, und Peter
Candito hat herrliche Historien und Mutter Got=
tes Stücke gearbeitet, niemals aber eine Jagd;
eben so wenig ein Hamilton Seestücke. Folg=
lich muß auch zur Känntniß der Gemählde, die
Historie, die Erfahrung, die innerliche und äu=
ßerliche Beschaffenheit der Gemählde selbst zu
Rathe gezogen werden, um zu erfahren, ob es
ein Gemählde von dem angegebenen Meister sey
oder nicht.

Freylich gehöret dazu eine in das Mahler=
fach einstudirte Praxis, die aber doch nicht so
schwer ist, daß sie einen Anfänger abschrecken
darf; wer einmal auf einen Gegenstand studirt,
der trachtet auch seine Studien, wann und wie
er kann, zu erleichtern, und dieß hält nicht
schwer, dieß geschieht durch Grundsätze, durch
Regeln, durch entscheidende Begriffe, die sich
ein jeder selbst bilden kann, und bilden muß.
Zum Beyspiel, wer einmal weiß, daß Johann
van Achen vom Jahre 1556. bis 1600. gelebt
hat, und in dieser Zwischenzeit auf Kupfer, Holz,
Leinwat, Marmor und Alabaster, Geburten Chri=
sti und die Grablegung, die Anbethung der Hir=
ten, Allegorien, poetische Werke, biblische Ge=
schichten und Portraits gemahlt hat, wird auch
nach

nach und nach durch die Praxis, das heißt,
durch das Sehen vieler Gemählde erlernen den
Unterschied, zwischen einem Gemählde von Al=
brecht Dürer, Lukas van Leyden, oder Bar=
tholomäus Spranger, und einem Gemählde von
Johann van Achen; dann Dürers Arbeit ist
viel feiner, die von Lukas weit stärker colorirt,
und jene von Spranger steifer gezeichnet, als
ein Gemählde von Johann van Achen. Aus
diesem nun durch die Uebung merklich werdenden
Unterschied wachsen bey dem auf die Gemählde
Känntniß studirenden Liebhaber von selbsten ge=
wisse Begriffe allmählig an, die an sich dasjeni=
ge sind, was man ein distinguirentes Speciale
nennen darf, durch welches eine Meisterhand sich
von der andern, oder ein Gemählde von Joh.
van Achen, von einem andern des Albrecht Dü=
rers unterscheidet.

Barthol. Behem hat auf Holz ungefähr 4
Schuh hoch Portraits und Historienbilder ge=
mahlt. Nikolaus Berghem hat seine vortrefli=
che Viehlandschaften auf Holz und Leinwat, aber
alle in die Breite gemahlt. Hans Bocksber=
ger mahlte auf Stein und Leinwat im Großen,
Schlachten, Jagden, biblische und römische Hi=
storien, auch poetische Gedichte. Michael An=
gelo

gelo Bonarotti künstelte auf Holz oder auf Stein
heilige Familienstücke, Leiden Christi, allegorische
Werke und Fabeln, ganz im Kleinen oder höch=
stens 3 Schuhe hoch oder breit. Derley Be=
merkungen werden bey einem Nachstudirenden
unterscheidende Mahlerregeln, die dazu dienen,
ein Gemählde für Original zu erkennen, oder nicht
für Original zu halten.

Johann Both hatte allerhand Mahlerein=
fälle in seinen breit geformten Landschaften, Bau=
dewins mahlte auch auf Holz kleine nedliche
Landschaften; beyde Künstler arbeiteten nachher
zusammen ländliche Unterhaltungen im Kleinen
mit vielen schön colorirt und sonst wohlbelebten
Figuren. Die berühmte Künstler vier Breug=
hels, der Bauern Breughel, Höllen Breughel,
Sammet Breughel, und Blumen Breughel
mahlten nur auf Kupfer und auf Holz, wie groß
auch immer die Gemähldetafeln waren, deren
man doch von 4 Schuhe hoch oder breit antrift.
Johann Burgmair hat seine biblische Werke,
Mutter Gottes Bilder, und Heiligen auf Holz
ungefähr 4 Schuhe hoch, oder breit gemahlt.
Paul Veronese hat seine Mutter Gottes Bilder,
geistliche Historien und Heiligen, seine poetische
Gedichte, den Selbstmord der Lucretia, und
seine Portraits auf Leinwat gekünstelt, alles im
Klei=

Kleinen oder Mittelmäßigen, nichts im ganz Großen. Dagegen hat Hannibal Caracci seine meisterhafte historische und Leiden Christi Gemählde
auf Leinwat im Großen dargestellt, sehr selten aber
was auf Kupfer. Augustin und Ludwig Caracci eben so im Großen ihre Heiligenbilder auf
Leinwat. Der im Schlachtenmahlen so berühmte
Jakob Bourguignon mahlte alles in die Breite
auf Leinwat im ganz Großen, oder mehr als mittelmäßig, und zwar Schlachten zwischen Reiterey.
Wer auf diese Grundregeln Acht geben wird, kann
leicht ausstudiren, ob ein Gemählde Original ist,
oder nicht.

Gerhard Dou, und Franz Mieris, beyder
Künstler angenehme Cabinetstücke sind alle in die
Höhe geformt, keines in die Breite; und Gerhard
Dou hat nur auf Holz gemahlt. Der schöne Co-
lorist Anton van Dyck hat fast durchgängig auf
Leinwat gearbeitet, selten auf Holz, niemal auf
Kupfer. Cornelius de Heem hat seine reinliche
Blumen= und Früchtenstücke alle in die Breite ge-
formt. Hans Hollbein der ältere, hat nur auf
Holz, der jüngere aber auf Holz und Leinwat,
Sigmund und Ambrosius auch nur auf Holz,
keiner auf Kupfer gekünstelt. Johann Horemans
alles auf Leinwat. Van Huysum hat seine niedliche Blumen= und Früchtenstücke in die Höhe geformt.

formt. Lukas van Leyden künstelte bloß auf Holz.
Carl Maratti bloß auf Leinwat in die Höhe ge=
formt. Wann wer darauf denken mag, der wird
sich leicht bey der Frage: ist dieß Gemählde von die=
sem oder jenem Meister? helfen können, sicher doch
eher, als ohne alles System.

Cornelius Poelemburg, der Künstler im Nym=
phenmahlen, hat auf Kupfer oder Holz im Kleinen,
selten mittelmäßig groß gemählt. Der in der Mäh=
lerkunst einzige Rembrand hat niemal auf Kupfer
gekünstelt; dagegen der Künstler Guido Reni auf
Leinwat, Kupfer oder Papier, meistens im Gro=
ßen gemahlt hat, niemal aber was auf Holz. Der
berühmte Mahler Joseph Ribera oder Spagno=
let mahlte bloß auf Leinwat im Großen oder mit=
telmäßig groß, nichts im Kleinen; Jakob Tin=
toret auch alle seine vortrefliche Stücke auf Lein=
wat; Joh. Rottenhammer dagegen gar selten auf
Leinwat, sondern auf Kupfer und Holz. Des
Mahler Großmeisters Raphael Sanzio unver=
gleichliche Meisterstücke sind alle auf Holz und in
die Höhe geformt. Der ältere David Teniers
mahlte seine schöne Werke nur auf Kupfer und
Holz; und des Philipp Wouwermans herrliche
Pferd=Scharmützel und Räuberstücke sind in die
Breite geformt, allemal etwas breiter als hoch.
Wer derley Kennzeichen sich zu Mahlerregeln macht,

- der

der wird viel leichter die Gemählde kennen, und die Mahlerhände unterscheiden lernen, als jener, der ganz ohne unterscheidendes System zu Werke geht. Zwar so weit, daß einer gleich bey dem ersten Anblick eines jeden Gemähldes mit Grund den Meister anzugeben weiß, bringt es wohl keiner in der Gemähldekänntniß. Ich habe noch keinem in diesem Kunstfach so tief Gelehrten begegnet; wohl aber viele geschickte Mahlerfreunde angetroffen, die ein jedes Gemählde mit einem gründlichen Raisonoment, nach gewissen äußerlichen und innerlichen Eigenschaften zu beurtheilen wissen. Daher aber läßt sich am leichtesten erlernen, was zur Känntniß eines Gemähldes, ob es Original ist, oder ob es von diesem oder jenem Meister sey, gehört.

Nun im Begriff dieß mein Werk zu beschließen, erwarte ich schon zum Voraus, daß mancher mit gründlicher Einsicht begabt, in diesem noch vieles zu verbessern, vieles auch noch zuzusetzen findet; wo auch der beste Eifer dafür keinen Author sichert, so lasse ich mir ganz gerne gefallen, durch eine wohlgemeinte Kritik belehret zu werden. Regensburg in dem Merzmonat 1796.

Ludw. Edler von Winckelmann,
Comitialgesandter.

A. 2b.

A.

Abbate, oder Nikolas von Modena, berühmt wegen seinem schönen Colorit, und gewöhnt nach Raphaëls Composition zu arbeiten. Zu Rom werden seine Werke geschäzt. 1512. geb.

Abbate, Peter Paul. Ein Mahler, der sich genau an die Vorstellung der Natur gehalten hat. Man trift zügellose oder flüchtig gewordene Pferde von seinem Pinsel an, die meisterhaft gemahlet sind.

Abbatini, Guido Ubaldas, von Castello gebürtig, berühmt wegen seinen geistreichen Compositionen, die genau mit der poetischen Göttergeschichte übereinstimmen. In dem Venetianischen sind seine schönen Mahlerwerke zuweilen anzutreffen. Die Kunst, mit zusammengesetzten färbigen Steinen, a la Mosaique genannt, zu arbeiten, war ihm vorzüglich eigen. 1600. † 1656.

Aberli, Joh. Ludwig. Ein Schweizer, 1723. zu Winterthur gebohren, ein Schüler des Portraitmahlers, Heinrich Meyer; mahlte allerley vorzüglich gute Portraits.

Abondio, Vater und Sohn, Florentiner, mahlten zu Anfang des 17ten Jahrhunderts mit gefärbtem Wachs;

A   man

man findet noch in Naturalienkabineten von ihren Kunst=
stücken.

Abshofen, ein Schüler des ältern David Te=
niers, der seinem Lehrmeister am nähesten in der Mähler=
kunst lustiger und ländlicher Conversationen gekommen
ist. Seine Baurenstücke kommen in dem Geist, Compo=
sition und Colorit des Teniers Werken sehr nahe. Es
ist daher leicht zu errathen, warum es so viele kleine
Baurenstücke in Teniers Geschmack giebt, weil die Schü=
ler der Mählermanier ihrer Meister genau gefolget sind,
oder gar, weil die Meister ihnen ihre Gedanken vorge=
zeichnet haben, und von diesen in den Mählerstuben aus=
gemahlet wurden.

Accama, zwey Brüder, und Frießländer, in der
Mitte dieses Jahrhunderts berühmt.

Acker mahlte vortrefliche Landschaften mit schönem
Baumschlag, in welchem er zuweilen seinen Namen an=
gebracht hat. Seine Farben in den Lüften sind aber
abgestanden.

Achelom, Johann van, dieses holländischen
Künstlers geistliche Historien werden sehr geschäzt. Er
arbeitete in dem 17ten Jahrhundert zu Florenz und
Venedig.

Achen, Johann van, oder auch Fanachen ge=
nannt. Ein Cölner, großer Mählermeister seiner Zeit.
Er zeichnete in Sprangers Manier, etwas steif; aber
fein und fleißig ist seine Arbeit, hoch, lebhaft coloriert,
seine Figuren haben edle Gesichtsbildung, alles ist in
seinen Werken ausgearbeitet. Man hat von ihm viele
Portraits, aber auch geistliche und ovidische Historien=
stücke, auch Allegorien und lustige Gedanken. 1556.
† 1600. zu Prag. Von diesem Meister sind herrliche
Stücke

Stücke in der k. k. Gallerie zu Wien. Er hat gemahlt auf Kupfer, Holz, Leinwat, Marmor und Alabaster.

Achterfelds Conversationsstücke werden sehr gerühmt.

Achtschellings, Lukas, ein Brüßler, vortreflicher Landschaftmahler, colorirte gut, zeichnete noch besser, und sein Mahlergeist scheint vortreflich gewesen zu seyn. † 1620.

Adriansen, Alex., ein Antwerpner, man hat von ihm Gemählde, in welchen Thiere, Früchte, Blumen, auch wohl noch Fische angebracht sind. Ueberaus gute Haltung. Florierte ums Jahr 1650.

Aelst, Evert van, ein Delfter, mahlte stille Leben Gemählde, todtes Federvieh, Vögel, Harnisch, auch Musikalien mit zartem Pinsel, und in schönem Colorit. † 1658. — Man sieht häufig noch seine Wercke, auch mit seinem Namen bezeichnet. — Wilhelm van Aelst war ein vortreflicher Früchten und Blumenmahler, der den Künstler Coosemans im Traubenmahlen besonders übertroffen hat. † 1679.

Aenranick, mahlte allerley leblose Gegenstände durcheinander, und bemühete sich, seine Teppiche fleißig auszuarbeiten.

Aertsens, Peter, Vater und Sohn, beede berühmt in Küchenstücken und Marktfeilschaften, die ein Bauer oder eine Bäurin feil haben, als: Hühner, Eyer, ꝛc. Florierten im 17ten Jahrhundert.

Agar, Jakob von, ein Parißer, man hat von ihm schöne Portraits. 1640. † 1716.

Agresti, Livius, von Forli gebürtig; wegen seiner schönen Composition geistlicher Gemählde werden seine Werke in Rom noch sehr geachtet. † 1580 zu Rom.

A 2   Agri-

Agricola, Christoph Ludw., ein Regensbur-
ger, dessen stark ins grüne fallende Landschaften, die
meistens mit alten römischen Bauresten verziert, oder
mit feinen Tannenbäumen besetzt sind, sehr werth geachtet werden; - seine Farben aber sind nicht von Dauer,
sie schmelzen ineinander, und das Feine des Pinsels ver-
liert sich. Man sieht in seinen Landschaften gar oft Landleute, die Feuer anzünden, Kohlen brennen, oder sich
bey dem Feuer erwärmen oder kochen. 1667. † 1719.

Zu Berlin hat auch ums Jahr 1756. ein Landschaftmäh-
ler: Agricola mit Namen, gelebt, er hat angenehm
colorit, und schön hellgrün belaubt. Ich erinnere mich,
eine Agricolaische Landschaft gesehen zu haben, auf der
Landleute Kohlen gebrannt haben.

Aguero, ein Spanier, hat seine Landschaften
mit herrlichen geistlichen Geschichten ausstaffirt. † 1670.

Aigen, Carl, ein Ollmützer, mahlte im Kleinen
herrliche Landschaften mit lustigen Unterhaltungen, von
Tänzen und Jahrmärkten. 1684. † 1762. zu Wien.

Aickman, Wilhelm, ein engländischer Mähler,
der, um sich in der Mahlerey zu perfektioniren, nach
lauter großen Meistern studiert und copiert hat. † 1746.

Airola, Angela Veronica, eine genuesische Or-
densfrau und berühmte Historienmahlerin, † 1670.

Ackerboom arbeitete Gegenden mit ganzen Städten oder Dörfern.

Albani, Franz, ein Bolognefer, Schüler des
Calvart und der Caracci. Ein vortreflicher Componist,
der eben so schön colorirt hat; seine Studien sind angenehm und geistreich. Er arbeitete mit Guido Reni,
in der Anmuth schöner Landschaften, und im Mahlen des
schönen Weiberfleisches hat er excellirt. Er hat stolze
Nymphen gemahlt in herrlichstem Anstand, auch schöne
Kinder,

Kinder, aber ein Gesicht ist fast immer dem andern gleichend. 1578. † 1660.

Albani, Joh. Baptist, vielleicht ein Bruder des vorhergehenden, war berühmt im Landschaftenmahlen. † 1668.

Alberelli, Jakob, arbeitete zu Venedig zu Ende des 16ten Jahrhunderts.

Alboni, Paul, mahlte zu Rom, Neapel und in Wien Landschaften in einem Niederländischen Geschmack. † 1730.

Albrecht, Balthasar Augustin, war Curbairischer Hofmahler und Mahlereyinspektor zu München. Er mahlte herrliche Portraits, und noch mehr allegorische Stücke durch Kinder vorgestellt. † daselbst 1765.

Albegraf, Albert, ein Westphälinger, Dürers Schüler; er arbeitete ums Jahr 1551. schöne geistliche Historienstücke mit vortreflichen Arabesken und Architektur geziert, auch hat man von ihm Landschaften mit vielen Thieren und Insekten ausgearbeitet.

Alemans, ein Brüßler, lebte ums Jahr 1700. mahlte fleißig, aber langsam.

Alen, Johann van, studierte nach guten Meistern, besonders war er sehr geschickt, das Federvieh nach Hondekoeter nachzumahlen. † 1698.

Alenwyn, A., ein Niederländischer Landschaftmahler.

Alfaro, Johann von, zu Cordua gebohren. Excellirte in Landschaften. † 1680.

Allegrain, Stephan, ein Pariser vortreflicher Landschaftmahler, arbeitete ums Jahr 1700. Zu Versailles und Trianon waren ehedem Werke seiner künstlichen Hand; seine Bachusfeste, Nymphen und Kinderspiele sind herrlich in seinen schön colorirten Landschaften.

Allegri, siehe Corregio.

Alle.

Allegrini, Franz von Gubbio, man hat geistreich componirte Historienstücke von ihm. Starb 1663.

Allori, Alexander, ein Florentiner Künstler,
der in der Composition excellirt hat; seine Farben sind
dick und glänzend aufgetragen, seine nackten Figuren sind
blendend weiß und schön. 1535. † 1607.

Alpheu. Ein berühmter Wiener Pastellmahler 1741.
† 1772.

Alsloot, Daniel ab, k. Hofmahler zu Brüßel.
Ein vornehmer Landschaftmahler, dessen Werke manchmal
Heinrich Clerck staffirt hat. Florirte ums Jahr 1600.

Altomonte, Martin, ein Neapolitaner, mahlte
meistens biblische Geschichten. Ein Gemählde in der Kirche des h. Carolus Boromäus zu Wien stellt die Aufer-
weckung des h. Lazarus vor. 1657. † zu Wien 1745.

Altorffer, Albrecht, ein Schweizer, sehr geschickter Mahler seiner Zeit. Man hat von ihm biblische
Geschichten, Geburthen Christi, auch Landschaften, in
welchen allen man eine geistreiche Erfindung aber eine
seltsame fremde Manier wahrnimmt. † zu Regensburg
zu Anfang des 16ten Jahrhunderts.

Amand, Joh. Franz, mahlte ums Jahr 1766. zu
Paris vortreflich geistliche Geschichten auch Ovidische Stücke.
† 1769. in der Blüthe seiner Jahre.

Amberger, Christoph, ein Nürnberger, sehr
geschickter Mahler, der ganz in des ältern Johann Holbeins Manier arbeitete. Man hat von ihm meisterhafte Portraits in prächtiger Kleidung mit Gold, mit Per-
len, mit Pelzen verziert. Er mahlte auch vortreflich die
Passionsgeschichte; die heilige Mutter mit dem Jesuskind
und auf Instrumenten spielende Engel. † ums Jahr 1563.

Amendola, Ferrantes, ein Neapolitaner, berühmter Mahler und Schüler des Solimene. Schöne
Zeichnung

Zeichnung und stolze Compositionen waren ihm eigen. Man hat von ihm auch biblische Geschichten. 1664. † 1724.

Amerigi. Siehe Caravagio.

Amigoni, Jakob, ein Venetianer, mählte Portraits, Historien, geistliche und weltliche Gegenstände meisterhaft. Sein Punsel ist fein, sein Colorit hell, lieblich, doch seine Stellungen etwas verzärtelt. † 1752. Lange vor ihm war schon ein Oktavius Amigoni bekannt, der geistliche Geschichten gemahlet hat.

Ammon, Conrad, ein alter deutscher Mahler, der sich mit leblosen Dingen, still Leben Gemählden unterhalten, und sehr gut vorgestellt hat. Man hat von ihm ein sehr schönes Stück, welches die Eitelkeit vorstellt.

Amorosi, Antonius, ein Romaner, der lustige Conversationen geliefert hat. Ums Jahr 1725. u. 30.

Amstel, Johan d', ein Niederländer, vortreflicher Landschaftmahler.

Anchilus, ein Antwerpner. Man hat von ihm vortrefliche moderne Conversationsstücke nach Watteau und Teniers. Seine Werke sind noch in London sehr geschätzt. 1688. † 1733.

Andre, Dietrich Ernst, ein Curländer, Bentums Schüler; mahlte Historienstücke. † in Paris zwischen 1724. bis 30.

Andriessens, Heinrich, man hat von ihm still Lebengemählde. † 1655.

Anezi, Paul, ein Architekturmahler, der ums Jahr 1740. florirt hat.

Angeli, Philipp delli, ein berühmter Schlachtenmahler aus dem 16ten Jahrhundert. Die Thätigkeit seiner Figuren ist nicht genug anzurühmen. Auch sind seine Landschaften herrlich angeordnet.

A 4

Ange-

Angelica, Madame, eine Costanzerin. Mahlte in edlem Geschmack Bildnisse und Historienstücke ums Jahr 1766. Ihre Compositionen sind sehr poetisch, die Ausdrücke meistens glücklich und voll Geist. Ihr Colorit ist harmonisch, sanft und kräftig, nach der neuesten, besten italienischen Manier. Ihr Familienname ist Kaufmann (Maria Angelika.). Sie erwarb sich durch ihre Arbeiten in London einen weit ausgebreiteten Ruhm, und lebt gegenwärtig als Mitglied der Mahlerakademie in Neapel, wo sie allgemein geschäzt und geliebt wird.

Angelini, Scipio, zu Perugia gebohren, war ein berühmter Blumenmahler. 1661. † 1729.

Angelo, Michael, siehe Cerquozi.

Angelo, Michael Bonaroti, siehe Bonaroti.

Angermeyer, arbeitete in Böhmen fleißige Stücke mit hängenden Vögeln, Federvieh, Blumen und Obst, hier und da mit Insekten verziert.

Angosiola, Angusciola, Sophonisba, sie war von Cremona gebürtig, und besonders in Portraiten sehr berühmt. Van Dyk traf sie zu Genua in einem sehr hohen Alter und blind an, bezeugte aber, daß er mehr von ihr gelernt habe, als von seinem Lehrmeister. Sie starb in einem hohen Alter um 1620.

Antichio, Peter, ein Venetianer, berühmter Mahler, der wegen seinem hohen Farbenton in Deutschland großen Beyfal sich erworben hat. Florirte ums Jahr 1740.

Anticone, Joh. Baptist, arbeitete wohlgezeichnete Miniaturgemählde mit einer kräftigen Färbung und lebte gegen das Ende des 16ten Jahrhunderts.

Antiquus, Johann, ein Gröninger. Arbeitete zu Breda Portraits und Historien. † 1750.

Antonilez, Joseph, † zu Madrid 1676. als ein Mahler, der wegen seinem glühenden Colorit bekant gewesen ist.   Appel

Appel, Jakob, ein Amsterdamer, Historien und Landschaftenmahler; seine Werke sind nicht rar, doch schön. 1680. † 1751. Auch mahlte Madame Appel, gebohrne Tischbein.

Aquila, Johan, mahlte geistliche Sachen, lebte ums Jahr 1420.

Arlaud, Jakob Anton, ein Genfer. Mahlte mit Wasserfarben, worinn er es zu einer großen Vollkommenheit brachte. 1668. † 1743.

Armanno, Vincenz, mahlte Landschaften mit herrlichen kleinen Figuren. † 1649.

Arpino. Siehe Cesari.

Artois, Jakob von, ein berühmter Landschaftmahler. Seine meistens große, weitläuftige Gemählde hat Teniers zuweilen staffiret; man findet darinn einen herrlichen Baumschlag, und ein schönes helles Colorit. Florirte ums Jahr 1666.

Artvelt, Andreas van, mahlte mit Natur und schönem Colorit Seestücke, ums Jahr 1725.

Asch, Peter Johan van, ein Delfter, und berühmter Landschaftmahler; dessen kleine Werke sehr beliebt sind. Geb. 1603.

Ascione, Angelus, ein Neapolitaner, herrlicher Obst und Blumenmahler, der vorzüglich im Traubenmahlen Stärke besaß. Seine Colorirung ist etwas übertrieben, doch angenehm. Florirte ums Jahr 1680.

Ason oder Assan, ein Münchner, mahlte Kirchen und Historien im Großen, ums Jahr 1730.

Aspach, Adam, ein geschickter Nürnberger Portraitmahler ums Jahr 1550. † 1580.

Asper, Joh., ein Zürcher. Man hat von ihm fleißig gemahlte Portraite in Holbeins Manier. 1499. †1571.

A 5   Asselyn,

Asselyn, Joh., ein Antwerpner Künstler, der in Joh. Miels Geschmack herrliche Landschaften mit Reutern, schönen Bataillen und Thierstücke gemahlt hat.

Seine Landschaften sind mit schönen Alterthümern, mit Seen und mit Schilf artig und fleißig verziert 1610. † 1660.

Assen, Joh. van, ein Amsterdamer Landschaftmahler, dessen grobe Pinselstriche in der Ferne von guter Würkung sind. 1635. † 1695.

Ast, van der, mahlte vortreflich Obst, Muscheln und Insekten.

Audran, siehe le Brun.

Aved, Jak. Andr. Jos., ein berühmter Pariser Portraitmahler, Piccarts Schüler. † 1766.

Aveman, Wolfgang, ein Nürnberger Architekturmahler, ums Jahr 1620.

Auer, Joh. Paul, ein Nürnberger, Eimarts Schüler, mahlte vortreflich allerley Gegenstände. 1636.†1687.

Auerbach, Joh. Gottfried, aus Sachsen. Ein vortreflicher Portraitmahler, der zu Wien gearbeitet hat, und allda 1753 gestorben ist.

Avondt, Peter van den, mahlte in Niederländischem Geschmack herrliche Landschaften mit ungemein schönen Figuren, Kindern und Engeln verziert; ums Jahr 1650.

Austria, Joh. d', ein natürlicher Sohn Königs Philipp IV. von Spanien, Teniers Schüler, mahlte Portraits.

T. V. A. So bezeichnet habe ich sehr gut ausgearbeitete Baurenkonversationen gesehen.

Baalen,

B.

Baalen, Heinrich und Joh. van, Vater und Sohn, arbeiteten herrliche Landschaften mit geistlichen und weltlichen Historien; die Mutter Gottes mit dem Jesus-Kind und Engeln, auch Allegorien und mythologische Stücke, worin schöne Blumen angebracht sind, die aber Joh. Breugl eingemahlt hat. Zu Anfang des 17ten Jahrhunderts. Auf Kupfer und Holz.

Baaren, Philipp van der, mahlte herrlich Früchten und Blumen mit weiblichen Büsten in einer Nische angebracht. 1600. geb.

Bachman, Georg, ein Friedberger. Mahlte Portraits und geistliche Historien. 1600. † zu Wien 1651.

Backer, Jakob de, ein Antwerpner Historien und Fabelnmahler, der beste Colorist unter den Niederländischen Mahlern damaliger Zeiten. 1530, † 1560.

Backhuysen, Ludolph, ein Emdner. Mahlte vortrefliche Seestücke mit vielen Schiffen, Seeprospekten, Seestürme; der trübe Himmel, das schäumende Meer, der Abschlag des Wassers an den Felsen, sind Werke, worin er excelliret hat. Alles mit Feuer und Natur angebracht. 1631. † 1709. Man hat auch von einem Ludolph Backhuysen Nachricht, der ums Jahr 1740. zu Amsterdam schöne Pferdstücke gemahlt hat.

Badoer, Anton, mahlte geistliche Historien.

Bager, mahlte Landschaften mit difen Waldungen bläulich colorirt.

Baglioni, Cäsar, ein Bologneser. Mahlte sehr schöne Landschaften, auch Blumen und Früchten. † zu Ende des 16ten Jahrhunderts.

Bagnacavallo, der Beyname des Bartholome Ramenghi, von seinem Geburtsort erhielt er diesen Beynamen.

namen. Deſſen Werke kommen ſehr nahe jenen Meiſter-
ſtücken ſeines Lehrmeiſters Raphaels Urbino. Florirte
ums Jahr 1540.

Bailly, Jakob, mahlte zu Paris Blumen, Zie-
rathen, Thiere und Früchten 1629. † 1679.

Bainville, mahlte ums Jahr 1668. herrliche Blumenſtücke, ſehr fein ausgearbeitet.

Bakerelle, Egidius und Wilhelm, von Antwerpen, zwey Brüder; berühmt in Göttergeſchichten und
Landſchaften; lebten zu Anfang des 17ten Jahrhunderts.

Balaſſi, Mario, ein Florentiner. Man hat von
ihm eine Mutter Gottes mit dem Jesuskind, auf Stein
gemahlt. 1604. † 1667.

Baldi, zwey dieſes Namens, mahlten geiſtliche
Geſchichten im 17ten Jahrhundert.

Baldung, Joh., genannt Grien oder Gruen,
ein Gemünder; mahlte in Dürers Geſchmack Portraits
und Landſchaften mit Thieren; alles fein gearbeitet. Florirte ums Jahr 1515.

Baleſtra, Ant., ein Veroneſer, ein Schüler des
berühmten Carl Maratti. Excellirte in Stücken der Heiligen, mahlte nach verſchiedenen Manieren großer Meiſter. 1666. † 1740.

Balten, Peter, ein Antwerpner, mahlte herrliche
Landſchaften, mit Kirchweyhen, Jahrmärkten, oder mit
geiſtlichen Hiſtorien, nach der Manier von Peter Breugl.
Alles gut bearbeitet. Florirte ums Jahr 1550. † 1579.

Bamboccio, ſiehe Laar.

Bamfylde, ein Engländiſcher Edelmann, ein
vortreflicher Landſchaftmahler ums Jahr 1770.

Banck, Joh. van der, mahlte ums Jahr 1730.
zu London Portraits.

Barba-

Barbarelli, oder Giorgione, von Castelfranco
gebürtig, mahlte vortreflich Portraits und Historienstücke,
guter Componist und noch besserer Colorist. Er hatte die
Ehre, daß Titian sein Schüler war. 1478. † 1511.

Barbatello, Bernhardin, genannt Pocchietti,
von Florenz gebürtig, war in allen Theilen der Mahlerey fertig, fruchtbar und geistreich. Man hat von seinem Pinsel stolze Portraits. † 1612. im 70 Jahr seines
Alters.

Barbieri, Joh. Franz, genannt Guercino.
Ein Bologneser, Schüler des Ludwig Caracci. Man
hat von ihm vortrefliche Historienstücke und Heiligen
Bilder. 1590. † 1660.

Barentsen, Theodor, mahlte in seines Lehrmeisters Titians Geschmack mit vieler Aehnlichkeit schöne Portraits mit Pelzen gekleidet. 1534. † 1592.

Baroccio oder Barozio, Friedrich, zu Urbino
gebohren. Mahlte nach großer Mahlermanier eines Raphaels
Corregio, geistliche Stücke. Er war besonders ein guter Zeichner, auch ein guter Colorist. Die Gesichtszüge
seiner Figuren sind sehr anmuthig. Die Stellungen aber
übertrieben, und die Muskeln stark angezeigt. 1528.
† 1612.

Barret, Georg, ein Engländer, mahlte schöne
Landschaften ums Jahr. 1760.

Bartholomäo, di san Marco, Porta genannt,
ein Florentiner. Man hat von ihm schöne Frauenbilder, schöne Kinder und Nymphen. Er excellirte im
Nakenden. 1469. † 1517.

Bassano, oder Jakob de Ponte, wie auch Leander Bassano, Vater und Sohn, mahlten geistliche und
weltliche Historienstücke mit vielen Figuren. Ihre Werke
sind sehr geachtet; alles ist mit voller Natur gemahlt.

Man

Man hat auch von ihnen Portraits. Jakob Bassano mahlte auch herrliche Küchenstücke, Jahrmärkte und Allegorien. 1510. † 1592. Leander, der Sohn † 1623. 65 Jahr alt.

Bassen, mahlte schöne Architekturstücke.

Bassi, Franz, ein Cremoneser, mahlte vortrefliche Landschaften ums Jahr 1670.

Battoni, Pompejus Hieronymus, mahlte ums Jahr 1760. zu Rom vortrefliche Historienstücke und Bildnisse, in welchen seine Hauptstärke bestund.

Battum, Gerard van, ein holländischer Landschaftenmahler, dessen lustige Conversationen und Bauernstücke mit vielen Figuren, sehr geschäzet werden. Er arbeitete im Geschmack Teniers, wird aber für einen Schüler Rembrands gehalten.

Baudewyns oder Boudewyns, Anton Franz. Gebohren zu Brüssel um 1660.; arbeitete mit Franz Bout herrlich schöne Landschaften, die sehr geschäzt, aber nun rar werden. Sie sind mit dicken Baumschlag und vielen Pflanzen verziert. Bout hat sie mit schönen hell gekleideten Figuren staffirt. † ums Jahr 1700.

Baudiz mahlte todtes Wildpret.

Bauer, Joh. Wilhelm, ein Straßburger. Mahlte mit Wasserfarben perspektivische Vorstellungen prächtiger Palläste und Straßen, mit vielen Figuren. Gebohren 1600. † 1640.

Baugin, Lubin, mahlte ums Jahr 1650. zu Paris Historien und Landschaften.

Baumgartner, Joh. Wolfgang oder Wilhelm, ein Tyroler; mahlte Landschaften und geistliche Stücke mit schöner Architektur, in welchen eine feste Zeichnung herrscht. † 1701. 49 Jahr alt.

Basaiti

Baxaiti oder Basaiti, Marcus, aus Friaul, mahlte zu Venedig und Padua geistliche Historien ums Jahr 1510.

Beck, David, ein berühmter Portraitmahler, van Dyk war sein Lehrmeister. † 1656. Auch hat hat man Seestücke von einem Beck. Ein anderer J. S. Beck mahlte Früchten mit Insekten; auch Federvieh in dem 17ten Jahrhundert.

Becke, van, mahlte Vögel und Früchtenstücke, still Leben Gemählde mit rothsamtnen Teppichen ums Jahr 1650.

Becker mahlte Landschaften in Huysmans Geschmack.

Beckers, Ignatius, ein Niederländer, mahlte nach Teniers Manier lustige Conversationen und Baurenstücke, ums Jahr 1710.

Beeldemacker, Johan und Franz. Vom erstern hat man Landschaften und Jagden, auch Hunde; vom leztern Historienstücke. Sie arbeiteten zu Ende des vorigen und zu Anfang dieses Jahrhunderts.

Bega, Cornelius, ein Harlemer, dessen lustige Conversationen und Baurenstücke berühmt sind. † 1664. Er war ein Schüler von Ostade.

Begyn, Abraham, ein Haager, mahlte vortreffliche Landschaften, die gut colorirt sind, und alles wohl gezeichnet. Sein Pinsel ist fein und seine Mahlerart nach Berghems Manier. 1650. geb.

Behem oder Böhm, Bartholomäus und Joh. Ersterer mahlte schöne Portraits und geistliche Historien. Lezterer aber weltliche Figuren, zu Anfang des 16ten Jahrhunderts. Barthels Gemählde sind auf Holz gemahlt, und ungefähr 4 Schuhe in die Höhe geformt.

Beich, Joachim Franz, ein Ravensburger fleißiger Mahler. Man hat von ihm Landschaften und Feld-

schlachten

schlachten, auch andere Soldatenbeschäftigungen; desgleichen viele nach der Natur aufgenommene schöne Prospekte, in welchen sich ein gelber Baumschlag auszeichnet. 1665. † 1748.

Bel, Johann Baptist le, aus Flandern gebürtig, ein guter Portraitmahler. Man hat auch Köpfe alter Männer und Weiber nach seiner eigenen Erfindung von ihm. Anton le Bel, ein Pariser, mahlte Landschaften, Seestücke; auch leblose Dinge, ums Jahr 1750.

Belin, ein guter Landschaftmahler zu Paris, wo er ums Jahr 1660. starb.

Bellange, Jakob, arbeitete zu Nanci, ein Schüler des Simon Vouet; seine Figuren sind ungemein lebhaft, und haben ein gutes Colorit.

Bellers, Wilhelm, ein Engländer, mahlte Landschaften ums Jahr 1768.

Bellevois, mahlte zu Hamburg herrliche Seestücke mit den angenehmsten Prospekten. † 1648.

Bellino, Gentilis, ein Venetianer und berühmter Historienmahler; er arbeitete auch zu Constantinopel unter andern die Enthauptung Johannis des Täufers; da Kayser Mahomed II. den Hals des Enthaupteten zu lang glaubte, wurde in Gegenwart des Bellino einem Sklaven der Kopf abgeschlagen, nur zum Muster, daß beym Enthaupten der Hals einschrumpfe. 1421. † 1501.

Jakob Bellino mahlte historische Stücke und herrliche Landschaften mit Prospekten, meistens mit der heiligen Mutter, mit dem Kind Jesus und Engeln staffirt. 1400. † 1474. Sein Sohn Johann war berühmt in geistlichen Gemählden der heiligen Mutter und sonstiger Heiligen. 1426. † 1514. zu Venedig, Titians Lehrmeister.

Bellotti, Bernhard, genannt Canaletto, stellte schöne Prospekten aus Italien auf seinen Landschaften vor,

vor.« Er kam nach Dresden, und mahlte die vornehmsten Gegenden dieser Stadt, auch wurde er 1764. daselbst
zum Mitglied der neu eingerichteten Mahlerakademie
aufgenommen.

Peter Bellotti mahlte auch Landschaften mit Architektur und schönen Prospekten, vorzüglich aber schöne
Portraits. 1626. † 1700.

Bellucci, Anton, mahlte vortreflich geistliche
Historienstücke. 1654. † 1726.

Bellvedere, Andreas, aus Neapel, mahlte
sehr gut Vögel, Obst und Blumenstücke. 1646. † 1732.

Bemmel, Wilhelm van, ein Utrechter; mahlte
Landschaften mit Wasserfällen und Ruinen, nach der
Natur in Italien, in welchen die Eintheilung von Schat-
ten und Licht meisterhaft behandelt ist. Er starb zu Nürn-
berg, wo er sich niedergelassen hatte, 1708. im 78sten
Jahr seines Alters.

Georg van Bemmel, des Vorhergehenden Sohn,
ein Nürnberger, mahlte Landschaften, Feldschlachten,
auch Soldatenbeschäftigungen, durch welche er sich großen
Ruhm erwarb. † 1723. 54 Jahr alt. Dessen zwey
Söhne, Peter und C. S. mahlten wie der Vater. Sie
florirten in dem 17ten und zu Anfang dieses Jahrhunderts.

Bendler, ein Schlesier, mahlte Landschaften,
worin aber die gute Haltung nicht beobachtet ist.

Bent, Johan van der, ein Amsterdamer; mahlte Landschaften herrlich staffirt mit schönem Vieh und
Figuren, in Berghems Manier. Man hat auch von
ihm Bataillenstücke. 1650. † 1690.

Bentum, Justus van, ein Leidner, Schalckens
Schüler, hat aber seinen Lehrmeister bey weitem nicht
erreicht. Er arbeitete Bildnisse und Nachtstücke in einem
gelblich glänzenden Colorit. † 1727.

B   Berchet

Berchet, Peter, ein französischer Historienmahler, lernte bey Carl de la Fosse. Er mahlte in England einige Deckenstücke, die vielen Beyfall erhielten. Gegen das Ende seines Lebens mahlte er nur kleine Stücke aus der Fabellehre der Alten; † 1720. im 61sten Jahr seines Alters.

Berckheyden, Job und Gerhard, gebohrne Harlemer, mahlten Landschaften und lustige Conversations = Jagd und Viehstücke. Job war gebohren 1637. und ertrank zu Amsterdam 1698. Gerhard 1628. † 1693. Ihre Gemählde werden sehr geachtet.

Beretino, oder Peter von Cortona, allda gebohren, ein großes Mahlergenie, und vortreflicher Colorist. Seine Werke sind unvergleichlich angeordnet, sein Pinsel ist feurig, und eine große Manier herrscht in seiner Zusammensetzung. Richtige Zeichnung und der wahre Ausdruck fehlt aber durchgängig; seine Figuren sind kurz, unbeholfen, und seine Gebäude schwer, die Gesichter aber angenehm und gefällig. Er mahlte meistens große geistliche Historienstücke, doch auch Landschaften, welche voller Geschmack sind. 1596. † 1669.

Beretoni, Nicolas, ein Schüler des Karl Maratti, mahlte aber im Geschmack des Guido Reni vortrefliche Historienstücke.

Bergen, Theodor van, mahlte eine zeitlang zu London Landschaften und Hornvieh, ums Jahr 1675.

Berghem, Nicolas, ein Harlemer, großer Künstler, er mahlte vortreflich und künstlich. Die angenehme und öfters bergigte Landschaften, seine schön gefärbte Figuren, sein schöner Himmel, sein warm gemahltes Vieh, sind Beweise seiner großen Kunst; sein Pinsel ist zart und fein, sein Colorit hell und angenehm: auf seinen Gemählden findet sich fast allemal eine schön

hellblau

hellblau gekleidete Figur, Eßel oder reitende Hirten.
1624. † 1683. Er hat auf Holz und Leinwat gemahlt,
doch sind alle seine Werke breiter als hoch geformt.

Bergler, J., mahlt in Paſſau als fürſtlicher
Hofmahler geiſtliche Hiſtorien, Altarblätter und auch
Converſationsſtücke, alte Köpfe und Portraits. Seine
Mahlermanier iſt im Großen und Kleinen angenehm,
ſein Pinſel beherzt, eben ſo ſchön ſein Colorit, richtig
ſeine Zeichnung, und meiſterhaft ſeine Compoſition.
Dieſer Künſtler ſtudierte lange Zeit in Rom.

Bergmüller, Joh. Georg, in Bayern gebohr-
ren, ein Schüler des Andreas Wolf, und großer
Hiſtorienmahler. 1688. † 1762. in Augsburg. Sein
Colorit iſt nicht ſtark, die Affekten aber deſto künſtlicher.

Bermant, ein Lothringer berühmter Künſtler; er
mahlte ſchöne Landſchaften, im Geſchmack ſeines Lehrmeiſters Claudius Lorrain, lebte ums Jahr 1670.

Bernaert, Nicaſius, ein Antwerpner berühmter Thier und Jagdenmahler, ein Schüler des Franz
Sneyders. 1608. † 1678.

Bernardi, Johann Baptiſt, ein Veroneſer
Blumen = Früchten = Thier = Fiſch und Vögelmahler,
arbeitete zu Anfang des 18ten Jahrhunderts.

Bernardoni, Hieronymus, arbeitete ſchöne
geiſtliche Hiſtorienſtücke; zu Anfang des 18ten Jahrhunderts. † 1718. 75 Jahr alt.

Bernasconi, Laura, eine Römerin, und ſehr
berühmte Blumenmahlerin, eine Schülerin des Marius
Nuzzi; arbeitete ums Jahr 1670.

Bernetz, Chriſtian, ein Hamburger, arbeitete
zu Rom Blumen, Früchte, und ſilberne, goldene,
und marmorne Gefäße, auch andere lebloſe Gegenſtände,
ums Jahr 1712. geb. 1658. † 1722.

Berſotti,

Berſotti, Karl Hieronymus, zu Pavia ge=
bohren 1645. mahlte Thiere, Vögel, Früchten, Blumen
und allerhand Geſchirre mit großer Natur und Aehn=
lichkeit.

Bertano, Johann Baptiſt, mahlte ſehr ähn=
lich in der Manier des Julius Romanus, deſſen Schü=
ler er war. Als Baumeiſter machte er ſich mehr be=
rühmt; er blühte um 1550.

Bertaſio, Johann Baptiſt, ein Bologneſer
ſehr geſchickter Künſtler; er arbeitete im Geſchmack des
Guido Reni; ſeine Gemählde haben viel Reiz und Ge=
fälliges; blühte ums Jahr 1600.

Bertin, Nicolas, in dieſes Meiſters Werken
findet ſich ein überaus delikater Farbenſchmelz. 1667.
† 1736. Seine Compoſition iſt auch überaus gerathen.

Bertrand, Mad., mahlte ums Jahr 1770. zu
Paris ſchöne Figuren und Blumen.

Beſchey, Balthaſar, ein Antwerpner; von ihm
hat man geiſtliche Hiſtorien, Apoſtel ꝛc. Ich habe zwar
auch kleine, ſehr artige Landſchaften in Sergs Geſchmack
gearbeitet geſehen, welche mit C. Beſchey bezeichnet,
und mit lebhaften kleinen Figuren ausgeziert waren.

Bettina, ſie mahlte zu Mayland ſehr vortrefli=
che Früchten und Blumen zu Ende des 1 ten Jahrhunderts.

Bettini, Dominikus, ein Florentiner berühm=
ter Künſtler; er mahlte vortreflich Vögel, Thiere,
Fiſche, Früchten und Blumen, alles iſt wohl angeord=
net, und die Haltung unverbeſſerlich. 1644. † 1705.

Beutler, Clemens, ein Schweizer, mahlte
Hiſtorien und Landſchaften, welche letztere wegen ihrem
ſchönen Baumſchlag ſehr berühmt ſind.

Bey oder Bay, Johann de, aus Schwaben ge=
bürtig, mahlte ſchöne Portraits zu München, wo er
als

als kurfürstlicher Kabinetsmahler 1660. im 71sten Jahr seines Alters starb.

Beyer, Gabriela, mahlt mit Wasserfarben, berühmt in der Vorstellung der Bauern. 1737. geb.

Beyschlag, Joh. Christoph, ein Nördlinger, mahlte zu Augsburg sehr ähnliche Portraite. 1645. † 1712.

Biagio, mahlte in dem Geschmack des Mazzoli Parmezziano, geistliche und allegorische Geschichten.

Bianchi, Petrus, ein Römer und berühmter Geschicht = und Landschaftmahler, auch in Portrait, Seestücken, Thier und Viehmahlen vortreflich; überall herrscht ein guter Geschmack, schönes Colorit, eine richtige Zeichnung und Geist in seiner Anordnung. 1696. † 1739.

Franz Bianchi, ist auch als ein guter Mahler berühmt: denn er verfertigte mit einem angenehmen Colorit, zierlichen Stellungen, natürlichen Bewegungen und großen Compositionen so vortrefliche Werke, die noch heut zu Tag gesucht sind. Er führte den Beynamen Frari, und war gebohren zu Modena 1447. † 1510.

Biancucci, Paulus, ein vortreflicher Mahler von Lucca, ein Schüler des Guido Reni; ein sehr guter Colorist und Componist. Starb 1653.

Bibiena, Ferdinand Galli, ein Bologneser von Geburt, einer der besten Architektur = und Perspectivmahler, dessen Gemählde mit Ruinen, die natürliche Reste des Alterthums zu seyn scheinen, aufgeziert sind. 1657. † 17 3.

Bie, Adrianus de, ein Lütticher berühmter Historienmahler. 1594. gebohren.

Biecke, mahlte Landschaften und Jagden.

Biese=

Bieselinghen, Christian Johann van, ein Delfter geschickter Künstler. Von ihm stammt das Urbild des Portraits des verunglückten Prinzen Wilhelm I. von Oranien her, welches Gerard Pott nachmahlte. 1584. † 1626.

Bigi, Felix, ein Parmesaner, und einer der geschicktesten italiänischen Blumenmahler; lebte 1680.

Bilivelti, Anton, von Geburt ein Deutscher, ein berühmter Historienmahler, dessen sanfte Manier, schönes Colorit und zierliche Gewänder nicht genug zu beloben sind. 1556. † 1644.

Biltius, von diesem hat man Jagdstücke, als Hasen, Enten, Flinten, Vögelkörbe rc. sehr fleißig, natürlich und mit scharfen Umrissen, in starkdunklem Colorit gemahlt; vom Jahr 1679.

Bimbi, Bartholom., ein Florentiner, berühmter Blumenmahler. 1648. geb.

Binck, Jakob, ein Nürnberger sehr geschickter Portraitmahler. 1490. † 1560. Er war einer der besten Kupferstecher seiner Zeit.

Bindes, Johann, ein Antwerpner vortreflicher Mahler, der sich in seinen Wercken nach Rubens und van Dyk richtete. † 1670.

Binoi, mahlte leblose Gegenstände.

Bischop, Abraham, arbeitete im Großen mancherley Geflügel, mit kräftigem Pinsel; er lebte zu Ende des 17ten Jahrhunderts.

Biset, Carolus Emanuel, zu Mecheln gebohren, dessen Spiele und Tänze, auch andere Conversationsstücke sehr beliebt sind. Sein Colorit fällt ins Graue; seine Zeichnung ist richtig, und sein Pinsel leicht und natürlich.

Blanchard,

Blanchard, Jakob, wegen seinem gar schönen Colorit der französische Titian genannt. Er arbeitete feurig, doch angenehm und geschwind; seine Marienbilder und nackende weibliche Figuren sind sehr berühmt; in seinen meisten historischen Gemählden aber, wo viele Figuren sind, glaubt man in den Gesichtern eine große Aehnlichkeit zu bemerken. 1600. † 1638.

Blanchet, Thomas, ein Pariser und guter Mahler, der die Perspektiv besonders beobachtete, mit Natur und in schönem Colorit arbeitete, sehr künstlich die Kinder zeichnete, überhaupt auch mit vielem Feuer mahlte. 1617. † 1689.

Blanckhoff, Joh. Anton, ein Nordholländer sehr berühmter Seestückmahler. 1628. † 1670.

Blendinger, Joh. Georg, ein Nürnberger. Von diesem Mahler hat man vortrefliche Landschaften mit schöner Architektur und wohlgebildeten Figuren. 1667. † 1741.

Bles, Heinrich van, Civetta genannt. Ein berühmter Landschaftmahler; in seinen meistens geistlich historischen Werken findet man herrliche Aussichten, Seeprospekte und steile Felsen angebracht. Auch sind sie mit seinem Zeichen: einem Käuzlein, bezeichnet. Florirte ums Jahr 1510.

Block, Daniel, ein Stettiner Portraitmahler. 1580. † 1661. Seine Söhne, Benjamin und Adolph waren berühmte Mahler, ersterer mahlte vortrefliche Portraits, lezterer aber Batallen; der dritte Sohn Emanuel, mahlte auch Portraits und still Leben Gemählte. Sie arbeiteten im 17ten Jahrhundert.

Blocks Portraite werden noch sehr geschäzt.

Block-

Blockland, oder Anton von Montfort, mahlte vortrefliche Historien und Gedichte, mit nackenden Figuren, als ein Dianenbad. 1534. † 1583.

Bloemart, Abraham, zu Gorcum gebohren; er mahlte Historien, Fabeln, Landschaften, Thiere und Allegorien vortreflich, nach eigener Manier; er war ein Meister im Helldunklen, seine Gewänder sind weit, mit breiten Falten, doch aber natürlich. Unter seinen Söhnen war Adrian auch ein berühmter Künstler. 1567. † 1647.

Bloemen, Peter van, ein Antwerpner; dessen Werke haben große Aehnlichkeit mit jenen des Philipp Wouwermanns. Er mahlte sehr schöne Pferde, Hornvieh, Pferdmärkte, Caravannen, Schlachten, römische Alterthümer und Ruinen. Seine Figuren sind meistens in orientalischer Tracht gekleidet. 1649. † 1719.

Bloemen, Julius Franz van, genannt Orizonte, mahlte vortrefliche Landschaften, worin ein gar schöner weitläuftiger Horizont ist. 1656. † 1748.

Bloet, Peter von, arbeitete schöne Baurenstücke nach Ostade.

Blond, Jakob Christoph le, ein Frankfurter Künstler, der die Kunstgemählde frisch aufzuziehen erfunden hat. 1670. † 1741. Man hat auch von ihm, neben andern großen Gemählden, gute Cabinetstücke, und sehr schöne Bildnisse in Miniatur.

Blondeel, Lancelot, von Brügge gebürtig, ein sehr geschickter Mahler in allerley Gebäuden und Ruinen, auch in Feuersbrünsten. Seine Werke sind mit einer Maurerkelle (denn Blondel war in seiner Jugend ein Maurer) bezeichnet. Lebte um die Mitte des 16ten Jahrhunderts.

Bocchi,

Bocchi, Faustinus, 1659. zu Brescia gebohren. Man hat von ihm Bataillen, Landschaften und lächerliche Figuren, oder Carricaturen; in diesen, und im Ausdruck der Leidenschaften war er ein großer Künstler.

Bock, Tobias, ein Costanzer, mahlte geistliche Historien und Martyrerstücke. 1620. † 1650.

Bockhorst, Joh. van, Knellers würdiger Schüler, mahlte vortreflich Portraits, Heiligen und Göttergeschichten, Nymphenstücke und Feldschlachten. † 1724. 63 Jahr alt. Ein anderer Joh. van Bockhorst, ein Westphälinger, Langjan genannt, geb. 1610. war ein Schüler Jordaens, dessen Compositionen, Zeichnungen und Colorit sehr schön sind; mahlte viele geistliche Historien, in welchen seine weiblichen Köpfe sehr angenehm, und seine männlichen in einer großen Manier gearbeitet sind.

Bocksberger, Joh., ein Salzburger, arbeitete mit sehr flüchtigem Pinsel im Großen mancherley Gegenstände, Geschichten, Jagden, Belagerungen und Feldschlachten auf Leinwat; mahlte zwar auch auf Steine, auf die sogenannten Dendriten oder Baumsteine. 1520. gebohren. Melchior Bocksberger, mahlte Historien und poetische Gedichte.

Böhm, S., man hat von seiner Hand Heiligenbilder.

Boel, Peter, Snayers Schüler, mahlte in kräftigem Colorit nach der Natur mit großer Aehnlichkeit Thiere und Blumen. Seine Gemählde werden der Arbeit der größten Meister gleich gehalten. 1625. † 1680.

Boergher, Joh., mahlte sehr ähnlich nach Cornelius Poelemburg Nymphenstücke.

Boethius,

Boethius, Christian Friedrich, ein Leipziger, mahlte Historien von besonders angenehmer Art, ums Jahr 1760.

Bois, Simon und Eduard, Gebrüdere und große Künstler; man hat von ihnen Feldschlachten, Pferde und Jagdstücke in Wouwermans Geschmack, sodann besonders schöne Porträts: sie arbeiteten zu London ums Jahr 1690.

Bol, Ferdinand, ein Dortrechter, und Schüler Rembrands, dessen Historien, Portraits, und halbe Figuren denen, seines Lehrmeisters nahe kommen. † 1681. in einem hohen Alter.

Bol, Hans, mahlte sehr gut mit Wasserfarben, sehr schöne Landschaften, in welchen er eine eigene und angenehme Manier beobachtete. † 1583. im 59sten Jahr seines Alters.

Bolleri, Nicolas, war geschickt im Thiermahlen, in Nachtstücken und Bachanalien, nach Bassanos Manier, ums Jahr 1610.

Bolognini, Johann Baptist, ein Bologneser und einer der besten Schüler des Guido Reni. Er mahlte mit Verstand und Fertigkeit, und wußte auch seine Farben besser zu brechen, als sein Lehrmeister. † 1689. im 77sten Jahr seines Alters.

Bombelli, Sebastian, 1635. zu Udine gebohren, ein vortreflicher Portraitmahler, der aber mit seinem Firnis seine Gemählde sehr verdarb. Er lebte noch 1716.

Bonarott, Michel Angelo, ein Florentiner, einer der größten Künstler; seine Lieblingsarbeit war, die schwersten Theile in den Gemählden fleißig auszumahlen; er suchte im Schwersten zu excelliren, fast ist dieß Ursache, daß seine köstlichen Werke das Angenehme

verlieren

verlieren. Seine gemeiniglich dunkle Farben sind schwarz-
schneidend, und sein Fleisch ist ziegelroth; sein Pinsel
ist voller Feuer und Kraft, seine Gesichtsmienen stolz,
zwar sonsten im Colorit unangenehm, die Muskeln an
seinen Figuren sind stark sichtbar, und seine Stellungen
meistens übertrieben. Seine Gemählde sind geistliche oder
historische Gegenstände; er zierte seine Werke mit herrlichen Landschaften, auch hat man von ihm seltene Mah-
lereinfälle, der Traum genannt. 1474. † 1564. Man
hat von diesem Künstler heilige Familien, Leyden Christi-
stücke, Allegorien und Fabeln, auf Holz oder auf
Stein gemahlt.

Bonini, Hieronymus, genannt Anconitano, ein
Schüler des berühmten Albani, arbeitete ums Jahr 1660.

Bonito, Joseph, ein Schüler des Solimene; man
hat von ihm unter andern lustige Gesellschaften, mit angebrachten ähnlichen Portraiten, arbeitete ums Jahr 1760.

Bonito, Nicolas, ein Schüler Beichs, ist wegen seinen schönen Landschaften, worinnen die angenehmsten Aussichten, guter Baumschlag und schön ge-
bildete Figuren sind, berühmt; arbeitete zu Rom ums
Jahr 1730.

Boon, Daniel, mahlte allerhand lustiges Zeug,
lächerliche Figuren, im 16ten Jahrhundert, in England.

Bopsom, mahlte zu Rom Blumen.

Borcht, Petrus van der, ein Brüßler, dessen
Landschaften in Flandern sehr geachtet sind; arbeitete
ums Jahr 1650. geb. 1625.

Bordone, Paris, ein Trevisaner; Titians
Schüler, mahlte Landschaften mit herrlichen Nymphen
und Göttergedichten, auch Portraits, noch herrlichere
allegorische Gemählde; seine Figuren sind in edlem Anstand, meistens in leichter seidener Kleidung. 1526. † 1595.

Borroni,

Borroni, Paulus, ein berühmter Historienmahler zu Parma, ums Jahr 1770.

Borssum, A. van, mahlte vortrefliche Landschaften und Thiere, in der Manier des Arthus van der Neer.

Borzoni, Franz Maria, der Sohn, ein Genueser, berühmter Mahler; er arbeitete Seestücke und Landschaften. Seine Seestürme haben besonders viel Natur und Wahrheit. 1625. † 1679.

Lucianus, der Vater, war auch ein berühmter Künstler, der vortrefliche Werke mit natürlichem Colorit, fleißiger Zeichnung, lebhaften Figuren, und guter Ausführung verfertigte. 1590. † 1645.

Bos, Joh. Ludwig, von Herzogenbusch gebürtig, ein vornehmer Künstler im Blumen und Früchtenmahlen, welche lebhaft, und sehr reinlich gearbeitet, und hie und da mit Insekten ausgeziert sind. Man hat von ihm ganze Blumenbüsche zuweilen in gläßernen Geschirren vorgestellt. Lebte ums Ende des 15ten Jahrhunderts.

Hieronymus Bos hat geistliche Geschichten gemahlt, in welchen er das Schreckliche sehr liebte. Er blühte im 15ten Jahrhundert.

Bosch, Kaspar van den, ein Antwerpner, arbeitete mit großem Ausdruck und Stärke allerley Cönversationsstücke, seine Zeichnung aber ist mittelmäßig.

Jakob van den Bosch, ein Amsterdamer, war ein berühmter Früchtenmahler. 1636. † 1676.

Balthasar van den Bosch, ein Antwerpner, mahlte nach Teniers Manier und in schönem Colorit, allerhand Werkstätte arbeitender Künstler. Seine Figuren sind sehr nett, und nach damaliger Mode gekleidet, auch die Stoffe wohl nachgeahmt. 1675. † 1715.

Boschaart,

Boschaart, ein sehr geschickter Antwerpner Blumenmahler. Geb. 1690.

Bossaert, Thomas, Willebort genannt; zu Bergobzoom gebohren; ein vortreflicher Künstler in geistlichen Historien und Bildnissen, die denen des Vandyk sehr nahe kommen, auch in Gedichten; seine Figuren sind herrlich. 1613. † 1656.

Bossau, mahlte herrliche Blumen in Vasen.

Both oder Bout, Johann und Andreas, von Utrecht, der erstere mahlte ungemein schöne Landschaften, worinn er das durch die Wälder scheinende Licht künstlich anzubringen wußte; der andere mahlte die Figuren und Thiere. Ihr Colorit ist natürlich, mit keckem Licht, ihr Pinsel ist warm und frisch, und die Prospekte auf einem Wasser, welche meistens in ihren Werken befindlich, sind vorzüglich schön; die Bäume aber sind zu rothfärbig. Sie arbeiteten zu Anfang des 17ten Jahrhunderts. Andreas ertrank 1650. in einem Kanal zu Venedig, und Johannes starb bald darauf in seiner Vaterstadt.

Bottoni, Joseph, ein Cremoneser, war ums Jahr 1750. einer der besten Historienmahler zu Rom. Sein Colorit ist sehr schön.

Bottschild, Samuel, ein Thüringer, und Hofmahler zu Dresden, mahlte Historien. Er hatte ein erhabenes Genie, seine Compositionen sind von gutem und edlem Styl. † 1707.

Boucher, Franz, ein Pariser vortreflicher Künstler in ovidischen Fabeln und Schäfergeschichten. Sein Pinsel ist anmuthig, und seine Vorstellungen überaus angenehm, und im Geschmack des Albani. Im Jahr 1765. ward er nach Vanloos Absterben zum ersten königlichen Mahler ernannt. † 1770.

Boude-

Boudewins, siehe Baudewins.

Bouffats, mahlte vortrefliche Vögelstücke.

Boulanger, Johann, aus Champagne gebürtig, erster Hofmahler des Herzogs von Modena, und ein Schüler des Guido Reni; ein berühmter Historienmahler, der sich besonders in Gemählden von kleinen Figuren berühmt gemacht hat. Seine Ausarbeitung ist sehr geistreich und kräftig. 1606. † 1660.

Boule, Peter van, mahlte in Franz Sneyders Manier Jagden und Thiere. † 1673.

Boullogne, Bon, deren giebt es mehrere. Dieser aber war der Berühmteste, und ein großes Mahlergenie; er wußte alle Manieren der größten Künstler anzunehmen und nachzuahmen. Seine Werke sind von großem Geschmack, vortreflich colorirt, wohl gezeichnet, und geistreich. 1649. † 1717.

Boullogne, bon Ludwig, war erster Hofmahler, und wegen seinen geistreichen Gemählden sehr berühmt. 1658. † 1733. zu Paris. Zwey Schwestern Boullogne mahlten leblose Gegenstände, Musikalien, Blumen und Früchten sehr künstlich.

Bourbis, Franz, von ihm hat man schöne Portraits.

Bourdon, Sebastian, zu Montpellier gebohren, einer der besten französischen Mahler, glücklich in allem, was ihm mahlen zu wollen, einfiel. Er arbeitete mit leichter Hand, vielem Feuer und Geist; colorirte frisch und sehr schön; er schiene Titian und Poussin in der Manier nachzuahmen, Hände und Füsse aber vernachläßigte er in der Zeichnung. Sonst hat man von ihm sehr schöne Köpfe an Marienbildnissen, welche berühmt sind. Er arbeitete Historien, Hirtenstücke, Soldatenbeschäftigungen, Feuer- und Nachtstücke, Landschaften und

und Portraits. In der Wiener Gallerie ist von ihm ein brennender Kalkofen. 1616 † 1671.

Bourguignon, Jakob, Courtois genannt, ein Burgundier und sehr berühmter französischer Mahler, er arbeitete in frischglänzendem Farbenton und mit Feuer, Schlachten, Soldaten = Märsche, Belagerungen und schöne Pferde. Seine Lichter sind hie und da mit dicken Farben aufgetragen, auch spielen die blaue und rothe Farben merklich aus seinen Gemählden. 1621. † 1676. Sein Bruder Wilhelm ist ein berühmter Geschichtenmahler, und arbeitete im Geschmack von Peter Beretini von Cortona, dessen Schüler er war; er zeichnete richtiger als sein Lehrmeister, aber dieser hatte mehr Feuer. † 1679. im 51sten Jahr seines Alters.

Des Jakob Bourguignons Gemählde sind alle auf Leinwat gemahlt, mittelmäßig groß oder ganz im Großen, sodann in die Breite geformet, das heißt: breiter als hoch.

Bouth, siehe Both.

Bouttats, J., mahlte schöne Früchten und Traubenstücke, woran sich Vögel wagen wollten, mit Insekten.

Boxberger, mahlte Historien und Schlachten.

Boher, Michael, war ein herrlicher Architekturmahler. † 1724. zu Paris.

Brach, Nicolas van der, zu Messina gebohren, mahlte vortrefliche Blumen, Früchten, Kräuter und Thierstücke. Lebte zu Anfang dieses Jahrhunderts.

Bracklinburg, von diesem hat man geistliche Historien.

Brakenburg, Regnerus, ein Niederländischer 1649 gebohrner Mahler, der in der Manier des Ostade und Brauvers lustige Gesellschaften, auch große Marktplätze

plätze gearbeitet hat. Für sein Werk wird ausgegeben ein großer mit vielen Personen allerley Standes angefüllter Saal, in welchen der blinde Simson, zur Verspottung eingeführet wird.

Bramer, Leonhard, ein Delfter, Rembrands Schüler, und sehr geschickter Künstler, der besonders in Nachtstücken und Feuersbrünsten, in Höhlen und stark beleuchteten Gewölbern excellirte; ja es allen in Gold, Silber, Metall, Marmor nach der Natur zu mahlen bevor that. Seine kleine Werke sind fein und fleißig gearbeitet; sonst hat man auch von ihm Historienstücke und Welteitelkeiten. Ueberhaupt haben seine Gemählde Aehnlichkeit mit denen von Rembrand. 1596.

Brand, Christian Hilfgott, zu Frankfurt an der Oder 1695. gebohren, ein berühmter Landschaftenmahler und Schüler des künstlichen Agrikola. Seine Werke sind in starkem Schatten und Licht gearbeitet; † 1756. Sein Sohn Johann Christian ist auch berühmt, und mahlt vortrefliche Landschaften in angenehmem Colorit, wohl belichtet, und nicht in so starkem Schatten, wie die seines Vaters, mit sehr zierlichen Figuren. Er ist dermalen Direktor der wiener Mahlerakademie. 1723. geb. Von Lezterm sind vorzüglich die Nachtstücke meisterhaft, so wie das Vieh in den Werken seines Vaters.

Brandel, Peter, ein Prager, mahlte geistliche Historienstücke. 1660. † 1739.

Brandenberg, Johann, ein Schweitzer Historienmahler. 1660. † 1729.

Brandi, deren giebt es mehrere. Dominicus Brandi, ein Neapolitaner, hat alle seine Zeitgenossen in kleinen Figuren, Vögeln und Thiermahlen übertroffen. 1683. † 1736.

Brandi

Brandi, Hyacinth, einer der besten Schüler des Lanfranco, er arbeitete im Großen, mit Feuer und großem Genie, leicht gefärbt, geschwind, doch fleißig; seine Zeichnung ist etwas unrichtig. Man hat unter andern von ihm poetische Gedichte und galante Conversationen. 1629. † 1691.

Brandmüller, Gregorius, ein Basler, studierte unter Carl le Brun, ein vornehmer Historienmahler, welcher das Nackte nach der Natur künstlich nachzumachen wußte. 1661. † 1690.

Brassaw, Melchior, zu Mecheln gebohren, mahlte in Antwerpen allerhand Conversationsstücke. 1709. gebohren.

Bray, Jakob, wird für einen der besten Mahler zu Harlem gehalten. Seine Werke bestehen in Historien und Bildnissen, die mit großer Herzhaftigkeit und verständigen Umrissen gezeichnet, und mit einem feinen und kunstvollen Pinsel ausgeführt sind.

Brecklinkamp, Quirin, mahlte unter andern alte Männer und Tabakraucher nach Ostade.

Bredaël, oder Bredal, Joh. Franz van, ein Antwerpner, arbeitete vortrefliche Landschaften mit kleinen Figuren in Joh. Breughels Manier, auch zuweilen nach Philipp Wouwermann. Man findet in seinen Werken eben so viel Feuer, und vielleicht mehr Genie, als in Breughels. 1683. † 1751.

Bredael, Petrus van, mahlte auch Landschaften, wie der vorige, in Breughels Geschmack, auch Schlachten. Die Figuren sind darinn besonders gut gezeichnet, und seine Werke wurden in Spanien, wo er einige Zeit arbeitete, sehr gesucht. Er unterscheidet sich von dem vorigen durch die antike Architektur, die er in seinen Werken anbrachte. Er starb 1630. und hinterließ einen Sohn, Namens Alexander, der in gleicher Kunst zu Wien arbeitete, und 1733 daselbst starb.

C   Breen

Breenberg, Barthel, ein Utrechter, mahlte im
Kleinen, biblische, geistliche, auch Conversationsstücke und
Landschaften; seine Figuren, Reuter und Thiere sind edel,
und frisch gemahlt, auch seine Hintergründe meistens mit
schöner Architektur und Ruinen verziert. Goffredi hat ihm sehr
ähnlich gemahlt, aber in schwächern Colorit. 1620.†1663.

Brekheyde. Man hat unter andern von diesem
Künstler einen Arzt, der den Unrin beschaut, in Mieris
Geschmack gemahlt.

Bremmer, Joseph. Von diesem Künstler hat man
geistliche Historien, eine Sacra familia etc.

Brentel, Friedrich, ein Miniaturmahler von Strasburg. Man hat von ihm vortreflich gemahlte spielende,
tanzende Kinder, die er mit vielem Verstande und Fertigkeit mahlte. Er blühte um 1610.

Breughel, Peter, der ältere, Bauren Breughel
genannt. Ein Holländer, und sehr berühmter Künstler.
Peter war ein Künstler in Werken lustiger Einfälle, als
in Hochzeiten, Bauerntänzen, Kirmessen, Jahrmärkten,
Strassenraub, Soldatenmärschen und Plünderungen. Die
Gebärden seiner tanzenden Personen, die Köpfe und Hände sind lauter Natur und alles richtig gezeichnet. Man
hat auch von ihm Winterlandschaften mit vielen Figuren.
1589.†.1642.

Breughel, Johann, oder Sammet Breughel, des
vorigen Sohn, ein Brüßler, mahlte biblische Historien und
vortrefliche Landschaften mit vielen Figuren, Schiffen und
Marktplätzen; seine Bäume sind ganz durchsichtig. Sonsten arbeitete er die Figuren, Bauern, Vieh, Pferde, Wä-
gen, Armaturen, Blumen, Früchte, Pflanzen, Vögel und
Thiere nach der Natur, mit größter Kunst, alles ist vollkommen und recht meisterlich. Er florirte in der Mitte
des 17ten Jahrhunderts, und starb 1642. 53 Jahr alt.
Ein anderer Joh. Bapt. der Blumen Breughel genannt,
arbeitete schöne Blumen mit Insekten und artige Landschaften wie der vorige.

Breug-

Breughel, Peter, obigen Peters Sohn, oder Höllen-Breughel genannt, mahlte vortreflich biblische Geschichten, Feuersbrünste, Belagerungen, und Teufels- oder Hexenstücke.

Breughel, Abraham, ein Niederländer, Ryngraf genannt, arbeitete unvergleichliche Blumen- und Früchtenstücke; sein Bruder Johann, auch sein Sohn Caspar desgleichen. Abraham. † 1690.

Bey Breughels oder Brühls Name kommt zu bemerken, daß eigentlich 6 Künstler unter diesen berühmt waren. Als: Peter der Höllen Breughel; Peter der Aeltere, der Bauern Breughel genannt; Johann der Blumen Breughel; ein anderer Johann Bapt. der Sammet Breughel genannt; sodann ein Abraham Breughel, der schöne Früchtenstücke geliefert hat; ferner der Akademie Direktor zu Brüssel Ambrosius Breughel, von dem wir herrliche Blumensträuche mit Insekten umgeben, in blaue oder rothe Wasen gesteckt, nebst andern Zugehörungen haben. Dieser florirte um das Jahr 1670. Sonsten läßt sich von allen Werken eben gedachter Künstler Breughels sagen, daß sie entweder auf Kupfer oder auf Holz gemahlt sind.

Breydel, Karl, ein Antwerpner, sehr geschickter Mahler, dessen verschiedene lustige Werke, Märkte, Landschaften, Feldschlachten, Angriffe, Belagerungen, Feldläger, und andere Soldatenbeschäftigungen, mit zahlreichen Figuren, alle meisterhaft ausgeführt sind. 1677. † 1744. Sein Bruder, Franz, mahlte sehr schöne Portraits, Conversationsstücke und fröhliche Feste. Starb 1750 im 71sten Jahr seines Alters.

Brill, Paulus, ein Antwerpner, der zuweilen mit Coreggio gearbeitet hat, ein sehr geschickter Künstler in Prospekten und Landschaften, sein Baumschlag ist ungemein schön, seine Figuren sehr gut gezeichnet, sein Pinsel war leicht, und die Entfernungen sind meisterhaft gearbei-

tet.

tet. Er mahlte Jagd= und Seestücke, auch Fischfänge.
Man hat auch von seiner Hand geistliche Historien. 1554.
starb 1626. Sein Bruder, Matthäus, ist auch in die=
sen Stücken berühmt. 1550. starb 1584. Des letzern
Schäferstücke sind auch sehr geschätzt, wie des Erstern Sol=
datenbeschäftigungen. Dieser hat auch gerne auf Kupfer
gemählt, in die Breite geformt; jener aber auf Holz in
die Höhe geformt.

Brinckman, **Philipp Hieronymus**, von Speyer
gebürtig, ein vornehmer Landschaftmaler. Die Landschaf=
ten mahlte er im Geschmacke des **L. H. Brand**; die Hi=
storien aber nach **Rembrand.** Seine Bäume und ber=
gigte Gegenden werden wegen dem schönen Laub und großen
Natur bewundert. 1709. † 1761.

Brio, **N.**, arbeitete lustige Bauern Conversationen in
einem schönen Helldunkel.

Brittel, mahlte sehr gut, Vögel, Katzen, Wild=
pret. 2c.

Brizio, **Franz**, ein Bologneser, und Schüler des
Ludwig Carraccio, dessen Werke sind schön colorirt, und
mit zierlichen Kleidungen, prächtiger Architektur, und an=
muthigen Landschaften versehen. 1574. † 1623. Auch
war er im Zeichnen mit der Feder sehr geübt.

Broecke, **Crispin van der**, ein Antwerpner und
Schüler von **Franz Floris.** Man hat von ihm geistliche
Geschichten in Landschaften, worinn steile Felsen oder Trü=
mer von alten Gebäuden vorkommen. In dem schönen
Nackenden seiner Figuren hat er vieles andern Künstlern
vorgethan. 1530 geb. **Elias van der Broeck**; mahlte
nach der Natur Blumen, Kröten, Schlangen; doch sind
seine Blumenblätter und andere feine Theile mit einem
schweren Pinsel bearbeitet. † 1711. **Moses Veit van
der Broeck**, hat lustige und herrliche Nymphen= und
Schäferstücke geliefert. Florirte ums Jahr 1630. im
Haag.

Bronck.

Bronckhorst, Petrus van, ein Delfter, sehr berühmter Historien- und Architekturmahler. Man hat von ihm Vorstellungen des Innern und Aeußern der Kirchen, sein Pinsel ist besonders fleißig, und seine Figuren sind gut gestellt, auch alles gut colorirt. 1588. † 1661.

Bronckhorst, Joh. van, zu Utrecht 1603 geboren, war anfangs ein Glasmahler, ergriff aber nachher das Oehlmahlen, worinn er so berühmt wurde, daß der berühmte Kupferstecher Prenner für die kaiserliche Gallerie in Wien nach seinen Gemählden arbeiten müßte. Ein anderer

Bronckhorst, Joh. van, aus Leiden gebürtig, mahlte in Wasserfarben Vögel und andere Gegenstände mit so vieler Delikatesse, daß er von Kennern für den beßten Wasserfarbenmahler gehalten wird, und seine Gemählde daher noch sehr geschätzt und gesucht werden; denn er mahlte das Leichte und Glänzende des Gefieders aller Gattungen von Vögel zum verwundern schön. Starb zu Hoorn 1726, im 78sten Jahr seines Alters.

Bronzino, Angelus, ein Florentiner, mahlte sehr ähnlich nach da Pontormo, dessen Schüler er war; doch ist seine Manier lieblicher und treflich colorirt. Er mahlte geistliche Historien; doch hat man auch von ihm Portraits, die mit unglaublichem Fleiße, und so wohl ausgearbeitet sind, daß man hierinn nichts mehr wünschen kann. † um 1550. 69 Jahr alt.

Brotus, J., mahlte schöne Bataillenstücke.

Brouwer, Adrian, ein Flamänder; er mahlte unvergleichlich, aber lauter gemeine Gegenstände, als Bauern, Wirthshäuser, Tobacksstuben, Raucher, Hochzeiten, besoffene Soldaten, und lustige Zusammenkünfte; alles mit Natur und Feuer; oft werden seine Werke, wegen ihrer Wahrheit und Wärme, denen des Teniers vorgezogen. Sonsten ist sein Colerit braun, glüend und glänzend, seine Fleischfarbe gelblich; doch sind die Gesichtsminen an seinen Figuren zuweilen verzerrt, zwar sehr natürlich; er

C 3   liebte,

liebte, schnellen und starken Abschlag des Lichtes zu geben, als auf Gläsern, Krügen und allerhand Geschirren, worauf der helleste Glanz schimmert. 1608. † 1640.

Brücker, Nikolaus, mahlte sehr gute Portraits.

Brüderle, ein Münchner Mahler, er arbeitete gute Halbfiguren. Er lebte um die Mitte des 17ten Jahrhunderts.

Brügge, Markus Gerard van, mahlte Portraits. † in England ums Jahr 1590.

Brün, Carl le, ein Pariser und sehr großer Künstler, ein Lieblingsmahler der Franzosen. Er mahlte mit Leichtigkeit, zeichnete richtig, ordnete alles geistreich an, colorirte gut, zwar etwas matt; seine Figuren sind verkürzt, doch die Gesichter gefällig, die Gewänder und Stellungen einander zu ähnlich; seine Landschaften werden nicht so sehr, wie seine übrigen Werke geachtet. Seine historischen Gemählde von Alexander und Constantin sind wahre Meisterstücke. 1619. † 1690. Madame le Brun mahlte ums Jahr 1780 zu Paris Portraits.

Brusa sorci, siehe Ricci.

Buecklaer, Joachim, ein Antwerpner, mahlte Vögel, Fische und Thiere, auch sonstiges Küchengeräthe ums Jahr 1560. Er starb 40 Jahre alt.

Buggiardini, Julian, ein Florentiner, mahlte Historienstücke, aber vorzüglich schöne Bildnisse. In seinen historischen Compositionen war er nicht allzu glücklich.

Buisson, Joh. Baptist Gayot du, ein französischer Blumenmahler, der vorzüglich in Neapel in großem Ruhm und Achtung stund. Als der erste Hofmahler, Anton Pesne, seine Tochter heurathete, setzte er sich in Berlin, wo er, wie zu Dresden und Warschau, mit vielem Beyfall arbeitete. Am letztern Orte starb er 75 Jahre alt. Jmanuel, sein ältester Sohn, wurde unter Pesne's Anleitung ein guter Landschaftmahler, gebohren 1699. Augustin, geboh. 1670 folgte seines Vaters Kunst, und mahl=

mahlte 1740 einen Saal in dem königlichen Schloße zu
Sanssoucy. Andres, geb. 1705 war auch ein guter Land=
schaftmahler.

Bullinger, Joh. Balthas., ein Schweizer aus
dem Canton Zürch, gebohren 1713. er studierte zu Ve=
nedig nach Tiepolo, legte sich aber vorzüglich aufs Land=
schaftmahlen, worinn er den Beyfall der Kenner erhielt.
Seine Gemählde sind Kunststücke.

Bunnick, Joh. van, ein Utrechter, und vortref=
licher Landschaftmahler, ein Schüler des Herrmann Zaft=
leven. 1654. † 1727. Sein Bruder Jakob war ein
guter Feldschlachtenmahler. † 1725.

Buonacorsi, Peter, genannt Perino del Vaga,
ein Mahler aus Florenz, der in Raphaels Schule gebil=
det wurde, und seine andern Schüler bald übertraf. Der
Fleiß, die Reinlichkeit und Schönheit, welche Peter in
seinen Gemählden zeigte, wurden von allen Kennern bewun=
dert. Er hatte ein lebhaftes Genie, und war ein großer
Zeichner. Sein Pinsel gleicht dem des Raphaels, aus=
genommen in der Stärke und in Ausdrücken. † 1547.
47 Jahr alt.

Burg, Jakob van der, ein vortreflicher nieder=
ländischer Landschaftmahler, und sehr guter Colorist.

Burg, Adrian van der, ein Mahler von Dordrecht,
der artige Gesellschaftsstücke bearbeitete. Sein Pinsel ist
leicht, seine Tinten sind markigt, und die Charaktere sei=
ner Köpfe sehr angenehm. † 1737.

Burgau, zwey Gebrüder, sie arbeiteten zu Wien
und Linz ums Jahr 1740. Einer mahlte Vögel, ge=
schossenes Geflügel, Raubvögel ꝛc. Der andere aber In=
sekten, Hahnen, Hennen, auch indianische Hahnen.

Burgmaier, Johann, ein Augsburger Künstler,
und Schüler von Albrecht Dürer, in dessen Manier auch
seine geistliche Historien und Heiligen gearbeitet sind; doch
ist sein Colorit etwas stärker, saftiger, und mit mehrerem
Schatten und Licht vermischt. Man findet auch in seinen

C 4

Wer=

Werken Marienbilder und Landschaften, jedoch ohne Haltung, zuweilen aber schöne Verzierungen von Gold. 1473. † 1517. Er mahlte immer auf Holz, und wann auch seine Gemählde 4 Schuhe hoch waren.

Busch, Joh. Christoph, mahlte Historien und Bildnisse zu Hanover und Hamburg, an welchen Orten er sehr geschätzt wurde. Sein Ruhm verschafte ihm die Aufseherstelle über die berühmte Bildergallerie in Salzthalum, gebohren 1703.

Buys, van, ein niederländischer Künstler des 17ten Jahrhunderts; er arbeitete nach Mieris und Douws Manier. Seine Zusammensetzungen sind sehr geistreich und angenehm. Er mahlte die Gewänder mit einer rührenden Wahrheit. Seine Zeichnung ist richtig; seine Ausarbeitung fleißig und doch nicht frostig.

Buys, Jakob, ein Amsterdamer, mahlte Portraits und angenehme kleine Cabinetsstücke, geb. 1724.

Buytenweg, Wilhelm, ein Holländer, mahlte Converstionen in gefälligem Geschmacke, ums Jahr 1640.

Bylert, Johann, ein Utrechter, ein Schüler des Abraham Bloemart; mahlte Historienstücke, ums Jahr 1660.

Bys, Joh. Rudolph, von Solothurn gebürtig, mahlte vortrefliche Vögel und Thierstücke, und stafirte seine Landschaften mit biblischen Historien, in welchen er öfters die Bildnisse seiner Freunde anbrachte; dabey aber hat er das Schattenwerk verabsäumt. 1660. † 1738 zu Würzburg. Seine schönsten Gewählde sind zu Pommersfelden; auch hat man von ihm eine Beschreibung der Kunstgallerie, die daselbst von Kunstkennern bewundert wird.

C. Cäf=

C.

Caffi, Margaretha, eine berühmte Blumenmahlerinn zu Cremona; man hat von ihr schöne Blumenkränze. Lebte zu Anfang des 17ten Jahrhunderts.

Cagnacci, oder **Guido Canlaffi.** fiehe **Canlaffi.**

Cairo, Francefco, aus dem Mailändifchen, mahlte Portraits in alten fchönen Trachten, in der Manier des Paul Veronefe und Titian, mit vieler Feinheit und Zärtlichkeit. 1600. † 1674.

Calabrefe, fiehe **Preti.**

Calau, Benjamin, diefer churfächfifche Hofmahler verdient hier angeführt zu werden: Er erfand ein Geheimniß, das punifche Wachs brauchbar und fließend zu machen, um die Mitte diefes Jahrhunderts.

Calci, Joh. Baptift, ein Genuefer, mahlte ums Jahr 1760 Hiftorienftücke in angenehmer Manier, mit befondern fchönen Gewändern und lieblichem Colorit.

Calcker Calcar, Joh. van, deffen Werke werden öfters für Titians, feines Lehrmeifters gehalten; er mahlte Hiftorien und Portraits, geb. ums Jahr 1500. † 1546.

Caldara, fiehe **Carravagio.**

Calet. Von diefem Parifer Mahler ift das Portrait des unglückfeligen Königs Ludwig XVI. von Frankreich, fo zu Wien in der Gallerie hängt, im Jahr 1781 gemahlt worden.

Caliari, Paul Veronefe genannt, zu Verona gebohren; ein großer Künftler vorzüglich in großen Gemählden. Ein majeftätifches Wefen in feinen Figuren, eine kluge Auswahl der Gegenftände und Anordnungen, reizende Köpfe, ein lebhaftes frifches Colorit, reich mit Architektur ausgezierte Hintergründe, herrlich verbrämte Gewänder find diefes großen Meifters vorzügliche Eigenfchaften. Er hat bloß auf Leinwat gemahlt meiftens im Großen, oder mittelmäßig, fehr felten im Kleinen; man hat von

feiner

seiner künstlichen Hand Mutter Gottes Bilder, geistliche Historien, Heilige, poetische Gedichte, Allegorien, den Mord der Lucretia und Portraits. 1532. † 1588. Unter seinen Söhnen Carl und Gabriel war Carl, Carletto genannt, auch sehr berühmt. Dieser mahlte aber nur biblische Geschichten mittlerer Größe auf Leinwat. Er starb im blühenden Alter 1596.

Calimpergh, Joseph, ein Deutscher, und berühmter Historien= auch Bataillenmahler ums Jahr 1550. † 1570.

Call, Johann van, zu Nimwegen gebohren, ein berühmter Landschaftmahler, der in seinen Werken schöne Lustschlösser, Paläste, Alterthümer, und verschiedene Rheingegenden künstlich angebracht hat. 1655. † 1703. Sein Sohn, Peter van Call, war ein berühmter Architekturmahler. 1688. † 1737. Dessen Bruder Johann, mahlte zu Berlin ums Jahr 1748. alle Vestungen und Städte von Brabant und Flandern mit Wasserfarben, gebohren 1689.

Callot, Jakob, aus Nancy gebürtig, mahlte im Kleinen mit vielen Figuren, den Kindermord, Kriegsdrangsale, und vortrefliche allegorische Gemählde. † 1635. im 41sten Jahre seines Alters.

Calvart, Dionysius, ein Antwerpner, mahlte zwar im gothischen, doch großen Geschmack, Historien und Landschaften; seine Composition ist vornehm, seine Figuren haben viel Leben und Anstand, seine Architektur und Perspektiv ist auch meisterhaft. Seine Werke sind kennbar an seinen Köpfen mit großen Bärten, und an den weiten Gewändern seiner Figuren. 1555. † 1619. Die Lehrlinge und Künstler, welche Calvart in seiner Schule zu Bologna gezogen, machen ihm große Ehre, als: ein Albani, Guido und Zampieri.

Calzà, Anton, ein Veroneser, vortreflicher Bataillen= und Landschaftmahler. Er studierte in erstern nach

Bour=

Bourguignon, seine Landschaften aber sind nach Manier des Caspar Poussin gefertigt. 1653. † 1725.

Cambiasi, Lukas, ein Genueser und großer Künstler in Verkürzungen, doch aber in seiner Kunst veränderlich; er zeichnete richtig; seine Figuren sind aber fast riesenmäßig. 1527. † 1586.

Camogli, Stephan, aus Genua, mahlte sehr schöne Blumen und Früchtenstücke zu Ende des 17ten Jahrhunderts.

Campaná, Petrus, ein Brüßler, und berühmter Historienmahler, ein würdiger Schüler Raphaels: Starb 1570.

Campana, Joh. Baptist, ein Historienmahler zu Neapel, ist auch berühmt.

Campi, Vincentius, deren giebt es mehrere, dieser mahlte mit starker Natur und großer Geschicklichkeit Historien, Früchten und Blumen, zu Ende des 16ten Jahrhunderts.

Canale, deren giebt es auch mehrere. Anton mahlte zu Venedig prächtige Architekturstücke, mit den gewöhnlichen Festins und lieblich gefärbten sehr geschäftigen Figuren, ums Jahr 1740. geb. 1697. † 1768.

Candito, siehe Witte.

Cane, Carl del, im Mailändischen gebohren, ein vornehmer Landschaften- und Thiermahler; in seinen Werken findet man durchgängig einen Hund. 1618 † 1688.

Cancqu, arbeitete zu Paris Gemählde des bürgerlichen Lebens, ums Juhr 1740.

Canlaffi, Guido, ein Schüler des Guido Reni; er arbeitete geistliche und weltliche Historienstücke, Heiligen, besonders büßende Magdalenen, alles vortreflich. 1601. † 1681. zu Wien.

Cantarini, Simon, genannt da Pesaro; mahlte wohl angeordnete Historienstücke, Sybillen und Allegorien, zu Florenz 1612 geb. † 1648.

Canti,

Canti, Johann, ein berühmter Mahler von Parma; er arbeitete Landschaften und Feldschlachten.

Cantone, Franz Thomas, arbeitete zu Wien sehr schöne Landschaften im Kleinen, worinn artige Figuren angebracht sind. 1677. † 1734.

Sein Sohn, Joh. Gabriel Cantone, stafirte des Joseph Orient, Martin von Meytens, und anderer Künstler Landschaften mit schönen Figuren, Pferden und Scharmützeln. 1710. † 1753.

Capomazza, Ludovica, eine Neapolitanerinn, mahlte verschiedene heilige Bilder, mit schönen Landschaften, und überaus gut gezeichneten Figuren an Köpfen, Händen und Füssen. Sie starb ums Jahr 1646.

Capuro, Franz, ein Genueser, mahlte verschiedener Orten in Italien, nach Joseph Ribera's Manier, mit sehr gefälligem Pinsel, ums Jahr 1650.

Carbone, Ludwig, ein Schüler des Paul Brill; mahlte vortrefliche Landschaften mit verschiedenen schreckbaren Gegenständen, als Sturmwinde, Ueberschwemmungen und Brand rc. seine Figuren sind sehr zierlich; arbeitete zu Anfang des 17ten Jahrhunderts. Des Namens Carbone giebt es mehrere geschickte Mahler.

Cardi, Ludwig, genannt Cigoli oder Civoli, aus dem florentinischen Gebiet. Seine historischen Stücke werden in Rom denen eines Raphaels und Dominiquino beynahe gleich geschätzt; denn er hatte einen großen Geschmack in der Zeichnung, viel Genie, und einen festen und kräftigen Pinsel. † zu Rom 1613. 54. Jahre alt.

Carletto, siehe Caliari.

Carlevariis, Lukas, von diesem hat man im Kleinen artige Landschaften mit Figuren, auch Seehäven rc. 1665. † 1729.

Carlier, Johann, ein Lütticher, berühmter Historienmahler ums Jahr 1670.

Car

Carlieri, Albertus, ein Romaner, mahlte herrliche Architekturstücke, die mit wohl colorirten Figuren gezieret sind, geb. 1672.

Carlone, deren giebt es mehrere, sie besaßen ein besonderes Talent in den Verkürzungen; sie florirten im 16. und 17ten Jahrhundert. Von einem Künstler Carl Carlone findet man ein Meisterstück auf nassen Kalk in der k. k. Gallerie. 1686. † 1775

Carmontel, L. C. de, ein französischer Mahler, der sich 1765. durch eine Tafel berühmt machte, welche die unglückliche Familie Calas vorstellt.

Carnevale, Dominicus, ein Modeneser; in seinen Gemählden findet sich eine gar vortrefliche Architektur. Er arbeitete ums Jahr 1564.

Carp, Balthasar di, ein Neapolitaner, berühmter Jagd= Vögel= und Thiermahler; man hat auch vortrefliche Blumen von seiner Hand. Lebte ums Jahr 1740.

Carpioni, Julius, von Venedig, er mahlte mit vielem Verstand allerley idealische Vorstellungen; als Träume, Opfer, Bachanalien, Triumphe und Kindertänze, die sehr gesucht werden. Starb 1674 63 Jahre alt. Man hat auch von seinem Pinsel künstliche Portraits.

Carraccio, Ludwig und Hannibal; beede Mahler gehören unter die größten Künstler, ihre vortrefliche meistens geistliche Werke sind Muster der reizenden Gedanken eines Raphael, des zarten Wesens eines Corregio, des natürlichen Colorits eines Titian, des schön Nackenden eines Michael Angelo, und der gefälligen Umrisse eines Parmesan. Ludwig geb. 1555. starb 1619. Hannibal geb. 1560. † 1609. Neben ihren häufigen historischen geistlichen Gemählden, Carricaturen und sonstigen Gegenständen hat man auch von beyden schöne Landschaften.

Carraccio, Augustin, ist auch berühmt in geistlichen Stücken, doch war sein Pinsel nicht so herzhaft, wie

von

von dem vorhergehenden; man hat von ihm die Sündfluth sehr künstlich gemahlt.

Sonsten kommt noch von diesen 3 Hauptkünstlern zu bemerken, daß sie auf Leinwat entweder mittelmäßig groß, oder im ganz Großen gemahlt haben. Nur **Hannibal Caraccio** hat, aber sehr selten auf Kupfer im Kleinen gemahlt. Ihre Mahlergegenstände sind fast durchgängig biblische Historien gewesen.

Carravagio, Michael Angelo oder **Merighi**, ein Mailänder und großer Künstler, der alles nach der Natur, auch nach ihrer Häßlichkeit zeichnete; Schade, daß er nicht immer die schöne Natur und ihr Edels gewählt hat. Sein Pinsel ist warm, stark, schwarzschattigt, wodurch er seine Gegenstände hervorstehend gemacht; vom starken Schatten verfällt er meistens ins helle Licht; seine Figuren, seine Aerme und Hände sind fast riesenmäßig, also, daß seine Manier übertrieben genannt werden darf. Sonsten ist er ein großer Meister des Helldunkeln. Man hat von ihm unter andern geistliche und biblische Historienstücke, auch schöne Frauenbilder. † 1609. im 40sten Jahre seines Alters.

Carravagio, Polidorus, war gleichmäßig ein großer Künstler, sein Pinsel ist leicht und sanft, seine Gedanken groß, seine Zeichnung tichtig, seine Figuren natürlich und geschäftig, seine Composition edel. Anfangs arbeitete er mit Maturin Geschirr und Waffen, nachmals aber Historien und sehr schöne Landschaften.

Carre, Franz, ein Frießländer, mahlte lustige Bauern Conversationen 1636. † 1669. Heinrich und seine Söhne mahlten Conversationsstücke so gut wie Gerhard Douw, auch schöne Landschaften. 1656. † 1721. Jakob, ein Schüler des Peter Mighard, mahlte Portraits 1651. Michael aber Landschaften mit schönen Figuren und Thieren, in diesen konnte man Wind, Wetter und Stürme wahrnehmen; sein Colorit zwar ist gegen die Na-

tur.

tur. † 1728. Michael war ein Schüler des Nicolas Berghem.

Carré, Abraham, im Haag gebohren 1694. mahlte artige Cabinetstücke und Portraits.

Carriera, Rosalba, gebohren zu Venedig 1672, sie erreichte in der Zeichnung und Miniaturmahlerey eine so große Vollkommenheit, daß ihr wenige beykommen. In Dresden ist ein ganzes Zimmer von ihrer Arbeit ausgeziert. † 1757.

Carrucci, siehe Pontormo.

Casanova, Franz, gebohren in Londen 1730. studierte zu Venedig nach Bourguignon, mahlte zu Dresden und Paris sehr gute Feldschlachten und Seestücke, auch Landschaften in Wouwermanns Geschmack, mit schönem Colorit, und mit meisterhaften Pinsel. Sein Bruder, Johann, zeichnete vieles für den berühmten Antiquarium Winkelmann in seine Werke der Alterthümer, und war Direktor und Professor der Akademie zu Dresden.

Casissa, Nicolas, ein Neapolitaner, berühmter Blumenmahler, welche er mit Kräutern und Vögeln geziert hat. † 1730.

Cassani, Joh. Augustin, mahlte vortreflich Historien, Thiere, Fische und Blumen. Seine Haare und Federn sind besonders natürlich. Sein Bruder, Nicolas, war ganz vortreflich in Bildnissen und historischen Stücken. † 1713.

Casta, mahlte mit keckem Pinsel Landschaften.

Castel, Alexander. Man hat von seiner Hand in dunkeln Colorit gearbeitete Landschaften, auch biblische Feldzüge. Er war zu Ende des vorigen Jahrhunderts Akademie Direktor zu Berlin.

Castellano, Thomas, ein Neapolitaner, dessen Frau und vier Töchter auch vortrefliche Blumen und Landschaftmahlerinnen waren. Lebte ums Jahr 1730.

Castelli, Bernhard, ein Genueser, dessen Zeichnung richtig, Compositionen groß, und Colorit gut ist.

Man

Man kennt seine Gemählde an den spitzigen Nasen, die er seinen Figuren mahlte, sodann sind seine Kinder übergroß. 1557. † 1629.

Castelli, Valerius, der Sohn; dieser war hauptsächlich ein sehr berühmter Schlachtenmahler, er zeichnete sehr gut, colorirte schön, und seine Figuren haben eine edle Stellung. In England hat man auch von ihm vortrefliche Cabinetstücke. 1625. † 1659.

Castiglione, Joh. Benedikt, il Benedetto genannt; ein Genueser und vortrefliches Mahlergenie, dessen Colorit, nach seinem Lehrmeister van Dyk, schön und zart ist; er arbeitete Portraits, Historien, Landschaften, Jahrmärkte, Hirten= und Thierstücke, Schafe und Geißen, Federvich, Porzellain und Küchengeschirr; sein Pinsel ist kräftig, und meistens keck, zuweilen aber sehr fein; seine Zeichnung ziemlich gut, und seine Manier überaus angenehm. 1616. † 1670. Man sieht auch auf seinen großen Gemählden ausländische Thiere, als Trampelthiere von Mohren geführt.

Castiglione, Salvator, des Benedikt Bruder, ist in selbigen Mahlerfach berühmt.

Castrejon, Antonius, ein Madrider, ist wegen seinen schönen kleinen Figuren und sonsten artigen Mahlermanier berühmt. 1625. † 1690.

Castro, Peter de, mahlte still Leben Gemählde, oder leblose Gegenstände, Geschirr, Musikalien, Bücher 2c. † 1663.

Catena, Vinzenz, in der k. k. Gallerie ist sein Portrait von ihm selbst gemählt. 1478. † 1532.

Cavedone, Jakob, ein Modeneser, seine ersten Werke sind Meisterstücke, so wie jene von den Carracci, seine Figuren haben die Augen tief im Kopf liegen, daher läßt sich sein Pinsel leicht erkennen. 1580. † 1660.

Cauliz, Peter, mahlte zu Rom und Berlin schöne Landschaften und Thierstücke. † 1719.

Cazes,

Cazes, Peter Jakob, ein französischer Mahler,
der mit besonders gelehrter Composition alle Arten von Gemählden verfertigte; seine Zeichnung ist richtig, seine Mahlergedanken sind geistreich und groß, seine Köpfe reizend,
seine Gewänder schön geworfen und wohl gefaltet, sein
Fleisch natürlich, und das Kinderfleisch zart und weich;
übrigens ein Meister im Haarmahlen; der wahre Ausdruck und das Feuer fehlt doch in seinen Werken. 1676.
† 1754.

Celesti, Andreas, ein Venetianer, dessen große
und kleine Gemählde wegen ihrer schönen Manier, guten
Composition, zierlichen wohlgefalteten Gewändern, hoher
Färbung, hellem Licht, und leichten Lüften beliebt sind.
Unter andern hat man von ihm biblische Geschichten. 1639.
† 1706.

Cerezo, Matthäus, mahlt gute Historien, Conversationen und Tabackgesellschaften. 1635. † 1675.

Cerquozzi, Michael Angelus, genannt delle Ba-
taglie, ein Mahler zu Rom. Er mahlte Bauern und
Jahrmärkte, Schäfergeschichten, Feldschlachten, Früchte
und Blumen. Sein Colorit ist kräftig und von ungemeiner Leichtigkeit; auch beobachtete er in seinen Gemählden eine große Stärke und Wahrheit. Er starb zu Rom 1660.
im 58sten Jahr.

Cesari, Joseph, genannt Josepin. Er mahlte
römische Geschichten, aus welchen sein großer Geist hervor-
leuchtet, und seine Compositionen haben viel Feuer und
Erhabenes. 1560 † 1604. zu Rom.

Champagne, Philipp von, ein Brüßler, mahl-
te unter andern vortrefliche Landschaften mit schöner Architektur und Perspektiv, er colorite gut, und zeichnete richtig. Man hat auch von ihm Historien, und Weiber mit
Kindern sehr gut gemahlt. 1602. † 1674.

Chantreau, mahlte zu Paris ums Jahr 1745 u.
50. Jagden und Schlachten mit vielem Feuer und Natur.

D   Chatel,

Chatel, Franz du, ein Schüler des jungen David **Teniers**; mahlte allerhand lustige Conversationen, Bauerngesellschaften, Marktplätze mit vielen Figuren, die sämmtlich gut gezeichnet, artig gekleidet und wohl belichtet sind. Arbeitete ums Jahr 1670.

Chemin, Chatharina du, eine Pariserinn, und künstliche Blumenmahlerinn. 1630. † 1698. Sie war des berühmten Bildhauers Girardon Ehefrau.

Cheron, Elisabetha Sophia, ein Pariserinn; sie mahlte vortrefliche Geschichtsstücke und Porträits mit ungemein leichter Hand, in schönem Farbenton, und mit gutem Geschmack; sie zeichnete richtig, und ihre Gewänder haben schöne Natur. Im Mahlen der Antiquen, besonders der geschnittenen Steine, war sie eine Meisterinn. 1648. † 1711.

Cheron, Ludwig, ein berühmter Geschichtenmahler, dessen Zeichnung richtig ist, die Gedanken erhaben, und dessen übrige Anordnungen vortreflich waren. Er wählte den Geschmack eines Raphael, oder eines Julius Romanus; seine Köpfe haben was Edles, zwar wenig Gefälliges in ihrer Gesichtsbildung, im übrigen deutete er die Muskeln an seinen Figuren zu stark an. 1660. † 1723.

Chevallerie, Friederich Wilhelm von, bayreuthischer Kammerherr, ein Liebhaber der Mahlerkunst, mahlte auch sehr wohl in Miniatur, sowohl in Historien, als Bildnissen, ums Jahr 1745 und 50.

Chiari, Joseph, ein Römer und Schüler des Carl **Maratti,** dem er durch seine erlangte Geschicklichkeit große Ehre machte, und sie auch durch seine heil. Geschichten bewies, die er mit Geist und Geschmack ausarbeitete. † 1727.

Chimenti, Jakob, da Empoli genannt. Man hat von seiner Hand ein Historienstück von der keuschen Susana. 1554. † 1640 zu Florenz.

Chodowiecki, Daniel, ein Danziger, gebohren 1726. mahlte zu Berlin, wo er noch lebt, und sich durch seine meisterhafte Kupferstiche berühmt macht, angenehme Conversationsstücke und Bildnisse, ums Jahr 1750. Sein

Bru=

Bruder, Gottfried, geb. 1720., mahlte Landschaften, Jagden und Feldschlachten nach Rugendas Manier.

Christ, Joseph, von Winterstetten in Schwaben, ein geschickter Historienmahler neuerer Zeiten; man hat von ihm unter andern schöne Copien nach Tiepolo, Zick ꝛc. geb. 1732. ist gegenwärtig in Petersburg.

Ciezar, Joseph de, ein berühmter Blumen- Früch- ten- und Landschaftmahler, königl. spanischer Hofmahler. 1656. † 1696.

Cignani, Carl, ein Bologneser, Künstler und Schü- ler des Albani; sein Pinsel ist leicht, doch kräftig und fleißig, seine Zeichnung richtig, seine Gedanken groß und meisterhaft im Ausdruck der Leidenschaften, die Gewänder seiner Figuren sind gut gefaltet, und die Gesichter reizend. Man hat von ihm auch schöne allegorischen Werke. 1628. † 1719. Von Felix Cignani, dem Sohn, hat man auch herrliche Allegorien, geb. 1660 † 1724.

Cinciaroli, Petrus, arbeitete um 1712. zu May- land, Landschaften und Thiere. Scipio Cinciaroli ist aber berühmter wie der vorige; dieser arbeitete auch Landschaf- ten, aber nach Caspar Poussin, und Salvator Rosa, in Italien ums Jahr 1720.

Cittadini, Peter Franz, ein Mayländer, und Schüler des Guido Reni, mahlte mit großer Geschicklich- keit alle Arten von Gemählden, besonders lustige Conversa- tionen, mit Schauspielern und Märkten, auch Kräuter und Thiere. 1615. † 1681.

Seine drey Söhne, Joh. Baptist, Carl und Ange- lus Michael, sind auch berühmt; beyde erstere im nämli- chen Mahlerfach, wie der Vater, Michael aber in Blumen und Früchten.

Es ist auch ein Cajetan Cittadini bekannt, der Land- schaften in einem überaus glänzenden Colorit gemahlt hat.

Civetta, siehe Bles.

Civoli, oder Ludovicus Cardi, genannt Cigoli, ein Florentiner, und berühmter Mahler; er ist kennbar an

den

den nach florentinischem Geschmack gemahlten Haaren und
vielen Falten an den Gewändern; seine Zeichnung ist sonst
vortreflich, und seine Manier groß und edel. 1559. starb
1613.

Cleef, Heinrich van, ein Antwerpner, sehr geschickter Landschaftenmahler, dessen leichte Manier und gute Far-
benharmonie gerühmt wird. 1500. † 1589.

Iba's van Cleef, war einer der besten Coloristen
seiner Zeit. Martinus van Clef, ein Schüler des Franz
Floris, mahlte allerhand Historien und schöne Figuren in
anderer Künstler Gemählde; sodan war sein Lieblingsfach,
das Innere bürgerlicher Hauswirthschaften zu mahlen, geb.
zu Antwerpen 1520. † 1570.

Clerc, David le, ein Schweitzer; mahlte zu Frankfurt und der Orten meisterhafte Portraits. 1680. † 1738.

Clerck, Heinrich le, ein Brüßler; mahlte vortreflich geistliche Geschichten und poetische Gedichten, auch sta-
fierte er mit Figuren die Werke anderer Künstler, ums
Jahr 1600.

Clerisseau, ein Franzos, studierte zu Rom nach
den beßten Meistern Alterthümer und schöne Prospekten zu
mahlen, ums Jahr 1760.

Clostermann, J., ein Hanoveraner, und vortreflicher Portraitmahler, der vieler gekrönten Häupter Bildnisse gemahlt hat. 1656. † 1713. in London.

Clouet, Franz, genannt Janet, ein französischer
Mahler und Künstler in Portraiten, geb. 1519. florirte
ums Jahr 1572.

Coccorante, Leonhard, arbeitete zu Neapel vortrefliche Landschaften, Prospekten und Seestücke, um
Jahr 1740.

Cock, Mathias und Hieronymus, zwey Gebrüder,
Antwerpner; sie beschäftigten sich mit Gemählden, wo viele Figuren in Bewegung kommen, als der Thurn von Babel, große Plätze von Venedig ꝛc. Florirten in der Mit-

---

te des 16ten Jahrhunderts. Mathias war ein vortreflicher Landschaftmahler.

Codde, Peter; von diesem Künstler habe ich ein sehr schönes Gemählde gesehen, welches in einem dicken Wald, mit Karten-spielende Bauern vorstellt, es ist in seiner tockirten Mählermanier ganz besonders, und im Ausdruck der Leidenschaften vollkommen meisterhaft, nach dem Aussehen 150 Jahre alt; das Colorit fällt ins röthliche, aber mit sehr keckem Pinseln gemahlt.

Collandon, mahlte ähnlich dem Mola zu Paris, ums Jahr 1670.

Collantes, Franz, ein Madrider, berühmter Landschaftmahler, dessen kleine Figuren besonders wohl gearbeitet sind; sein Geschmack ist der Niederländische, seine Werke sind fleißig ausgeführt. 1596. † 1656.

Colli, Anton, mahlte zu Rom ums Jahr 1725. Architekturstücke.

Colomba, deren giebt es mehrere geschickte Mahler; sie arbeiteten Historien und Theater Verzierungen.

Colombel, Nikolaus, von Sotteville, nahe bey Rouen, gebohren, seine Zeichnung ist richtig, seine Composition vortreflich, doch seine Stellungen gezwungen. 1646. † 1717.

Colonna, Angelus Michael, zu Ravenna gebohren. Ein sehr berühmter Mahler im Großen, in Architekturstücken und Theater Gemählden. 1600. † 1687.

Colyns, David, aus Amsterdam, arbeitete Geschichten, und zwar solche, wozu viel Figuren gehören, die er mit vieler Zärtlichkeit und Verstand ausarbeitete, als die Speisung mit 5 Brod, das Anschlagen am Felsen, das Manna ꝛc. geb. 1650.

Comendu, Laurentius, von Venedig, arbeitete zu Verona Bataillenstücke in großen Geschmack, zu Anfang dieses Jahrhunderts.

Compagno, Scipio, ein Neapolitaner; lernte bey Salvator Rosa, mahlte nachher vortrefliche Landschaften

und

und Seeſtücke nach der Natur. An ſeine Baumſtämme hat
er ungemeinen Fleiß angewandt. Lebte gegen Ende des
17ten Jahrhunderts.

Compagno, Ignatius, des vorhergehenden Bruder. Man hat von ihm herrliche Landſchaften mit Alterthümern, und geiſtlichen Geſchichten. Florirte ums Jahr
1680.

Compe, Johann ten, ein Amſterdamer, ſehr geſchickter Architektur- Proſpekten- und Landſchaftmahler, ſeine Werke ſind mit künſtlichen alten und neuen Gebäuden,
Städten, Schlöſſern und ſchönen Proſpekten ausgeziert, gebohren 1713.

Conca, Sebaſtian, ein berühmter Mahler von
Gaeta, und Schüler von Solimena. † 1764. im 85ſten
Jahr ſeines Alters. Seine Zeichnung iſt richtig, und ſeine
Färbung treflich.

Conceloe, Egidius, ein Antwerpner, vortreflicher
Landſchaftmahler; ſein Colorit iſt angenehm, und ſein Pinſel leicht. Martin van Clef ſtafierte meiſtens ſeine Werke.
1544. † 1604.

Coningh, Salomon, ein Amſterdamer, berühm-
ter Portrait- und Hiſtorienmahler mit lebensgroßen Figuren. Seine Werke ſind ſehr beliebt, er hielt ſich gar genau an die Natur. geb. 1609.

Conixlae, Aegidius, ein Antwerpner Künſtler im
Landſchaftmahlen. Florirte ums Jahr 1604.

Contarino, Johann, ein Venetianer, geſchickter
Künſtler, der nach Tintoret ſtudiert, und gezeichnet hat;
ſeine Mahlermanier iſt ſehr angenehm. 1549. † 1605.

Conti, Franz, ein ſehr berühmter Mahler aus Florenz, der nach Raphael, Carraccio, und nach Antiken
Statuen ſtudiert hat; ſeine Gemählde werden geſchätzt. †
1760 im 79ſten Jahr ſeines Alters.

Cooper, Samuel, geb. 1609. zu London. Er war
ein vortreflicher Portraitmahler in Miniatur; worinn er alle
ſeine

seine Zeitgenossen übertraf. Man nannte ihn Vandyk im Kleinen. † 1672.

Coosemans, A. z. man hat von diesem niederländischen Künstler herrliche Früchten in Körben auf einem Tisch liegend, mit steinernen, zinnernen oder vergoldeten Gefäßen, alles lauter Natur. Sein Name pflegt in der Gegend der Geschirre zu stehen. Florirte ums Jahr 1630.

Coppola, Carl, ein Neapolitaner, berühmter Schlachtenmahler, in der Mitte des 17ten Jahrhunderts.

Coques, Gonzales, aus Antwerpen, ein berühmter Portraitmahler, noch besserer Colorist. 1618. † 1684.

Cordua, Johann de, mahlte leblose Gegenstände, die er ganz natürlich abzubilden wußte. Er lebte um 1660. in Freysingen.

Corduer, Peter Anton, ein Nürnberger, mahlte zu Venedig ums Jahr 1640. Historien, und starb daselbst 1644.

Corneille, Michael, ein Pariser, arbeitete in italienischen Geschmack, nach den Caracci; seine Zeichnung ist richtig, seine Köpfe edel, Hände und Füße aber schwer. Er mahlte gute Landschaften, richtige Perspektiv, und ein schönes Helldunkel. Der finstere Geschmack des Hannibal Carraccio fällt bey Corneille ins Violette. 1642. † 1708.

Cornelis, Cornelius, ein Harlemer, großer Künstler, der schön colorirte, edel componirte, und besonders gute Hände gezeichnet hat. 1562. † 1638.

Corregio, oder Anton de Allegri, ein Modeneser Künstler, ein glückliches Mahlergenie, so sich selbst gebildet hat. Ein Meister des frischen Colorits und des Helldunkeln, ein Künstler in Verkürzungen; sein Fleisch ist wahre Natur; seine Figuren sind ungemein reizend und lächelnd, seine Haare schön, seine Gewänder natürlich geworfen, in allem herrscht ein feiner Ausdruck; sein Pinsel ist markigt, und seine Farben sanft und unkenntlich ge-

schmol-

schmolzen, erhaben in seiner Composition; doch dürfte die
Zeichnung richtiger seyn. geb. 1494. † 1534. Seine Werke
sind meistens geistlich, oder poetische Gedichte.

Cort, Heinrich Joseph Franz, ein Antwerpner
und Professor der dasigen Akademie. Mahlte schöne Landschaften mit herrlichen Aussichten, alten Schlössern und
vielen Schiffen. geb. 1742.

Corte, Gabriel della, ein Madrider, sehr berühmter Blumenmahler. 1648. † 1694.

Cortona, siehe Beretino.

Cosmus, ein Capuziner, mahlte geistliche Historienstücke. † 1621. zu Venedig 64 Jahre alt, sein Name
ist eigentlich Piazza.

Cossan, Jost, bey Breda gebohren ums Jahr 1664.
ein berühmter Landschaftmahler, er bediente sich stark der
blauen Farbe zu den Wolken. Seine Arbeit ist zuweilen
nach der Mähler Manier des Caspar Poussin eingerichtet.
Man hat von seiner Hand ovidische Stücke und schöne Landschaften mit Vieh und Wasserfällen. † 1732.

Costa, Vinzenz, mahlte zu Neapel und Mailand
sehr gefällige Landschaften in gutem und kräftigen Colorit,
auch sehr fleißig, ums Jahr 1716.

Costanzi, Placidus, wurde nebst Battoni für einen der beßten Historienmahler ums Jahr 1750. gehalten. † 1760.

Couper, Johann, ein Londner, grosser Künstler in
Portraits mit Wasserfarben, ums Jahr 1656.

Courtois, siehe Bourguignon.

Cousin, Johann, ein sehr berühmter französischer
Mähler, dessen Werke edel, und geistreich sind; die Köpfe
und Wendungen seiner Figuren können nicht eleganter seyn.
Er pflegte viel nackende wohlgezeichnete Figuren anzubringen. † 1590. im 88sten Jahr.

Covyn, Regnerus, ein Dortrechter. Von ihm hat
man Gartenfrüchte mit Blumen. Israel Covyn soll ein
Historienmahler gewesen seyn. Sonst waren auch Covyn
und

und **Ladeyß**, im 17ten Jahrhundert zu Paris als Blumenmahler bekannt.

Coxis, **Michael**, zu Mecheln gebohren; mahlte herrliche Frauenbilder; seine weibliche Figuren, die er nach **Raphaels** Manier zu verzieren sich Mühe gab, haben was sehr Angenehmes. 1497. † 1592.

Coxié, **Anton de**, mahlte ums Jahr 1680, zu Antwerpen sehr schöne Landschaften mit besonders zierlichen Figuren.

Coypel, **Anton**, ein Pariser, mahlte nach eigenem Genie, in großem poetischen Geschmack, und führte seine Gedanken in historischen Werken stattlich aus; seine Gesichter aber sind meistens verzerrt. 1661. † 1722.

Coypel, **Natalis Nikolaus**, arbeitete vortreflich nach der schönen Natur; seine Werke sind voller Geist, Anmuth, und Wahrheit, seine Zeichnung ist richtig, sein Pinsel ist frisch, flüchtig und kräftig, seine Köpfe edel, und seine Composition ungemein gut; in Portraits scheint das Fleisch wahr lebendiges Fleisch zu seyn, gebohren 1692. † 1735.

Cozzette, **Carl**, ein Pariser und Schüler des Carl **Parrocel**, er mahlte ums Jahr 1760. Feldschlachten mit vielem Feuer.

Crgan; ein Schüler des **Solimena**, und berühmter Mahler in geistlichen Historien, Portraits, Obst und Blumen. geb. 1695.

Craesbecke, **Joseph van**, ein Brüßler; mahlte Landschaften mit Bauern, Tabackstuben, Schlägereyen, berauschte Soldaten ꝛc. 1609. † 1641.

Cramer, ein Leidner, lernte bey Wilhelm van Mieris, und Karl van Moor; arbeitete in des letztern Geschmack Portraits und moderne Cabinetstücke. 1670. starb 1710.

Cranach, **Lukas**, sonst **Müller** genannt; ein alter Künstler aus dem bambergischen, gebohren zu Cranach 1472. Er mahlte Historien, Marienbilder, Altarblätter,

Alle=

Allegorien und Portraits in frischem glänzendem Colorit; er künstelte ein weiches, schönes Fleisch, zuweilen an den Gewändern goldene Verzierungen, schöne Haare, Bärte und stattliches Pelzwerk. Seine Werke sind noch so frisch und wohl gefärbt, als wenn sie erst gemahlt wären. † 1553.

Sein Sohn, **Lukas**, arbeitete mit eben der Geschicklichkeit, wie sein Vater, und machte sich auch durch seine Gelehrsamkeit bekannt. 1515. † 1586.

Crayes, Kaspar de, ein Antwerpner, großer Künstler; er verfertigte viele Kirchenaltarstücke in edlem Geschmack, zwar nicht mit dem Feuer, wie Rubens, aber doch fast besser gezeichnet; seine Figuren sind wohl ausgearbeitet, und sein Colorit ist eben so gut, wie jenes von van Dyk. Man will auch Portraits und Köpfe von ihm haben. 1582. † 1669.

Crepu, ein Walloner, sehr berühmter Blumenmahler; seine Blumen sind wahr und natürlich gefärbt, rein und durchsichtig, überhaupt meisterlich gearbeitet, ums Jahr 1710.

Crespi, Joseph Maria, ein Bologneser, sehr geschickter Mahler; er arbeitete meistens im historischen Fache. Eine lebhafte und reizende Einbildungskraft giebt seinen Gemählden eine besondere Annehmlichkeit; seine Figuren sind leuchtend und hervorstehend, seine Charaktere rührend und abwechselnd, und seine Zeichnung ist richtig. † 1747. im 82sten Jahr seines Alters.

Sonsten war noch ein Daniel **Crespi**, ums Jahr 1626. ein berühmter Historienmahler. † 1630. 30 Jahre alt.

Creuzfelder, Johann, ein berühmter Historienmahler von Nürnberg. Er lernte 1593. bey Nikolas Juvenel. † 1636. Man hat auch herrlich ausgeführte Marterstücke der Heiligen von seiner Hand.

Cristiani, mahlte zu Rom schöne Blumenstücke.

Croce,

Croce della, mahlte allerhand Gegenstände, alles vortreflich, schön und prächtig ausgeführt. Man hat von seiner künstlichen Hand Historien, kleine Cabinetstücke und Halbfiguren.

Croos, Johann van, mahlte in Holland schöne Landschaften nach Lorrain.

Cuipers, Herrmann Theodor, ein Haager, mahlte sehr artige moderne Cabinetstücke und Portraits, geb. 1707.

Culmbach, Hans von, ein Franke. Man hat von ihm biblische Historienstücke mit den Zugehörungen nach alter Composition. 1500. † 1545.

Curadi, Franz, ein Florentiner, mahlte biblische und heilige Historienstücke. 1570. † 1661.

Custer, von Winterthur: Mahlte herrliche Landschaften, angenehm grün belaubt mit kleinen artigen Figuren.

Cuyck, Franz van, ein berühmter Thier und Fischmahler; seine Thierstücke sind schwer von jenen des künstlichen Franz Sneyders zu unterscheiden. 1640. † 1678.

Cuylenburg, mahlte Grotten, badende Nymphen, Bachusfeste, in Grelenburgs Geschmack, aber nicht so zierlich, auch nicht in so schönem Colorit; Vertangen hat auch vor ihm den Vorzug.

Cynerole, mahlte nach Titian, und sehr schöne Köpfe.

D.

Daele, Johann van; die Felsen in seinen Landschaften sind meisterhaft gearbeitet; lebte ums Jahr 1560.

Dalen, Johannes van, ein vortreflicher Blumenmahler; seine Blumen sind rein aufgetragen, durchsichtig und wohl ausgearbeitet.

Dail-

Dailly, mahlte mit Schmelzarbeit, ums Jahr 1750.

Dalens, Theodor, ein Amsterdamer, arbeitet vortrefliche mit Thieren und Ruinen verzierte Landschaften 1688. ✝ 1753.

Dalmasio, Lippus; von diesem hat man ungemein schöne Marienbilder; lebte zu Anfang des 15te Jahrhunderts.

Danckerts, ein berühmter Landschaft= und See stückmahler unter Karl II. in England.

Danck, Franz, ein Amsterdamer, berühmter Histo riennmahler im Kleinen, ums Jahr 1646.

Dassonville, Jakob, mahlte schöne Bauern stücke.

Dathan, mahlte herrliche kleine Halbfiguren in Fran Mieris Manier.

Deelen, Theodor van, ein berühmter Architek turmahler; man hat von seiner Hand schöne Gemählde von Kirchen und alten Gebäuden. Florirte ums Jahr 1670.

Degle, Franz Joseph, ein Augsburger, große Künstler in Portraits; sein Pinsel ist keck und flüchtig sein Colorit stark und männlich. Seine Stellungen sin wohl gerathen, und seine Gewänder, vorzüglich der Atla meisterlich gearbeitet. Man hat auch von ihm sehr ver nünftig componirte Historien, geb. 1724.

Degri, Dismas, von dessen Hand hat man Pflan zen mit schönen Insekten, vom Jahr 1707.

Dekker, mahlte schöne Landschaften und Viehstücke

Delatre, van, ein geschickter Landschaftenmahle zu München; man hat auch von ihm Historien, ovidisch Stücke und Wasserfälle in Landschaften angebracht.

Delmont, Deodatus, ein Schüler von Rubens und vortreflicher Mahler in geistlichen Historien. Er zeich nete sehr richtig, färbte schön, und seine Composition i edel. 1581. ✝ 1634.

Del

Delphius, Jakob, Wilhelms Sohn, sonsten Delft genannt. Man hat von diesem niederländischen Künstler schöne Landschaften, in welchen bey den Figuren damals lebende Personen portraitirt sind. † 1661. im 42. Jahre seines Alters.

Delvenaer, mahlte ums Jahr 1675. schöne Landschaften.

Denner, Balthasar, ein Hamburger, berühmter Künstler, von welchem in der Wienergallerie zwey in seinem Pinsel unnachahmliche Bildnisse sind; seine Lieblingsstücke waren abgelebte Männer oder Weiber, diese mahlte er so fleißig, und künstlich, daß man auch die kleinsten Falten und Oeffnungen der Haut erkennen kann. 1685. starb 1749.

Desmarees, siehe Marees.

Dentice, Dominikus, ein Schüler des Salvator Rosa. Er mahlte sehr vortrefliche kleine Landschaftstücke, doch nicht allezeit in Salvators Manier ums Jahr 1680.

Denys, Jakobus, ein Antwerpner, berühmter Historienmahler; ein Schüler des Erasmus Quellinus. Seine wohlgezeichnete und mit dick aufgetragenen Farben und kecken pinselstrichen gearbeiteten Werke werden sehr geachtet. geb. 1645.

Derichs, Sophonias de, von Geburt ein Schwede; mahlte verschiedener Orten im deutschen Reiche vortrefliche Historienstücke, und Portraits, in der Mitte dieses Jahrhunderts. 1712. † 1773.

Desportes, Alexander Franz, ein sehr vornehmer französischer Thier- und Jagden- und Wildpretmahler; man hat zwar auch Portraits von ihm. In seinen kleinen Wildpretstücken finden sich wohlgearbeitete Landschaften, darinn ist ein schöner Himmel, vorzüglich eine schöne Luftperspektiv angebracht; seine Thiere haben auch besonders viel Natur. 1661. † 1743.

Der

Derpett. Von ihm hat man vortrefliche Historien und poetische Gedichte, auch Allusionen auf die Eitelkeit, auf den Tod, auf den Geitz.

Deyster, Ludwig van, von Brügge gebürtig; arbeitete sehr angenehme und wohl gezeichnete Historienstücke. 1656. † 1711.

Dieppenbeck, Abraham van, zu Herzogenbusch gebohren, ein großer Künstler und Schüler von Rubens; er arbeitete meisterlich das Helldunkel, mahlte leicht in lebhaftem Colorit, mit meisterhafter Haltung; und seine Figuren haben besondern Reiz. 1620. † 1675. Seine Zeichnung ist zwar schlecht, dagegen seine Composition sehr geistreich, und sein Colorit so gut, wie jenes von Rubens. Man hat von ihm geistliche Historien und allegorische Stücke.

Diepraam, Abraham, ein Schüler des Adrian Brouwer; er arbeitete auch in dessen Manier mit starker Natur, und sehr wohl gefärbtem Nackenden, zu Dortrecht ums Jahr 1670.

Dies, Kaspar, aus Portugall, mahlte ums Jahr 1540. vortrefliche Gemählde, poetische Gedichte vorstellend.

Diest, Adrian van, ein berühmter Landschaftmahler in England, dessen Aussichten ungemein angenehm, seine Fernungen anmuthig, und seine Lüften leicht sind. † 1704.

Dieterling, Wendelinus, stafirte seine herrliche Landschaften mit geistlichen Historien. 1540. † 1599.

Dietrich, oder Dietricy, Christian Wilhelm Ernst, von Waimar gebürtig, ein sehr vortreflicher Historien- und Landschaftmahler, in Poelemburgs Geschmack; seine Werke sind saftig und männlich, etwas ins Braungelblichte gefärbt, seine schöne angenehme Gegenden, sein schönes Vieh, seine Aussichten auf ein Wasser oder Teiche sind ungemein unterhaltend, und alles meisterlich gezeichnet

het und ausgearbeitet. Man hat auch Köpfe und Halbfiguren von seiner Hand; sobann historische Nachtstücke herrlich belichtet. † 1774. zu Dresden, wo er Hofmahler
war.

Dietsch, Joh. Christoph, ein Landschaftenmahler
von Nürnberg; seine Söhne und Töchter aber waren in
diesem Fach noch berühmter, auch in Vögeln und Blumenmahlen. Von der Tochter hat man auch in Wasserfarbe
unvergleichlich gearbeitete Vögel. Sie lebten theils zu Ende des vorigen, theils zu Anfang dieses Jahrhunderts.

Dieu, Anton de, ein Franzos, und Schüler des
le Brun; arbeitete ums Jahr 1720. vortrefliche Historien
und Portraits.

Dionat, Joachim, ein Landschaftmahler, aus
Flandern.

Distelblum, siehe Voglar.

Dobson, oder Dopsom, Wilhelm, ein Englän-
der, und berühmter Portraitmahler, der dem Künstler van
Dyk in seiner Kunst am nächsten gekommen ist. 1610.
† 1647.

Does, Jakob van der, von Amsterdam, ein sehr
guter Landschaft- und Thiermahler. 1623. † 1673.

Dolce, Carolo, ein Florentiner, sehr berühmter
Mahler; er mahlte geistliche Historien und Portraits in
schönem glänzenden Colorit, und sehr fleißig. 1616. starb
1686. Seine in blauen Mantel eingehüllte demüthige
Mutter Gottes Bilder sind vortrefliche Kunststücke.

Domenichino, oder Dominikus Zampieri, ein
Bologneser Mahler, der unter die größten Künstler gehört;
er lernte bey Dionysius Calvart, und bey den Caracci.
Sein Colorit ist sanft, ohne mit dunkeln Farben gemischt
zu seyn; sein Pinsel geistreich, seine Figuren, Hände und
Füße scheinen sich zu bewegen; sein Fleisch ist zwar nicht
natürlich gefärbt, auch sind seine Gewänder schlecht, Schat-
ten und Licht ist auch meistens verabsäumt; dennoch war
Zampieri ein großer Künstler, besonders in Ausdruck der
Lei-

Leidenschaften, und in der richtigen Zeichnung, und kommt
darinn einem Raphael gleich; man hat von seinem Pinsel
meistens schreckbare Historien oder Andachtsstücke, auch poetische Gedichte. 1581. † 1641.

Domenici, Bernhard, ein Neapolitaner, im Jahr
1684. gebohren; er mahlte Bauernzusammenkünfte, Landschaften und Seestücke.

Dominique, Johann, ein berühmter römischer
Landschaftenmahler, und Schüler des Claudius Lorrain,
dessen Manier er auch nachgeahmt hat; arbeitete ums
Jahr 1670.

Donducci, Joh. Andreas, ein Bologneser, und
Schüler der Caracci; er arbeitete mit besonderer Geschicklichkeit, nach eigener angenommener Manier, in gar starkem Schatten; seine Landschaften aber, worinn gar artige
Figuren, Tänze oder Jahrmärkte angebracht sind, in hell-
glänzendem angenehmen Colorit. geb. 1575.

Dönnauer, Hans, der Lehrmeister von Rothenha-
mer; er war ein mittelmäßiger Mahler zu München. starb
1680.

Dorffmeister, Joh. Evangelist, ein Wiener;
mahlte Landschaften. 1741. † 1765.

Dorigni, Ludwig, ein Schüler des le Brun;
dieser französische Mahler hat vortreflich die Verkürzungen
verstanden; seine Gewänder sind mit besonderer Geschicklichkeit, und in einer erhabenen Manier zusammengesetzt, seine Zeichnung ist richtig, das Gefällige, und die edle Karakters aber fehlen seinen Figuren. 1654. † 1742.

Dorner, Jakob, aus dem Breisgau gebürtig; sein
Geschmack ist der niederländische, wie man denn sehr schöne Copien, nach niederländischen Mahlern, von ihm hat,
sonsten arbeitete er zu München schöne Portraits, geistliche Werke, Landschaften, Prospekte, Marktschreyer und
andere künstliche Cabinetstücke, in Schalkens Manier, geb.
1741. Er war zu München Direktor der Akademie, und
florir-

florirte noch ums Jahr 1773, wo er ein schönes kleines
Gemählde, die zwey Wächter, gemahlt hat.

Dossi, Dosso Dossi da Ferrara. Mahlte Heilige
und Porträits in Harnisch. 1490. † 1558. Sein Bru=
der, Baptist, war ein guter Landschaftmahler. Diese
beyde Brüder waren die vortreflichsten Coloristen ihrer Zeit,
ihre Gemählde sind wie geschmolzen, ohne geleckt zu seyn,
und ihre Zeichnung glich ziemlich der ersten Manier des
Raphaels.

Douven, Joh. Franz, und Franz Bartholo=
mäus, Vater und Sohn. Ersterer war ein berühmter
Portraitmahler, arbeitete zwar auch Landschaften mit Rui=
nen und Jagdstücke. 1656. † 1727. Letzterer aber ar=
beitete kleine Historienstücke nach Adam van der Velde.
Man hat auch von einem van Douven schöne Sinnbilder
mit Figuren: den Frühling oder Herbst vorstellend.

Douw, Gerhard, ein Leidner, und sehr berühmter
Künstler; lernte eine Zeitlang bey Rembrand. Er mahlte
meistens im Kleinen, lustige Conversationen und Gegen=
stände des bürgerlichen Lebens, auch geistliche Werke, als
Einsiedler ꝛc. ꝛc. Sein Pinsel ist fein, frisch, sehr fleißig
und geistreich, voller Natur und Wahrheit, seine Farben
sind in einander zerschmolzen, seine Stoffe als Sammet,
Atlas ꝛc. sind sehr schön und natürlich gearbeitet. Man
hat auch Nachtstücke von ihm, und überhaupt ist seine Ar=
beit geachtet. 1613. † 1680. Douws Gemählde sind
alle höher als breit geformt, und auf Holz gemahlt.

Doyen, ein Pariser, sehr geschickter Historienmahler
neuester Zeiten.

Drawesky, ein ungarischer Edelmann, in kaiserl.
Kriegsdiensten, mahlte ums Jahr 1770. artige Blumen,
Pflanzen und Insekten.

Dreyer, Adrian von; man hat von diesem Künst=
ler schöne Winterstücke, wo häufiger Schnee fällt, und die
Bauern auf dem Eiß schleifen. geb. um Jahr 1660.

E   Droogs=

Droogsloot, zu Gorcum gebohren. Er mahlte Bauernfeste, Kirchweihen und Jahrmärkte mit vielen Kramläden und Figuren, zu Ende des 17ten Jahrhunderts; sein Colorit ist gut, seine Farben Mischung aber könnte besser behandelt seyn. Lebte um 1650.

Drössait, mahlte Landschaften und Jagdstücke.

Duc, Johann le, im Haag gebohren, ein Schüler des Paul Potter. Seine Thierstücke sind berühmt. 1636. † 1671. Man hat auch Räuberstücke von diesem Meister.

Ducart, Isak, ein Amsterdamer, mahlte auf Atlas vortrefliche Blumen. † 1697. im 67ten Jahr seines Alters.

Dufrais, arbeitete unter andern das Inwendige der Kirchen; seine Arbeit wird sehr geschätzt.

Dughet, siehe Poussin.

Dujardin, Karl, aus Amsterdam; man hat von diesem Künstler Landschaften mit schönem Viehe. Er war ein vortreflicher Künstler, der in seinen Gemählden römische Märkte, Quacksalberbühnen, Plünderungen, Räubereyen und allerhand Thiere vorstellte. Seine Zeichnung ist von gutem Geschmack, richtig und geistreich, seine Zusammensetzungen sind ausgesucht, sein Colorit ist angenehm und hell. † 1678. 43 Jahre alt.

Düllart, Heymann, ein Amsterdamer, und der beßte Schüler Rembrands, dessen Werke kaum von jenen seines Lehrmeisters zu unterscheiden sind. 1636. † 1684.

Dünz, Johann, ein Berner; mahlte Portraits und Blumenstücke, in welchen man eine große Stärke, eine schöne Färbung, und viel Annehmlichkeit bemerkt. 1645. † 1736.

Dupaon, der Dragoner genannt, arbeitete meisterhaft Pferde, nach Bourguignon, van der Meulen und Parrocel, in allerhand Stellungen, gebohren bey Paris 1740.

Dura

Duramano, Franz, ein Venetianer, und geschick=
ter Blumenmahler; seine Färbung ist frisch, und sein Pin=
sel meisterhaft.

Durante, Georg Graf, zu Brescia gebohren;
mahlte sehr natürlich zahmes und wildes-Federvieh. starb
ums Jahr 1758.

Dürer, Alb., ein Nürnberger, und großer Künst=
ler; seine Figuren sind zwar steif, und ohne Reiz, doch
ist seine Anordnung sinnreich, seine Zeichnung korrekt,
und alles wohl ausgeführt; seine Stellungen natürlich, und
seine Bildnisse sehr ähnlich. Die Luft Perspektiv ist in sei=
nen Werken zwar schlecht, aber die Lage seiner Landschaf=
ten angenehm. Man findet auf seinen Gemählden mei=
stens die Jahrzahl. 1470. † 1528. Er mahlte aller=
hand Gegenstände, Portraits, schönes Pelzwerk, geistli=
che Historien, Marter der Heiligen, Marienbilder und
Aposteln. Seine Gemählde sind durchgängig auf Holz,
wie groß sie auch sind, sehr selten auf Kupfer oder Lein=
wat, alle aber in die Höhe geformt.

Dusart, Cornelius, mahlte unvergleichliche Bäu=
renstücke. † 1704. im 39. Jahr seines Alters.

Düchtl, mahlte im 17ten Jahrhunderte vortrefliche
Kuchelstücke, mit ziemlich großen Figuren, schönem Ge=
müse, und natürlichen Kupfer= oder Messinggeschirren.

Dyck, Anton van, ein Antwerpner, und Schüler
von Rubens, und Heinrich von Baelen, einer der größ=
ten Künstler und mit Titian der beßte Portraitmahler.
Rubens mußte ihm darinn weichen; seine Stellungen sind
edel, seine Köpfe und Hände ungemein gut gezeichnet, und
überhaupt seine Portraits meisterlich ausgearbeitet. Er
mahlte geistliche und historische Stücke, auch poetische Ge=
dichte, darinn fehlt aber das Genie und Feuer; sein Pin=
sel ist sonsten zart, und sein Colorit fein und glänzend,
auch stark sein Ausdruck der Leidenschaften. 1599. starb
1641.

Es giebt mehrere berühmte Dyk, als Daniel, arbeite=
te Portraits, Architektur = und Historienstücke. Floris
mahlte vortrefliche Historien und Früchten; ferner sind des
Philipps kleine Historien auch beliebt.

Von obigen Anton van Dycks Gemählden kommt hier
noch zu bemerken, daß sie durchgängig auf Holz ge=
mahlt sind, doch auch auf Holz von kleiner und mit=
telmäßig großer Art, niemalen aber auf Kupfer.

E.

Edema, Gerard, ein Landschaftmahler aus Frießland,
arbeitete sehr meisterhaft starke Berge, Felsen und bergig=
te Gegenden; sein Colorit ist sehr gut, und seine Haltung
meisterlich, ums Jahr 1690. † 1700.

Egmont, Just van, ein vornehmer Portrait= und
Historienmahler. 1602. † 1674.

Ehrenberg, Peter Schubart, mahlte Landschaf=
ten und Architekturstücke, auch meisterlich das Innere der
Kirchen. Florirte ums Jahr 1664.

Eichler, Vater und Sohn. Sie mahlten zu Augs=
burg Historien und gar schöne Portraits. Der Vater mit
Namen Gottfried, geb. 1677. † 1759. Der Sohn,
Joh. Gottfried, geb. 1715. † 1770.

Eimart, Georg Christoph, ein Regensburger,
mahlte sehr gute Portraits, Landschaften und Kuchelstücke.
1603. † 1663.

Eimart, Maria Clara, eine Nürnbergerinn,
mahlte Bilder, Blumen und Vögel. 1676. † 1707.

Einstand, copirt gar artig in Passau nach Künst=
lern geistliche Gemählde.

Eisman, Joh. Anton, und Karl, berühmte Land=
schaft= und Bataillenmahler des 17ten Jahrhunderts. Man
findet zuweilen schöne Wasserfälle, Felsen und Ruinen in
ihren Landschaften.

Ekhout,

Ekhout, Gerbrand van den, ein Amsterdamer, und Schüler von Rembrand. Er mahlte Portraits, und nachmals Historien; sein Pinsel ist markigt, seine Farben sind schön aufgetragen; in seinen Werken herrscht gute Haltung, und ein großer Geschmack, die Hintergründe sind hell und wohl ausgearbeitet. Rembrands Colorit ist zwar an sich durchsichtiger; doch werden Ekhouts Gemählde oft für Werke von Rembrand angesehen. 1621. † 1674.

Elger, oder Elliger, Ottomar, ein Schüler des Daniel Segers; arbeitete vortrefliche Blumen und Früchtenstücke, in der nämlichen Stärke wie sein Lehrmeister. 1632. † 1666.

Elliger, des vorigen Sohn, mahlte sehr schöne historische Stücke, in welchen eine schöne Ordnung und Erfindung mit schöner Architektur und Basreliefs zu sehen ist. 1666. † 1732.

Elst, Peter van, mahlte Nachtstücke, als halbe Figuren mit Lichter.

Elzevir, Arnold, arbeitete zu Dortrecht Landschaften und Feuersbrünste, ums Jahr 1640.

Elzheimer, Adam, ein Frankfurter; lernte bey Philipp Uffenbach; mahlte vortrefliche Landschaften im Kleinen, und unter andern geistliche Historien, Feuersbrünste, Nachtstücke und Mondenschein; seine Gemählde sind fein, fleißig, wohl gezeichnet, lebhaft und geistreich, mit Natur und in einem schönen Helldunkeln ausgearbeitet. 1574. † 1620.

Emerick, mahlte das Innere von Kirchen.

Engelbrecht, Lukas, gebohren 1495. zu Leiden, war berühmt unter Heinrich VIII. König in England.

Engelbrecht, Cornelius, ist wegen seinem glüenden Colorit und starken Ausdruck der Leidenschaften berühmt. 1493. † 1544. Man hat von ihm kleine Hausaltärgen, die in dem 15. und 16ten Jahrhunderte häufig gemahlt wurden.

Engel=

Engelbrecht., Paul Friedrich, ein Augsburger Mahler um 1770.

Engelhard, mahlte geistliche Gegenstände, Crucifixe in schwarzem Colorit.

Enghelrams, Cornelius, von Mecheln, ein berühmter Künstler geistlicher Historien. 1527 † 1583.

Enzensperger, Joh. Baptist, mahlte gute Historienstücke. geb. im Algäu zu Sunthofen. 1733. † 1773. in Augsburg.

Enzinger; man hat von ihm kleine Wildpretstücke fein ausgearbeitet.

Ercolanetti, Herkulanus, ein Perugianer, er mahlte Landschaften mit Figuren, Vögeln und Thieren. 1615. † 1687.

Ermel, oder Ermels, Joh. Franz, ein Cölner; mahlte vortrefliche Landschaften mit allerhand Historien und Allegorien, worinn ungemein schöner Baumschlag erfindlich ist. Heinz und andere stafirten Ermels Werke. 1621. † 1693.

Erpard, Karl, von diesem hat man sehr gefällige Conversationsstücke, ums Jahr 1650.

Es, Jakob van, aus Antwerpen; er mahlte Fische, Vögel und allerley Gattungen von Früchten so natürlich, daß sie öfters das Auge täuschen. Seine Früchte sind so natürlich, daß man in seinen Trauben die Kerne durchscheinen sieht; seine Blumen sind leicht, durchsichtig, und von schöner Färbung. Er lebte um 1620.

Es, und Jakob Jordäns, arbeiteten zusammen unter andern ein großes Stück, worauf ein Fischmarkt vorgestellt ist.

Escalante, Joh. Anton, ein Corduaner, sehr geschickter Mahler. Er arbeitete nach Manier des Tintorets, des Paul Veronese und Titian. starb 1670. ungefähr 40 Jahre alt.

Esperling, Joh., bey Biberach gebürtig; ein Schüler des Franz Trevisani, und vortreflicher Maler in geistli=

ciſtlichen Hiſtorien; er mahlte auch Architektur und Thie-
e; ſein Colorit iſt ſchön und angenehm, ſeine männliche
Figuren fallen aber ins Braunrothe. 1707. † 1775.

Everdingen, Aldert van, von Alkmaer gebürtig, ein Schüler von Roland Savery, und vornehmer
Landſchaftmahler, beſonders ſind jene mit Waſſerfällen berühmt; ſein Colorit iſt vortreflich, und ſeine Figuren ſehr
ſchön, auch ſeine Thiere wohl gezeichnet; er mahlte auch
Seeſtücke und Seeſtürme. 1621. † 1675.

Eyck, Kaſpar und Nikolaus; dieſer beeden Künſtler Lieblings Arbeit waren Soldaten Beſchäftigungen, worinn
ſich Kaſpar dardurch kennbar macht, daß er Seeſtücke verfertigte, in welchen man gemeiniglich Treffen zwiſchen Chriſten und Türken gemahlt ſieht. Nikolaus mahlte Feldſchlachten; Scharmützel und Belagerungen mit ungemeiner
Lebhaftigkeit. Sie lebten in der Mitte des 17ten Jahrhunderts.

Eyck, Hubert und Johann van, zu Maaseyck
gebohren. Sie ſind die Erfinder der Oelfarben. Sie
lebten zu Ende des 14ten Jahrhunderts. Hubert ſtarb
1426, 60 Jahre alt; Johann aber 1441. Beyde waren über dieß große Mahler, die Gegenſtände zu ihren Gemählden nahmen ſie größtentheils aus der heiligen Geſchichte, und man muß ſowohl die gute Ausarbeitung, als auch
die reine Miſchung der Farben in ihren Werken bewun-
dern.

Eyckens, Franz und Johann, Antwerpner, ſehr
geſchickte Blumenmahler, ums Jahr 1660.

Eyckens, Peter, gebohren 1650, war ein be-
rühmter geiſtlicher Hiſtorienmahler; ſein Colorit iſt glüend,
natürlich, kräftig und angenehm, ſeine Landſchaften ſind
mit ſchöner Architektur verziert.

F. Fa-

F.

Fabrique, la, deſſen ſchöne Köpfe ſind ſehr berühmt, er mahlte auch Vögel zu Paris ums Jahr 1679.

Fabritius, Kilian, arbeitete zu Dresden herrliche Landſchaften mit Jagden oder ländlichen Unterhaltungen. 1620. † 1660.

Fabritius, Karl, ein Holländer, war berühmt im Perſpektiv und Portraitmahlen. 1624. † 1654.

Beyde ſind kenntlich an ihren hohen Bäumen.

Faes, Peter van der, genannt **Leli.** Siehe **Leli.**

Falch, Johann, mahlte zu Augsburg nach C. W. Hamilton Pflanzen, Diſteln, Geſträuche ꝛc. 1687. ſtarb 1727.

Falciatore, Philipp, ein Neapolitaner; man hat von ihm ſehr ſchöne Gemählde mit kleinen Figuren, welche Räubereyen, Gefechte, Feuersbrünſte ꝛc. vorſtellen. Lebte ums Jahr 1740.

Falcone, Angelus ein Neapolitaner, und vortrefflicher Feldſchlachtenmahler; er wußte ſeinen ſtreitenden Figuren beſonderes Leben zu geben. Seine Werke wurden ſogar von dem größten Schlachtenmaler Bourguignon ſehr bewundert. 1600. † 1665.

Falens, Karl van, ein Antwerpner, und Schüler des Franz Frank. Er arbeitete im Geſchmack und nach Manier des Philipp Wouwermanns, vortrefliche Gemählde, worunter Vogelbeizen gehören. 1703. † 1733. Man hat ſchöne Falkenjagden von ſeinem Pinſel.

Fantoni, Franziska, mahlte ſehr ſchöne Hiſtorienſtücke zu Bologna ums Jahr 1760.

Fa preſto, ſiehe **Giordano.**

Fargues, J. Elias, und P. C., Holländer, mahlten ums Jahr 1760. ſchöne Landſchaften und Proſpekten nach van der Leyden; das Colorit iſt in ihren Werken von vorzüglicher Wärme, die Perſpektiv gut, das Helldunkel voll Wahrheit.

Fari=

Farinato, Paul, ein Veroneser. Er mahlte mit großer Lebhaftigkeit und herzhaftem Colorit geistliche Historien. 1522. † 1606.

Farington, mahlte ums Jahr 1765. schöne Landschaften in England.

Fattore, siehe Penni.

Feistenberger, Anton, ein Insprucker, sehr vortreflicher Landschaftmahler, er hat: darinnen schöne Architektur, Wasserfälle, oder große Wildnisse meisterlich vorgestellt. 1678. † 1722. Sein Bruder Joseph ist auch berühmt; dieser arbeitete zuweilen mit F. W. Thamm Landschaften, Thamm aber mahlte die Thiere darein. Von Anton Feistenberger hat man auch im Großen Räuberstücke. Von Joseph aber Landschaften mit schönem Vieh. 1684. † 1730.

Felgem, mahlte ums Jahr 1690. schöne perspektivische Stücke zu Dresden.

Felice, Ferdinand San, ein edler Neapolitaner, gebohren 1675. Man hat von ihm Historien, Blumen, Fische, Früchte und Landschaften. Lebte noch gegen die Mitte dieses Jahrhunderts.

Fels, Elias, ein Schweizer, und kurpfälzischer Hofmahler ums Jahr 1650. ein Künstler in allegorischen Figuren. † 1655. im 41sten Jahr seines Alters.

Fenster, Christoph, mahlte zu Magdeburg ums Jahr 1670. Historien.

Ferajuolo, Nuntius, von Nocera de Pagani, arbeitete zu Bologna vortrefliche Landschaften. 1661. †1735.

Ferg, Franz de Paula, ein Wiener, geschickter Landschaftmahler. Man hat von ihm allerhand ländliche Unterhaltungen, Jahrmärkte und Zechstuben, auch vortrefliche Landschaften, Dörfer, Fischereyen und Thiere mit allerhand alten Gebäuden oder Ruinen. Seine Werke sind sehr zierlich und natürlich componirt. Man findet in seinen Landschaften schön gearbeitete Tannabäume. 1689. † 1740.

E 5 Fer=

Fergioni, **Bernhardinus**, ein Römer, großer Künstler in Viehstücken, Seeporten, und sonstigen Seestücken, ums Jahr 1710.

Ferguson, **Wilhelm**, ein Schottländer, mahlte mit dem feinsten und zierlichsten Pinsel Tauben, Rebhüner, Hasen, Kaninchen ꝛc., alles ist meisterhaft ausgeführt. † 1690.

Ferabosco, **Hieronymus**, von Padua, ein Historien= und Bildnismahler, in welchen letztern er sich durch die frappante Aehnlichkeit und äußerst wahrhafte Darstellung einen großen Ruhm erwarb. Er arbeitete zu Venedig um 1630.

Ferrari, **Joh. Andreas**, ein Genueser, großer Künstler in jedem Mahlerfach, besonders aber in geistlichen Historien. 1599. † 1669.

Ferri, **Cyrus**, ein Romaner, und der beßte Schüler des Peter von **Cortona**. Seine Zeichnung ist etwas schwerer, als jene von seinem Lehrmeister. 1634. starb 1689. Man hat von seiner Hand biblische Gemählde.

Fesele, **Martin**, mahlte allerhand Kriegsstücke, römische Historien, Belagerungen ꝛc. Lebte 1530.

Feti, **Dominikus**, ein Romaner, und großer Mahler, der mit sanftem Pinsel, in feinem Geschmack und mit starkem Ausdruck im Großen mahlte; sein Colorit ist sehr kräftig, und fällt ins Schwarze. 1589. † 1624. Man hat von ihm allerhand Gegenstände gemahlt, als geistliche Historien, Frauenbilder, ovidische und poetische Gedichte, Jahrmärkte und Geschmuckläden. ꝛc.

Feure, **Clausdius le**, ein französischer vornehmer Portraitmahler, und Schüler von **le Sueur**, und Carl **le Brun**; sein Colorit ist frisch und angenehm. Man hat von ihm Historien. 1633. † 1675.

Feurlein, **Joh. Peter**, ein Pfälzer, mahlte zu Anfang dieses Jahrhunderts vornehme Portraits und Historien. † 1728. 60 Jahre alt.

Fia=

Fiamingo, Johann, mahlte vortrefliche Land=
schaften und Seestücke zu Neapel ums Jahr 1700.

Fiamingo, Wilhelm, ein Schüler von Albani,
und vortreflicher Landschaftenmahler; arbeitete zu Bologna
ums Jahr 1660.

Fiedler, Joh. Christian; von diesem sächsischen
Mahler, hat man gar schöne Obststücke; sonsten arbeitete
er auch kleine Conversationen in Douws und Mieris Ge=
schmack; am meisten aber Bildnisse, durch welche er sich
einen ausgebreiteten Ruhm erwarb. 1697. † 1765.

Fielius, Johann, von Herzogenbusch gebürtig,
ein Schüler von Peter Slingeland, arbeitete zu Bologna
ums Jahr 1680.

Figino, Ambrosius, ein vortreflicher Geschicht=
und Bildnißmahler zu Mailand. Seine Arbeit wird sehr
hoch geschätzt. † 1608.

Filgher, Konrad, dessen Landschaften, welche er
zu Venedig gearbeitet hat, sind sehr berühmt.

Finckenboom, hat herrliche Landschaften mit dichten
Waldungen und schönen Schlößern gemahlt.

Fioravente, mahlte Still=Lebengemählde, Tape=
ten, Musikalien, und allerhand Gefäße rc. im 17ten Jahr=
hundert.

Fiori, Marius, Nuzzi genannt; ein Neapolita=
ner und sehr berühmter Blumenmahler. Man hat auch
von ihm sehr schöne Gefäße mit Blumen, Gartengewäch=
sen, als Kürbsen, Granatäpfel rc. 1603. † 1673.

Fischer, Anna Katharina, mahlte Blumen mit
Wasserfarben, und Portraits in Oel. † 1719. zu Re=
gensburg.

Fischer, Joh. Thomas, war ebenfalls ein Blumen=
mahler in Wasserfarben zu Nürnberg. 1603. † 1685.

Fischer, Georg, mahlte geistliche Historien.

Von Vinzenz Fischer 1729. zu Fürstenzell in Baiern
gebohren, k. k. Profeßor der Akademie zu Wien, hat man
herrliche Architekturstücke mit römischen Triumphzügen.

Fisches,

Fisches, Isaak, ein sehr guter Historienmahler, von Augsburg, wo man in der St. Anna und Barfüßer Kirche schöne Proben seiner Talente sehen kann. Seine Köpfe sind sehr schön, und haben viel Ausdruck. † 1706 68 Jahre alt. Sein Sohn, Isaak, würde in dieser Kunst noch stärker geworden seyn, wenn er nicht so früh, nämlich 1705. 28 Jahre alt, gestorben wäre. Sein Ecce Homo in der St. Anna Kirche ist davon Beweis.

Flegel, Georg, aus Mähren gebürtig. Man hat von ihm schöne Kuchelstücke, Früchten, Fische, Gläser, metallene, silberne und porzellanene Gefäße oder Still-Lebengemählde mit Natur und großem Fleiß gearbeitet. Er hielt sich meistens zu Frankfurt am Mayn auf. † 1636.

Flemael, Bertholet, ein Lütticher, mahlte mit Natur, Geist und Feuer; er hat alles gut colorirt, und besonders gut beleuchtet, seine Figuren scheinen zu leben. 1614. † 1675.

Floris, Franz, ein Antwerpner, großer Künstler, der niederländische Raphael genannt, er mahlte meistens große Historienstücke, und arbeitete geschwind, schön und angenehm; seine Zeichnung ist sehr richtig und keck. In seinen Werken befinden sich Unterhaltungen, aus dem Alterthum; seine Gewänder sind natürlich gefaltet, und meisterlich gearbeitet; er mahlte schöne ungezwungen fallend Haare, und überaus schönes, weiches Nackendes. 1520 † 1570. Sein Sohn, Franz, mahlte im Kleinen. Man hat auch von beyden schöne Portraits.

Focke, von diesem hat man sehr schöne Conversationsstücke mit vielen Figuren, auch Kirchen, Synagogen rc.

Fockhezer, bey Lindan gebürtig, mahlte künstli Thiere und Geflügelwerk, ums Jahr 1760.

Fontaine, Ludolph la, von Zelle gebürtig, mahlte Portraits, und schöne Historienstücke. Klet und Antigoni waren seine Lehrmeister. Er arbeitete ums Jahr 1740. geb. 1705.

Fon

Fontana, Albert, war neben anderen im Thiermahlen sehr berühmt, ums Jahr 1503.

Fontana, Lavinia, eine Bologneserinn, und sehr berühmte Portraitmahlerinn; das Colorit ist schön und sehr lieblich; ihre Werke sind sehr beliebt. 1552. † 1602.

Fontenay, Joh. Baptist Blain de, ein sehr berühmter französischer Blumen= und Früchtenmahler, der Kunst und Natur im hohen Grad vereinigt hat. Ein Schüler von Joh. Monnoyer; der Thau und die Wolle scheint auf seinen Blumen und Früchten natürlich zu seyn; zum überraschen sind seine Mücken, Papillons und Insekten gemahlt, seine Vasen, Töpfe, Teppiche und bronzene Brustbilder sind auch meisterlich gearbeitet. Schön= und Feinheit, Reitz und Natur herrschen in seinen künstlichen Werken. 1654. † 1715.

Fonticelli, Johannes, mahlte mit flüchtigem Pinsel schöne Landschaften. 1662. † 1716.

Forest, Joh. Baptist, ein Pariser, und Schüler von Peter Franz Mola, und sehr berühmter Landschaftmahler, ein besonderer Künstler in dem Colorit; sein Dunkel und Hell wußte er im höchsten Farbenton zu gebrauchen, also, daß man seinen Pinsel sehr keck nennen darf; seine Zeichnung ist richtig, alle Lagen seiner Gegenstände wohl gewählt, sein Baumschlag vortreflich; ferner wußte er die Veränderungen der Luft bey hellem und dunkeln oder stürmischen Wetter unvergleichlich der Natur anpassend zu machen. 1636. † 1712.

Forge, ein französischer Mahler, der nach Adrian Brouwers Manier lustige Gesellschaften mahlte, im 18ten Jahrhundert.

Fosse, Carl de la, ein Pariser, und berühmter Colorist, ein Schüler von le Brun; sein Pinsel ist keck und vest, sein Mahler Geschmack war etwas übertrieben; doch seine erhabene Gedanken, große Anordnung, poetischer Geist und bezauberndes Colorit machen seine Ausschweifung vergessen.

geſſen. 1640. † 1716. Franz Marot war ein Schüler von De la Foſſe.

Fouquieres, Jakob, aus Antwerpen, der größ-
te Künſtler in Landſchaften; er arbeitete öfters mit Rubens.
Er mahlte - im friſchen Colorit, im großen Ton, und mit
Natur; ſeine Figuren ſind ſehr ſchön und gut gezeichnet;
nur Schade, daß ſeine Werke zu angeſtopft, ſo dann auch
zu grün ſind. Man hat kleine Landſchaften von ihm, mit
einem ſich durch das ganze Gemählde ausdehnenden Baum.
1580. † 1659. Belins Mahler Manier iſt ſehr ähnlich
jener von Fouquieres.

Fourmeſtraux, von ſeiner Hand hat man Converſationsſtücke in ſpaniſcher Tracht.

Fragouard, Honorat, ein Franzos, großer Zeichner und Mahler in hiſtoriſchen Stücken; er arbeitete noch
in neueſten Zeiten zu Paris.

Franceſca, Petrus della, ein alter berühmter
Mahler in Feldſchlachten und Nachtſtücken. 1394. ſtarb
1480.

Franceſchini, Markus Anton, genannt Fiamingo, ein Bologneſer, und vornehmer Coloriſt. Sein
Genie gieng vorzüglich auf das Angenehme und Niedliche,
er gab ſeinen Figuren Leben und Bewegung; auch wußte
er ſeinen Gemählden alle die Zierlichkeit zu geben, welche
man nur wünſchen konnte. Seine größte Stärke zeigte er
im hiſtoriſchen Fache: denn ſeine Compoſitionen ſind mit
größem Verſtand und tiefer Kenntniß der Geſchichte angelegt. geb. 1645. † 1729.

Francia, ſiehe Raibolini.

Franck, deren waren mehrere, darunter ſind Joh.
Baptiſt, Sebaſtian, und Franz der Jüngere, ſehr berühmte Künſtler und vortrefliche Coloriſten. Man hat von
ihnen unvergleichliche und allerhand Mahlergegenſtände,
beſonders Hiſtorienſtücke, Still-Lebengemählde, Früchten
und muſikaliſche Inſtrumenten. Sebaſtian mahlte auch
Pferde

Pferde und Bataillen. Sie arbeiteten im 16ten Jahrhundert. Ihr Colorit ist gar schön, frisch und angenehm.

Franck, Constantin, mahlte auch vortresliche Bataillen und Pferde, geb. 1660.

Man hat sonsten Portraits von einem Augsburger Franz Friedrich Franck. 1627. † 1681.

Franckenberger, ein Straßburger; mahlte Jagdstücke mit Wasserfarben. geb. 1600. arbeitete zu Wien ums Jahr 1650.

Fratrel, von diesem hat man Köpfe in alter Tracht.

Freminet, Martin, ein Pariser und sinnreicher Mahler, ein Künstler in Architektur und perspektivischen Werken, dessen Farbenton aber hart, die Figuren verstellt, und die Muskeln und Nerven bis durch die Gewänder kennbar sind. 1567. † 1619.

Fresnoi, Carl, Alphonsus du, ein Pariser, und sehr berühmter Künstler, und Schüler von Simon Vouet, er mahlte Geschichten, Landschaften und Architektur mit römischen Ruinen. Im schönen Colorit kam er sehr nahe dem Titian, und zeichnete nach der Manier von Carracci. 1611. † 1665.

Freudenberger, Sigmund, ein Schweitzer, mahlte zu Paris im Ostadischen Colorit Conversationsstücke, auch Portraits, geb. 1745.

Frey, gebohren 1750. in Biberach, seit 1768. lebt er in Augsburg, wo er sich durch seine schöne Landschaften, die in einem sehr warmen Styl gemahlt sind, berühmt gemacht hat. Er studirte nach Dieterich, Waaterloo, Swanenfeld, Berghen und Ruysdael, welchen letztern er treflich und meisterhaft kopierte.

Friedrich, Katharina, eine Mahlerinn aus Dresden, welche unvergleichliche Blumenstücke gemahlt hat. Man kennt auch einen vortreflichen Landschaftmahler Friedrich.

Fries, Johann Conrad, mahlte zu Zürch schöne Portraits ums Jahr 1650. † 1693. 76 Jahre alt.

Frui=

Fruitiers, Philipp, ein Antwerpner, sehr geschickter Miniaturmahler. Er mahlte Rubens mit seiner ganzen Familie, und zeigte darinn seine Kunst in dem schönsten und reinzendsten Lichte. geb. 1625.

Fry, Theodor, ein Engländer, und großer Künstler in Portraits. † 1762.

Fuchs, mahlte vortrefliche Bauernstücke in Flamändischem Geschmack, auch Schäferstücke mit Hornvieh und Hunden.

Füger, Heinrich Friedrich, ein Heilbronner, und geschickter Miniaturmahler. Er war als kaiserlicher Pensionist in Rom, und hatte daselbst ein Gemählde verfertiget, welches den Kaiser Joseph darstellt, wie ihn die Pallas in den Tempel der Ehre führt. Er ist sehr vortreflich in Zeichnung der Charaktere, sein Colorit ist glänzend und angenehm. geb. 1750.

Fuller, Isaak, ein Engländer, Historien- und Portraitsmahler, und Künstler in anatomischen Körpern. starb 1676.

Furich, von ihm hat man schönes Vieh nach Roos.

Furini, Franz, ein Florentiner. Man hat von ihm eine herrliche Magdalena. 1609. † 1649.

Fusco, Ferdinand de, ein Neapolitaner, guter Blumen- und Früchtenmahler, ums Jahr 1700.

Füsli, Mathias, ein Zürchner, sehr berühmter Mahler in Seestürmen, Feldschlachten, und in der Natur der Feuersbrünste. 1598. † 1664.

Fyt, Johann, ein Antwerpner, mahlte sehr gut Federvieh, Wildpret, Früchten, Blumen, Musikalien, Jagdgeräthe, und Gefäße nach der Natur. An den erstern Stücken sind Wolle und Haare fast handgreiflich, sein Colorit ist auch natürlich und herzhaft, seine Pinselstriche bald leicht, bald sehr keck. geb. 1625. Man hat neben den Thier- und Obststücken, auch schöne Jagdstücke als Rebhühner, oder sonstiges Wildpret und Geflügelwerk in einer Landschaft an einen Baum hingelegt. In seinen Obststücken finden sich zuweilen Blumenkrüge mit Tulpen. Er hat auf Leinwat, aber nicht im Kleinen gearbeitet.

G.

Gaal, Bernhard, ein Harlemer, Bataillen= und Jagdenmahler, nach Wouwermanns Manier, ums Jahr 1670. geb. 1650.

Gabbiani, Antonius Dominikus, ein Florentiner, vortreflicher Künstler in Historien, Landschaften, Architektur und Thieren. Seine Zeichnung ist sehr richtig, seine Composition und Färbung meisterhaft. 1652. starb 1726.

Gabron, Wilhelm, ein Antwerpner, sehr geschickter Blumen= und Früchtenmahler, noch mehr Meister im Gold, Silber und Porzellain Geschirren, geb. 1625.

Gaelen, Alexander van, ein Amsterdamer, und Schüler des Johann van Hugtenburg, arbeitete besonders am churköllnischen Hofe vortrefliche Jagden, Schlachten und Thierstücke. geb. 1670.

Gaisborough, Thomas, ein Engländer, und großer Künstler in Landschaften und Portraits, auch mahlte er schönes Vieh, seine Farben aber sind etwas zu bunt, ums Jahr 1760.

Gallis, Peter, ein Holländer, mahlte Landschaften, Blumen, Früchten und andere leblose Gegenstände. starb 1697. im 64sten Jahre seines Alters.

Ganses, Paul, aus Flandern gebürtig, arbeitete zu Neapel zu Anfang dieses Jahrhunderts Seestücke, meistens mit Mondenschein.

Ganzacker, mahlte in Johann Breughels Geschmack.

Garbieri, Laurentius, ein Bologneser, und Schüler des Ludwig Caraccio; mahlte lauter ernsthafte

F und

und schreckhafte Gegenstände, als Mord, Seuchen, Marter der Heiligen, sehr meisterhaft, in starkem Colorit, und mit wunderlichen Verkürzungen. 1580. † 1654.

Gardelle, Robert, ein Schweitzer, mahlte vortrefliche Portraits im Geschmack seines Lehrmeisters Largilliere, geb. zu Genf 1682. † 1766.

Garoffalo, Benvenuto, zu Ferara gebohren. Man hat von seiner Hand vortrefliche Landschaften mit geistlichen Historien stafirt, als mit der Flucht nach Egypten rc. In allen seinen Gemählden findet man eine Nelke. 1481. † 1559.

Garvey, Edmund, ein englischer berühmter Landschaftmahler, dessen Prospekte sehr weit hinaus und künstlich gearbeitet sind. Er florirte ums Jahr 1770.

Garzi, Ludovikus, zu Pistoja gebohren, ein Schüler des Andreas Sacchi, und sehr geschickter Mahler, der sich in geistlichen Werken, Geschichten- und Landschaftenmahlen hervorgethan hat. Er arbeitete leicht, in dem besten damals gewöhnlichen Colorit. Seine Figuren sind voller Reitz, seine Gewänder schön gefaltet. Er war ein Künstler in der Architektur, Perspektiv und in Gruppen schöner Genien. 1638. † 1721.

Garzoni, Johanna, eine berühmte Miniaturmahlerinn von Ascoli; sie hielt sich meistens zu Florenz auf, wo man vortrefliche Werke ihrer Kunst sieht. Sie starb ums Jahr 1670. im hohen Alter.

Gaffel, Lukas, ein Brabänder; mahlte herrliche weit ausgedehnte Landschaften mit geistlichen Historien stafirt. Florirte ums Jahr 1548. zu Brüßel.

Gaffner, Nikolaus, ein vortreflicher Landschaftmahler in Miniatur, zu Frankfurt am Main gebohren. Man sieht in seinen Werken alles sehr natürlich und künstlich vorgestellt. Lebte ums Jahr 1670.

Gauli, Johann Bapt., ein Genueser, genannt Bacciccia, ein großer Meister in Verkürzungen und in gutem

gutem Colorit; seine Figuren sind kräftig aufgesetzt, derge=
stalten, daß sie herausstehend scheinen; seine Zeichnung ist
aber unrichtig, seine Gewänder auch steif und gezwungen.
starb 1709. im 70sten Jahr seines Alters.

Gebouw, Anton, ein Antwerpner, berühmter Hi=
storien= und Landschaftmahler; ein Schüler von Rembrand,
lebte ums Jahr 1660.

Geelen; von diesem hat man Landschaften mit Re=
sten des Alterthums.

Geeraerts, Joseph Martin, ein Antwerpner und
Professor dasiger Akademie. Man hat von seiner Hand
ovidische Stücke sehr künstlich bearbeitet mit allegorischen
Verzierungen. geb. 1707.

Gelder, Arnold, ein Dortrechter, vortreflicher Hi=
storienmahler, und Schüler von Rembrand; sein Colorit
ist gelblich glänzend, und seine Farben sind dick aufgetra=
gen. 1645. † 1727.

Ein Anderer van Gelder arbeitete schöne Stücke von
hangendem und liegendem Geflügelwerk.

Geldern, arbeitete das Innere der Kirchen und schö=
ne Architekturstücke.

Geldersmann, Vinzentius, von Mecheln, ein
sehr geschickter Mahler in geistlichen und weltlichen Histo=
rienstücken, besonders aber ein Künstler im Mahlen des Na=
ckenden der Weibspersonen, ums Jahr 1570.

Gelsdorp, oder Gorzius, Gualdorp, zu Löwen
1553. gebohren; ein berühmter Historien= und Portrait=
mahler; starb zu Cöln 1618.

Gelee, Claudius, Lorrain genannt, ein Lothrin=
ger; wird für den besten Landschaftmahler gehalten; kein
Mahlerkünstler hat die Färbung so frisch heraus gebracht,
auch keiner die verschiedenen Tagszeiten mit solcher Natur

meiſtens den gütigen Himmel vor; gebohren 1600. geſtorben 1682.

Gellig, Jakob, ein Utrechter, mahlte in seinen Werken allerhand Gattungen von Fiſchen. 1670.

Geminiani, ſiehe Baldi.

Gennari, Cäſar, ein Bologneſer, vortreflicher Landſchaftmahler; ſeine Compoſition iſt vornehm, und ſeine Mahlermanier kräftig. 1641. † 1688. Sein Bruder, Benedikt, war ein ſehr vortreflicher Bildnißmahler, ſtarb 1715. im 82ſten Jahre.

Genoel, Abraham, ein Antwerpner, großer Künſtler in Landſchaften, meiſtens in großen Stücken. Sein Colorit iſt ſtark und natürlich, ſein Pinſel reich in der Compoſition und in edlen Erfindungen. geb. 1640.

Genoeſe, ſiehe Strozzi.

Gentileſchi, Horatius, ein Piſaner, künſtelte ſchöne Landſchaften mit der heiligen Familie ſtafirt, auch mahlte er büßende Magdalenen. 1600. † 1648.

Gerard, ſiehe Brügge.

Gerhard, Otto, ohnweit Regensburg gebohren, ein Mahler, deſſen Werke ungemein viel Genie verrathen; ſowohl ſeine Hiſtorien, als kleine Pferdſtücke und Scharmützel, ſind mit keckem Pinſel, mit Feuer und Lebhaftigkeit gearbeitet; in ſeinen Pferdſtücken ahmte er den berühmten Bataillenmahler Bourguignon nach, auch deſſen angenehmes Colorit, ums Jahr 1720.

Gericke, Samuel Theodor, zu Spandau gebohren, ein Schüler von Maratti. Er mahlte Hiſtorien in einem vortreflichen Styl. ſtarb 1730, 65 Jahre alt.

Geſſi, Franz, mahlte mit Aehnlichkeit nach Guido Reni; ſeine Gemählde ſind zart, zierlich und angenehm bearbeitet. geb. zu Bologna. 1588. † 1620. Man hat von ſeiner Hand ſchöne Landſchaften mit herrlichen Ausſichten auf Seen und mythologiſch ſtafirt.

Gherar-

Gherardini, **Thomas**, ein Florentiner, hat grau in grau sehr beliebte Göttergedichte gemahlt. Florirte noch ums Jahr 1777.

Ghering, **Johann**, ein vortreflicher Architektur= mahler, der das Innere der Kirchen vorstellte; zum Bey= spiel, die Jesuiter Kirche von Antwerpen. Florirte ums Jahr 1665.

Gignour, **Anton Christoph**, ein sehr guter Land= schaftenmahler mit Wasserfarben in Augsburg, starb da= selbst 1795.

Gillemans, **Joh. Peter**, ein Antwerpner, sehr berühmter Obst= und Blumenmahler; mit diesen hat er die Werke der besten Mahler seiner Zeit ausgeziert. 1643. ✝ 1713.

Gillot, **Claudius**, ein französischer Mahler, liebte Faunen, Satyren, und theatralische Auftritte zu mahlen. 1673. ✝ 1722.

Gilpin, **S.**, ein geschickter englischer Thiermahler; seine Pferde und Wildpret sind besonders schön gemahlt, er arbeitete ums Jahr 1768.

Gini, **Maximilian Graf von**, mahlte schöne Landschaften in holländischem Mahler Geschmack um 1769.

Giordano, **Lukas**, genannt **Fa presto**, ein Nea= politaner, dessen Pinsel sehr zart, das Colorit angenehm, seine Verkürzungen meisterhaft, seine Zeichnung aber un= richtig ist. 1632. ✝ 1705. Man hat von ihm mei= sterhaft gearbeitete biblische Historien, auch poetische Ge= dichte.

Giorgi, **Johann de**, ein Bologneser, berühmter Künstler des Nackenden. 1686. ✝ 1717.

Giorgione, siehe **Barbarelli**.

Giron, ein sehr berühmter Landschaftmahler; seine Werke haben starke Waldungen, Berge, Seen oder Was= serfälle. Er arbeitete ums Jahr 1650.

F 3 .   Giusti,

Giusti, **Anton**, ein Florentiner, und in jedem Mahlerfach sehr geübter Künstler. Seine Zeichnung ist richtig, sein Colorit kräftig, und seine Composition sehr gut. 1624. † 1705.

Glantsching, von diesem hat man vortrefliche Gemählde schreckbarer Historien.

Glauber, **Johann**, ein Utrechter, und Schüler von Nikolaus Berghem; er mahlte Landschaften in hellem Colorit mit Natur und Stärke. 1646. † 1726. Sein Bruder, Joh. Gottlieb Glauber, war auch darinn sehr berühmt, dessen Landschaften excellirten gar in dem angenehmen und ländlichen Wesen, auch in Schäfereyen; man hat auch von dessen Hand gute Seehäven; das Colorit ist natürlich und gluend, die Zeichnung sehr richtig, sowohl in den Figuren, als auch an den Thieren. † 1703 im 47sten Jahre seines Alters.

Glockenthon, **Nikolaus**, man hat von seiner Hand vortrefliche geistliche Historien, als: eine Geburt Christi ꝛc. in Landschaften angebracht. † 1560.

Gobbo, **Peter Paul**, zu Cortona gebohren, ein Schüler von Hanibal Caraccio, und Künstler im Früchtenmahlen. 1570. † 1630.

Göbelyns, **Cornelius van**, ein Niederländer, arbeitete vortrefliche Landschaften und ovidische Stücke.

Godewyk, **Margaretha**, arbeitete zu Dortrecht Landschaften, Blumen und Seestücke. 1627. † 1677.

Goes, **Hugo van der**, excellirte in schönen und angenehmen Gesichtszügen seiner Figuren; seine Farben sind auch sehr rein, und seine Werke fleißig ausgearbeitet, lebte ums Jahr 1450. Man hat von ihm heilige Familienstücke, auch Heiligen in kleinen alten Hausaltären angebracht, und meisterhaft ausgeführt.

Goez, **Gottfried Bernhard**, aus Mähren gebürtig, ein geschickter Historienmahler, und Schüler J. G. **Bergmüllers**, geb. 1708. † 1774.

Gdz, J. von, ist als ein vortreflicher Miniaturmah=
ler in München berühmt, wo man Vieles von seiner künst=
lichen Arbeit sehen kann; so wie in Regensburg, wo er
gegenwärtig lebt.

Goffredy, dessen Werke haben viel ähnliches mit
jenen von Barth. Breemberg; sein Colorit ist aber schwä=
cher und bleich. Er blühte im 17ten Jahrhundert.

Golling, Leonhard, ein Nürnberger, geistlicher
Historienmahler. 1604. † 1667.

Golzius, Hubert und Heinrich. Sie arbeiteten
im 16ten Jahrhundert, ihre Werke sind rar. Hubert
mahlte mit keckem Pinsel Historien, auch Portraits; Hein=
rich aber im Geschmack von Dürer und von Lucas von Lei=
den, etwas steif. Heinrich † 1617. und Hubert ums
Jahr 1583.

Gondelach, Matthäus, aus Hessen. Man hat
von seiner Hand herrliche Frauenbilder mit Heiligen und
Portraits. 1580. † 1653.

Gonzales, mahlte mit Joh. Breughel herrliche
lumenkränze, worauf Vögel und Insekten angebracht sind;

Gool, Johann van, aus dem Haag, arbeitete

geb. 1685.

Goffart, siehe Mabuse.

Goffin, von diesem hat man schöne niederländische
Bauernstücke.

Govaerts, Johann Baptist, ein Antwerpuer,
mahlte Historien, Blumen und Früchten zu Mainz 1701.
† 1746.

Goubeau, Franz, mahlte im Geschmack von Miel
und Laar; er war aus Antwerpen, und lebte ums Jahr
1670.

Gout, von diesem hat man vortrefliche Landschaften
mit Ruinen.

F 4   Goyen=

Goyen, Johann van der, ein Leidner, und sehr berühmter Landschaftmahler; seine Werke sind mit vielen Schiffen, Feilschaften und holländischen Dörfern angefüllt. Sein Pinsel ist leicht, sein Colorit aber fällt ins blauliche. geb. 1594. † 1656.

Graat, Bernhard, ein Amsterdamer, mahlte vortrefliche Thierstücke und Landschaften, welche er nach der Natur studirt hat. Sein Colorit ist sehr lebhaft, und in seinen Gemählden herrscht eine bewundernswürdige Verschiedenheit. Er mahlte auch historische Stücke, welche von seinem erhabenen Geiste zeugen. geb. 1628. † 1709.

Gräf, Hanns, ein Wiener, stellte meistens große Plätze mit vielen Figuren und Pferden vor, ums Jahr 1690.

Graf, Joh. Andreas, arbeitete zu Nürnberg Portraits, Architektur, Thiere, Blumen, und Fruchtstücke. 1637. † 1701.

Graf, Anton, ein Schweitzer, aus Winterthur, mahlte verschiedener Orten im Reich sehr künstliche Portraits, und ward 1776. zu Dresden Hofmahler, gebohren 1736.

Gran, Daniel, ein Wiener; man hat von ihm ein herrliches Heiligen Familienstück rc. 1695. † 1757.

Gravenstein, mahlte sehr schöne Wildpretstücke mit Jagdhunden, sein Colorit ist gelblich.

Graziani, Peter, mahlte zu Neapel ums Jahr 1700. vortrefliche Bataillenstücke, in welchen der Muth und die Wuth der Streitenden natürlich vorgestellt ist. Sein Colorit ist auch meisterhaft behandelt.

Grebber, Peter, gebohren zu Harlem ums Jahr 1600. Er war sowohl in historischen Gemählden, als in Bildnissen vortreflich.

Grenee, de la, ein geschickter Historienmahler, zu Paris ums Jahr 1767. Man bemerkt in seiner Arbeit edle Gedanken, schöne Pinselzüge, eine richtige Zeichnung und

und eine große Manier in den Gewändern. Sein Bruder machte sich 1771. auch als ein großer Meister bekannt.

Greseli, Kaspar, ein deutscher Mahler, dessen schöne Köpfe berühmt sind.

Grevenbrock, Horatius, ein Niederländer, mahlte vortrefliche Seestücke, besonders Seestürme, ums Jahr 1670.

Greuze, Johann Baptist, ein Burgunder. Seine Gemählde, welche gemeiniglich Handlungen des bürgerlichen Lebens vorstellen, sind wegen ihrer natürlichen, geistreichen und rührenden Ausdrücke in sehr großer Achtung. Er mahlte auch Bildnisse in Oel, und Pastelfarben, in welchen das Colorit sehr reinlich, zart in einander zerschmelzt ist, zu Paris 1755.

Griesolfi, seine Arbeit ist jener von Salvator Rosa sehr ähnlich.

Griffier, Johannes, ein Amsterdamer, und Schüler von Philipp Wouwermann; arbeitete aber in Rembrands, Teniers, Pölemburgs, oder sonstiger großer Künstler Geschmack, schöne Prospekten des Rheins, oder der Themse mit römischen Ruinen, allerhand Schiffen, und schön colorirten Figuren. 1656. † 1725. Sein Sohn Robert geb. 1688. in England, übertraf den Vater, und besaß das Talent, die Werke Wouwermanns, van der Velde, und anderer Künstler vortreflich nachzuahmen.

Grimaldi, Joh. Franz, ein Bologneser, und vortreflicher Mahler, ein Schüler von Caracci. Sein Colorit ist frisch, seine Manier stolz, und seine Zusammensetzung leicht und edel. In seinen Landschaften findet sich ein meisterhafter Baumschlag, welcher stark ins Grüne fällt. Man hat auch von ihm schöne Gebäude und Architekturstücke. 1606. † 1680.

Grimmer, Jakob, mahlte zu Antwerpen mit flüchtigem Pinsel sehr schöne Landschaften, in der Mitte des 16ten Jahrhunderts.

F 5 Grim=

Grimmer, Johann, blühte um 1560. zu Mainz als ein guter Portraitmahler.

Grison, ein flandrischer Künstler, dessen Arbeit sehr gesucht wird. starb zu Rom 1769.

Groot, Joh. Nikolaus, geb. 1723. zu Stuttgart, ein sehr guter Bildnißmahler, der auch sehr vortreflich alte Köpfe gemahlt hat, die theuer bezahlt werden. Sein Bruder, Joh. Friedr., geb. 1717, war ein vortreflicher Thier= und Jagdenmahler in Petersburg.

Gruen, siehe Baldung.

Gruenewald, Matthäus und Hans, Schüler von Alb. Dürer; sie arbeiteten auch nach dessen Manier, ums Jahr 1500. Von Hans Gruenewald hat man stattlich bearbeitete Portraits mit Pelzwerk, Sammet, Spitzen 2c. Matthäus starb um 1510.

Grund, Norbert, ein Prager Künstler, er mahlte allerley nach niederländischen Meistern, aber auch nach Ferg. Sein Colorit ist sehr gut, auch sein Baumschlag schön durchsichtig. Er arbeitete Bätaillen, Kinderspiele, Jahrmäkte, Seestücke 2c. geb. 1714. † 1767. Von diesem Künstler hat man auch herrliche Architekturstücke im Kleinen.

Grundmann, Basilius, ein Sachse, und Schüler von Dietrich. Er arbeitete zu Wien meistens Bamboschaden. Er blühte um 1765.

Gryeff, von diesem niederländischen Künstler hat man unvergleichliche Thierstücke; die Landschaften an sich bedeuten nicht viel, seine Bäume taugen gar nichts, aber seine Hunde und Hahnen, klein Wildpret und Geflügel auf kleinen Gemählden, sind lauter Leben, die Haare und Federn sind bloße und kecke Pinselstriche, doch lauter Natur und Kunst. Er war ein Schüler des Franz Sneyders, und arbeitete in der Mitte des 17ten Jahrhunderts.

Guercino da Cento, siehe Barbieri.

Gue=

Guesche, **Peter**, deſſen Arbeit wird öfters für die von Peter Breughels angeſehen.

Guglielmi, **Gregorius**, ein geſchickter Mahler neuerer Zeiten, in Frescoarbeit; man hat auch von ihm Schlachten und Landſchaften. Seine Werke ſind zwar nicht fleißig oder ſein ausgearbeitet, allein es herrſcht darinn ein großer Geſchmack, und ſein weitläuftiger Horizont iſt allezeit meiſterhaft. 1714. † 1773. zu Petersburg.

Guibal, **Nikolaus**, gebohren zu Lüneville 1725. ſtudirte zu Rom unter Mengs, und gieng darauf nach Stuttgardt, wo man viel von ſeinen Arbeiten, die alle vortreflich ſind, ſehen kann. † 17.. in Stuttgardt.

Guido, ſiehe **Reni**.

Gysbrechts, von dieſen hat man Alluſionen auf die Eitelkeit, todte Vögel, Todtenköpfe, Muſikalien, Bücher und Tepiche ꝛc.

Gyzen, **Peter**, ein Antwerpner, Künſtler und Schüler von Johann Breughel, in deſſen Manier er auch gearbeitet hat; ſein Colorit iſt ungemein lebhaft, und überall herrſcht in ſeinen Werken roth, grün und gelb, und zwar untermiſcht, dahero ſein Farbenton zu rohe ausfällt. Seine Arbeit wird oft für jene von Breughel gehalten; man hat auch von ihm einige in Zaslevens Geſchmack gearbeitete Gemählde. In ſeinen Landſchaften finden ſich allerhand ländliche Unterhaltungen. Florirte ums Jahr 1665.

H.

Haan, **David de**, ein Rotterdamer, Blumen= und Früchtenmahler, ſtarb 1674. zu Utrecht.

Haansberge, **Johann van**, ein Utrechter Mähler, deſſen wenige aber künſtliche Gemählde vortreflich gearbeitet ſind. Er mahlte in ſeines Lehrmeiſters Cornelius Polemburgs Geſchmack. 1642. † 1705.

Ha=

Hackert, Johann, ein vornehmer Amsterdamer Landschaftmahler. Seine Lieblingswerke waren Schneegebirge, Höhlen, Grotten und steile Felsen. Adam van der Velde und Both stafirten seine Gemählde ums Jahr 1656.

Hackert, Joh. Gottlieb, geb. 1744., ein Sachse, ist ein vorzüglicher Landschaftmahler, und hält sich jetzt in Neapel auf, wo seine Arbeit sehr gesucht und gut bezahlt wird.

Haen, Abraham de, ein Amsterdamer, und künstlicher Zeichner von Architekturen und Prospekten. † 1750.

Haelszel, Johann Baptist, ein Sachse, und guter Blumenmahler 1710. † 1776. in Wien.

Haerlein, mahlte alte Köpfe, als von Aposteln 2c.

Hagius, mahlte Fische und Still=Lebengemählde.

Hagelstein, siehe Thomann.

Hagen, Johann van, ein Landschaftmahler, im Haag, seine Farben könnten besser seyn. Arbeitete ums Jahr 1650.

Hahn, Herman, ein berühmter Historienmahler von Danzig. Seine Gewänder von seidenen Stoffen sind meisterhaft gearbeitet. Lebte im 17ten Jahrhundert. Man hat auch von einem H. von Hahn todte Vögel an einem Nagel an der Wand hangend.

Hainzel, Joh. Ferdinand, ein berühmter Historienmahler zu Augsburg, dessen Gemählde theuer bezahlt wurden. starb 1671. im 50sten Jahre.

Hal, Jakob van, ein Antwerpner, berühmter Historienmahler ums Jahr 1750.

Halbauer, Christian, arbeitete zu Augsburg vortrefliche Insektenstücke in Miniatur. 1765.

Halen, Peter van, ein Antwerpner, berühmter Landschaftmahler, worinn er kleine schöne Figuren, Historien oder Bachanalien anbrachte; seine Werke sind wenig und rar. Florirte ums Jahr 1660.

Hal=

Halle, **Claudius Guido**, ein Pariser, und großer Meister in der Zusammensetzung, Anordnung und Haltung der Gemählde, zudem ist seine Zeichnung richtig, das Colorit schön, sein Pinsel leicht und vernünftig. 1651, † 1736.

Hals, **Franz und Theodor**, Gebrüder zu Mecheln gebohren. Ersterer war nach van Dyk, einer der besten Portraitmahler. † 1666. im 82sten Jahr seines Alters. Letzterer mahlte kleine Conversationsstücke. † 1656. 68 Jahre alt.

Halter, **Christoph**, ein berühmter Historienmahler von Nürnberg. † 1648.

Hamen, **Johann van der**, ein Madrider, mahlte aber im niederländischen Geschmack, und sehr wohl, Historien, Portraits, Landschaften, Tobacksgesellschaften, Blumen und Früchten. † 1660.

Hamer, von ihm hat man Wildpretstücke, Hunde, Hasen, Vögel, Flinten, und was zur Jagd gehöret.

Hamilton, **Ferdinand von**, arbeitete verschiedener Orten im Reich, meistens aber zu Wien, zu Anfang dieses Jahrhunderts, und unter Kaiser Karl dem Sechsten meisterhafte Pferde; sein Sohn Johannes desgleichen, auch Wildpret.

Hamilton, **Joh. Georg**, mahlte mit großer Kunst um die nämliche Zeit allerhand Thiere, Hasen, Füchse und Vögel, auch Wildschweinsköpfe ꝛc. starb 1733. zu Wien im hohen Alter.

Hamilton, **Karl Wilhelm**, mahlte zu Augsburg mit größter Kunst, Fleiß und Natur, Disteln, Kräuter, Baumstorren mit Vögeln und allerhand Insekten, als Eydexen, Frösche. 1668. † 1754.

Sonsten war dieser Künstler Lieblingsarbeit folgende: Ferdinand mahlte gern frey laufende schöne Pferde. Johann Georg lehnte todtes Geflügel an einem Baum, oder mahlte Vögel um einen Vogelbeerbaum. **Karl Wilhelm**

helm mahlte auf seine Insektenstücke oben oder unten hin Vögel ins Nest. Alles auf Leinwat, zwar **Karl Wilhelm** hat auch auf Holz, aber sehr selten gemahlt. Alle drey sind Söhne von Jakob von **Hamilton**, einem Schottländer und vortreflichen Mahler in leblosen Gegenständen.

Handel, **Max**, ein Böhm. Man hat von ihm schöne Portraits. 1696. † 1758. zu Wien.

Handman, **Emanuel**, mahlte Historienstücke und schöne Portraits von Pastelfarben in der Schweitz, ums Jahr 1750. geb. 1718. zu Basel.

Haneman, **Adrian**, ein Schüler von **van Dyk**, ein sehr geschickter Portraitmahler, und großer Künstler in Händen, arbeitete im starken Schatten und Licht. 1610. im Haag gebohren. Man hat von ihm das Portrait seines Lehrmeisters gemahlt.

Hardime, **Peter**, ein Antwerpner, mahlte sehr schöne Blumen und Früchten, auch in die Gemählde von Augustin Terwesten. starb 1748. im 70. Jahr.

Hardime, **Simon**, ein Antwerpner, und vortreflicher Blumenmahler, der zu London ums Jahr 1720. florirt hat.

Haring, **Daniel**, aus dem Haag, nach Netscher, einer der besten Portraitmahler. 1636. † 1706.

Harlem, **Theodor von**, ein sehr vornehmer Mahler, dessen Arbeit zwar zart, leicht von Colorit, und fein zerschmolzen ist, aber in der Zeichnung oder Verkürzung, welche er liebte, richtiger seyn könnte. Lebte in der Mitte des 15ten Jahrhunderts.

Harlem, **Gerhard van**, war auch als ein berühmter Mahler zu Anfang des 15ten Jahrhunderts bekannt.

Harms, **Joh. Oswald**, ein Hamburger, geschickter Mahler, der nach Salvator Rosa arbeitete schöne Landschaften und Prospekten mit Architektur und Ruinen. 1642. † 1708.

Harp,

Harp, van, mahlte allerhand nackte Genien, Götter und Göttinnen.

Harper, Johannes, gebohren in Stockholm 1688. ein Schüler von Meytens und Kraft. Er war ein grösser Meister im Miniatur und Emaillenmahlen; er starb in Berlin 1746. Sein Sohn, Adolph Friedrich, lernte bey seinem Vater, und hat sich ebenfalls im Miniaturmahlen und in Blumenstücken am herzogl. würtembergisch. Hofe hervorgethan. geb. 1725.

Hartman, Joh. Jakob, aus Böhmen, arbeitete schöne Landschaften mit Allegorien und herrlichen Figuren. Florirte ums Jahr 1716.

Haverman, Margaretha, von Amsterdam gebürtig, eine berühmte Blumenmahlerinn. Johann van Huysum war ihr Lehrmeister. 1720.

Hausse, ein Niederländer, und vortrefliches Mahlergenie.

Hauzinger, Joseph, ein Wiener, und Professor der Akademie allda. Man hat unter andern schönen Gemählden auch vortrefliche Nachahmungen des Basreliefs in Erz. Florirte in den 1770. und 80. Jahren. Er mahlte zuweilen in Pastell Conversationsstücke in französischem Geschmack mit Beyfall.

Hayd, Johann Jakob, ein Würtemberger, der sich zu Augsburg durch eine Menge schöner Bildnisse berühmt gemacht hat. 1703. † 1767.

Hayman, Franz, mahlte zu London in den neuesten Zeiten schöne Historienstücke und Portraits. starb 1776. im 68. Jahr.

Heck, Johann van, ein Lieblingsmahler der Italiener; er mahlte vortreflich Blumen und Früchten, Conversationen, Landschaften und allerhand Geschirre, gebohr. 1625.

Heck, Martin van der, mahlte nach des Martin Hemskerks Manier Landschaften, ums Jahr 1650.

Heckel,

Heckel, Katharina, zu Augsburg geb. 1699.; sie mahlte sehr schöne Bildnisse in Miniatur, zuweilen in Oelfarben. Sie heurathete den Kupferstecher Sperling, und starb 1741.

Heda, mahlte Still-Lebengemählde, und zwar allerhand Zeug durcheinander, Sachen, die sich selten zusammen in der Nähe begegnen.

Heem, Joh. David, ein Utrechter, er mahlte ungemein schön, und nach wahrer Natur, Blumen, Früchten, und musikalische Instrumenten, Teppiche, kupferne und crystallene Geschirre, zinnerne Schüsseln und Insekten, welche letztere gar zu leben scheinen. 1604. † 1674. Sein Sohn, Cornelius, ist auch berühmt; wie auch ein Joh. de Heem, welcher in London Früchten, Krebse und Blumenstücke mahlte, mit steinernen Tischplatten und Teppichen, vorzüglich aber schöne Landschaften. Von diesem Johann hat man auch Stücke, wo Gläser mit Wein auf dem Tische stehen. Sonsten kommt noch bey den schönen Werken dieser drey Künstler anzumerken, daß alle Gemählde von David und Johann in die Höhe, von Cornelius aber in die Breite geformt sind.

Heil, Daniel van, ein Brüßler, und berühmter Landschaftmahler; man hat auch Feuersbrünste von ihm, welche recht meisterlich gearbeitet sind. geb. 1604.

Heilman, Joh. Kaspar, ein Elsaßer, mahlte zu Paris schöne Portraits, Kuchelstücke, nach der Art Gerard Douw, auch Landschaften. 1718. † 1760.

Heinecken, Kath. Elisabetha, eine Lübeckerinn, und berühmte Blumen- und Bildnißmahlerinn, gebohren 1683.

Heinz, Joseph, ein Berner, sehr berühmter Historienmahler; lebte zu Anfang des 17ten Jahrhunderts. Sein Sohn Joseph ist auch bekannt, von diesem hat man künstlich gearbeitete Magdalenen und Paßionsstücke. Von beyden hat man auch noch herrliche nackende Nymphen aus der Göttergeschichte,

schichte, schlafende Venus, und allegorische Gemählde. Sie mahlten auf Kupfer, Holz und Leinwat.

Heis, Johann, ein Memminger, war sehr geschickt in historischen Gemählden, welche er mit schönen, zuweilen nackenden Figuren, Gebäuden und Landschaften auszierte. Joh. Heinrich Schönfeld von Augsburg war sein Lehrmeister. 1640. † 1704. Heis Werke sind meistens biblische Geschichten.

Helmbrecker, Theodor, ein Harlemer, mahlte sehr angenehm in gutem Geschmack und kluger Anordnung, seine geistliche Gemählde sind wenig; denn seine Lieblings= arbeit waren Jahrmärkte und große Plätze mit vielen Figuren angefüllt, welche fürs Aug, und jeden Kenner zur angenehmsten Unterhaltung dienen. Seine Werke werden denen des von Laar noch vorgezogen. 1624. † 1694.

Helmont, Segers Jakob van, ein Antwerpner, berühmter Mahler. Er mahlte im Geschmack von David Teniers, Werkstätte der Chymisten, Jahrmärkte, und Bauern=Conversationen. 1683. † 1736.

Helmstorff, arbeitete vortrefliche Conversationsstücke im Geschmack des Watteau, auch türkische Soldaten zu Fuß und zu Pferd, sodann schönes Vieh.

Helst, Barthol. van der, ein Harlemer, und ge= schickter Mahler von großem Geschmack und vortreflicher Ausführung; man hat von ihm ein Gastmahl mit bewaff= neten Männern umgeben, welches der Mählerkunst Ehre macht. geb. 1631. starb zu Amsterdam. Man hat auch Portraits von seiner Hand und Landschaften.

Helt, G., man hat von diesem Künstler im Klei= nen, sehr natürliches Kupfer, Messing, Zinn, und son= stiges Kuchengeschirr rc.; arbeitete zu Frankfurt ums Jahr 1725 u. 30.

Hemsen, Johann van, man hat von diesem Künst= ler geistliche Historienstücke, nach Dürers Manier, unge= fähr vom Jahr 1530. Seine meiste Mahlerarbeit war

G   Apo=

Apostel und Heilige zu mahlen, besonders den heiligen Hieronymus und Matthäus.

Hemskerck, Martin, van Veen genannt, mahlte seine Figuren etwas hart und trocken, aber doch mit einer leichten und verständigen Manier. Man hat von ihm unter andern Spiel= und Conversationsstücke; auch schöne Bachusfeste, und Nymphen Tänze. 1498. † 1574.

Hens, Abraham de, mahlte allerhand Kräuter, mit gut gefärbten Schlangen, Kröten, Fröschen, Sommervögeln und Insekten. geb. 1650.

Henstenburgh, Hermann, ein Holländer, gebohr. 1667, ein Schüler von Johann Bronkhorst. Er übertraf seinen Lehrmeister in dem gluenden Colorit, und in natürlichen Stellungen der Vögel, Eyderen und Schlangen. starb 1726. Seine Blumen und Früchte, wozu er sich mit großer Sorgfalt die schönsten Farben aussuchte, mahlte er in braunen Gründen auf Pergament und starkes Papier. Seine Gemählde geben an Glanz und Stärke den Oelfarben nichts nach.

Herault, Karl, mahlte zu Paris ums Jahr 1675. schöne Landschaften.

Herbel, Karl, ein Lothringer, und vortreflicher Schlachtenmahler, arbeitete zu Wien ums Jahr 1680.

Hermann, Joseph, ein Freyburger, mahlte besonders schöne Köpfe und Seestürme ums Jahr 1760.

Heß, ein Zürcher, mahlte herrliche Viehstücke mit angenehm grünem Baumschlag.

Heus, Joseph Cornelius de, ein Antwerpner, und Schüler von Peter Sneyrs, und dem ältern Johann Horemanns. Man hat von ihm Historien und Conversationen. geb. 1707.

Heus, Jakob de, mahlte vortrefliche Landschaften mit schönen Pferden, Hornvieh und Statuen, sehr natürlich, in schönem Colorit und mit zartem Pinsel, im Geschmack des Salvator Rosa. 1657. † 1701.

Heus,

Heus, Wilhelm de, von Utrecht, war ein berühmter Landschaftmahler; er arbeitete in seines Lehrmeisters Johann Both Geschmack. Seine Werke sind gut colorirt; auch mit artigen Figuren, Jagden und ländlichen Festins ausgeziert, und werden sehr gesucht. geb. 1638. Man hat auch von seiner Hand herrlich bearbeitete Tagzeiten, als einen Sonnenaufgang. Er lebte noch 1699.

Heyden, Johann van der, zu Gorkum gebohren, dieser fleißige Mahler excellirte im Mahlen der Gebäude, welche so fein und mühsam ausgearbeitet sind, daß man darinn die Steine in der Mauer, und die Ziegeln auf den Dächern zählen kann; auch ist darinn die Perspektiv meisterhaft. 1637. † 1712. zu Amsterdam.

Hezendorff, Johann von, ein berühmter Landschaftmahler, und Schüler von Franz Beich, arbeitete zu Neapel ums Jahr 1730.

Hickel, der Aeltere, ist kaiserl. Hofmahler in Wien, und arbeitet Portraits und historische Stücke; so wie auch Anton Hickel, der Jüngere: Dieser mahlte in München 1780. den Churfürsten in Lebensgröße, welche Arbeit von allen Kennern bewundert wurde.

Hien, Daniel, von Strasburg gebürtig, gebohren 1725, mahlte künstlich zahme und wilde Thiere, Geflügel, Kräuter, Fische, Schäferstücke, Früchten, und Blumen; seine Hunde sind gar meisterhaft.

Himelroth, mahlte Architekturstücke.

Hinz, mahlte zu Hamburg allerhand leblose Gegenstände, ums Jahr 1675.

Hire, Lorenz de la, ein Pariser, und berühmter Mahler, der zwar nicht nach der Natur mahlte, ein Meister aber in schöner Zusammensetzung war; sein Pinsel ist frisch und fleißig; seine Figuren haben lange krumme Finger. 1606. † 1656.

Hirschman, Joh. Leonhard, ein Nürnberger, sehr geschickter Portraitmahler, und Schüler von Gottfr.

Knel=

Kneller. starb 1730. Sein Sohn, Hieronymus, war ein sehr geschickter Landschaftmahler im Geschmack Bemmels und Ermels, 1765. lebte er noch in Berlin.

Hirth, Michael Conrad, ein berühmter Portraitmahler, besonders guter Colorist; auch sind Frankfurter Hirth, Vater und Sohn, als gute Landschaftmahler bekannt. Sie mahlten nebenher schöne Prospekten, niedliche Figuren, Vieh und Pferde, um 1750.

Hobbema, M., ein niederländischer geschickter Landschaftmahler, dessen Werke von Adrian van der Velde zierlich ausstafiret sind. Die Werke dieses Mählers sind sehr selten. Ruysdael war sein Lehrmeister.

Hochecker, ein Mahler aus Frankfurt, von diesem hat man sehr fleißige Landschaften in gelblich glänzendem Colorit, schöne ländliche Gegenden und Aussichten.

Hochenwald, Wolfg. Michael, mahlte im Geschmack wie Gyßbrechts, allegorische Gemählde.

Hochfeld, ein Schüler des Franz Trevisani, arbeitete nachmals zu Cassel ums Jahr 1750.

Hoeck, Karl van, ein Antwerpner Landschaftmahler, der ungemein leichten Baumschlag und schöne Figuren mahlte, ums Jahr 1610.

Hoeck, Johann van, ein Antwerpner Künstler und Schüler von Rubens, dem er in der Kunst sehr nahe gekommen; er zeichnete fein, und mahlte zart in starkem und natürlichem Colorit. Er arbeitete in van Dyks Stärke und Schönheit, ähnliche Portraits. 1600. † 1650.

Hoeck, Robert van, mahlte mit gleicher Kunst, Zärtlichkeit und kräftiger Färbung geistliche Historien, und allerhand Beschäftigungen der Soldaten. Seine Figuren sind sehr klein, aber zierlich. geb. 1690. Dieser Robert hat auch allerhand ländliche, häusliche Unterhaltungen, Soldaten Leben, Lager und Scharmützel gemahlt.

Hoef=

Hoefnagel, Georg, ein Antwerpner, er mahlte an verschiedenen Höfen allerhand Gegenstände, besonders Thiere und Landschaften. 1546. † 1600. Er hinterließ zwey Söhne, gleichmäßig gute Mahler, Jakob und Johann.

Hoet, Gerard, mahlte im Geschmack von Cornelius Polemburg. Die Werke des Gerards sind sehr köstlich, ungemein fleißig gemahlt, und in schönen Farben künstlich geschmolzen. 1648. † 1733. Er war der erste und größte Mahler in Holland.

Hofman, Samuel, ein Züricher, und Schüler von Rubens, er arbeitete vortrefliche Portraits, Historien und Kuchelstücke. 1592. † 1648. Seine Tochter Magdalena, war eine berühmte Blumenmahlerinn.

Hoffmeister, dieser mahlte ums Jahr 1766. bis 70. im Geschmack, und mit nämlicher Stärke und Fleiß alte Köpfe, wie Balthasar Denner.

Hogarth, Wilhelm, ein Engländer, mahlte zu London ums Jahr 1750. Portraits und Historien mit lebhaftem Pinsel, zuweilen aber mit possirlichen Einfällen. geb. 1697. gest. 1764.

Hoie, Nikolaus van, ein Antwerpner, mahlte Historien und schöne Portraits im 17ten Jahrhundert.

Holbein, Hans, der Aeltere, ein Bürger zu Augsburg, und sehr vortreflicher Mahler, von dessen künstlicher Arbeit man auf dem dasigen Rathhaus und in Privathäusern sehen kann. Sein jüngster Sohn, ebenfalls Hans Holbein, machte sich einen großen Namen durch seine sehr schöne Bildnisse und Historien in Oel- und Wasserfarben. Ums Jahr 1526. gieng dieser nach England, wo er für Heinrich den Achten eine erstaunliche Menge Arbeit verfertigte. Er starb zu London im 59sten Jahr seines Alters. — Eigentlich sind es vier Mahler und Künstler Holbein gewesen. Hans, der Aeltere, Sigmund, Ambrosius, und Hans, der Jüngere, ein Sohn

G 3   des

des ältern **Hans.** Ihre meiste Arbeit war portraitiren; nur **Hans** der Jüngere hat zuweilen auch auf Leinwat gemahlt, die andern aber auf Holz.

Hollando, Johann, ein Antwerpner, vortreflicher Landschaftmahler, deſſen verſchiedene Abänderungen des Gewölkes ſehr künſtlich angebracht ſind. Er arbeitete ums Jahr 1530.

Hollſtein, Cornelius, zu Harlem gebohren, ein berühmter Hiſtorienmahler, der beſonders gut gezeichnet, und colorirt hat. geb. 1653.

Hölzer, Johann, ein Tyroler, Künſtler und Schüler von Nikolaus Auer. Er mahlte eine Zeitlang zu Augsburg, wo dann viele ſeiner köſtlichen Werke zu ſehen ſind; darinnen gewahret man ein natürliches Colorit, beſondere Stärke in wahrer Karakteriſirung ſeiner Figuren, ſodann große Kunſt in Vertheilung des Schatten und Lichtes. Man hat von ihm Hiſtorien, Portraits und architektoniſche Hintergründe. 1708. † 1741.

Hölzmann, oder **Hulsmann, Johann,** ein Köllner, geſchickter Mahler, der wegen ſeines ſchönen Colorits berühmt iſt. ſtarb 1639.

Hondekoeter, Egidius, Gisbertus, und **Melchior,** Utrechter; ſie mahlten vortreflich nach dem Leben Federvieh, Hahnen und Hennen, auch Hahnenkämpfe. **Melchior** war darinn beſonders berühmt, als welcher ſeine Landſchaften ſchön dazu angeordnet hat. Sie lebten gegen die Mitte des 16ten Jahrhunderts. Melchior aber 1636. † 1695. Man findet auch von dieſen Künſtlern Gemählde, wo die Hennen mit ihren Jungen ſind, und ſie dieſe gegen welſche Hahnen oder gegen Räubthiere ſchützen und bewachen. Ihre Gemählde ſind faſt alle in die Breite geformt.

Hondius, Abraham, ein Brabanter, arbeitete aber zu London. Ein großer Künſtler in Bildniſſen, Nachtſtücken,

cken, Feuersbrünsten, Jagden und Thiergefechten, in Hunden vorzüglich ein Meister. geb. 1650.

Honthorst, Gerard, ein Utrechter, und Schüler von Blömärt; mahlte unvergleichlich historische Andachtsstücke mit weiten Gewändern, auch Allegorien und poetischen Gedichte. Er zeichnete richtig, seine Arbeit ist rauh in der Nähe, macht aber zum Erstaunen ihren Effekt in die Ferne; sein Pinsel ist saftig und kräftig, ein Künstler des schönen Helldunkeln. geb. 1592. Honthorsts Gemählde werden oft für die des Carravaggio oder Merigi gehalten. Sein Bruder, Wilhelm, mahlte große figurreiche Historien und Bildnisse zu Berlin, wo er in großen Gnaden stand. starb 1683.

Hooch, von diesem hat man Obststücke mit Insekten, Schnecken ꝛc.

Hoog, S. van der, ein niederländischer guter Architektur= und Prospektmahler, ums Jahr 1650.

Hooghe, Peter de, ein Holländer, und Schüler Berghems, der aber nachmals nach Mezu, Mieris, Coques und Schlingelands Geschmack Conversationsstücke gemahlt hat; zwar nicht so fleißig, aber doch in Händen und Füßen dem Künstler van Dyk gleich. geb. 1643.

Hoogstad, Gerard van, ein Brüßler, großer Historienmahler, der besonders in Martyrstücken excellirt hat. geb. 1625.

Hoogstraeten, Samuel und Johann van, Dordrechter und Gebrüder. Von ersterm hat man allerhand Mahlergegenstände. 1627. † 1678. Von letzterm aber Historien mit Architektur und Prospekten nach der Natur. 1630. † 1654.

Hopfer, Wolfgang Ludwig, ein Nürnberger; man hat von ihm geistliche Mahlergedanken, auch Bataillen nach Lembke, und Portraits. 1648. † 1698.

Hopfer, Bartholomäus, ein Historien= und Bildnißmahler zu Augsburg. Lebte ums Jahr 1650.

Ho=

Horemans, Johann, mahlte vortreflich häusliche und ländliche Conversationsstücke, welche wegen ihrer anpassenden Composition geliebt werden; sein Colorit ist blaß, und sein Pinsel weich und zart. 1685. Er lebte noch 1755. Sein Sohn, Peter, gebohren 1714. ist auch im gleichen Mahlerfach bekannt; er mahlte zwar auch Früchten, Kuchel- und Architekturstücke. Von Johann Horemans hat man allerhand Mahlergedanken, als Werkstätte von Schustern, Kinderschulen, Wechselstuben, Kinderzimmer ꝛc. alles aber auf Leinwat gemahlt.

Houasse, Renat Anton, ein Mahler von Paris, und Schüler Karl le Bruns; er war ein sehr guter Historien- und Landschaftmahler. starb 1710. im 65sten Jahre seines Alters.

Höye, Nikolaus van, ein Antwerpner, war kaiserlicher Hofmahler zu Wien. Mahlte im Großen herrliche Soldaten Beschäftigungen, Scharmützel und Feldschlachten. starb ums Jahr 1710.

Huber, Thomas, zu Rheinfels gebohren, mahlte meistens zu Berlin Blumen, Landschaften, Thiere und historische Stücke, auch öfters Portraits. geb. 1770.

Huet, Christoph, mahlte ums Jahr 1750. schöne Landschaften, Thiere, Vögel. ꝛc.

Hugtenburg, Johann van, ein Harlemer, sehr berühmter Künstler, und Schüler von van der Meulen. Er arbeitete Schlachten, und was zum Krieg gehört; sein Pinsel ist feurig, mit solchem Ausdruck der Leidenschaften, und mit so viel Natur, daß seine Gemählde denen des Philipp Wouwermanns fast nichts nachgeben. 1646. † 1733. Sein Bruder, Jakob, Berghems Schüler, ist auch bekannt.

Hulsdonck, von, von diesem hat man Obst und schöne Weintrauben, Schüsseln von blauen Porcellain, auch Blumen.

Hulsmann, siehe Holzmann.

Hulst,

Hulſt, **Peter van der**, genannt Zonebloem, mahl=
te ſehr ſchön Blumen mit Inſekten und Landſchaften; in
ſeinen Gemählden findet man meiſtens eine Sonnenblume.
geb. 1652.

Huſtin, **Karl**, gebohren zu Paris 1715, in der
neuen katholiſchen Kirche zu Dresden ſieht man ein Altar=
blatt, und in der Kapelle einen Plafond von ihm, welche
beede Stücke ein großes Talent in der Mahlerkunſt verra=
then. Er ſtarb als Profeſſor und Direktor der daſelbſt er=
richteten Mahlerakademie 1776.

Huysmann, **Cornelius**, ein Antwerpner, berühm=
ter Landſchaft= und Viehſtückmahler; ſeine Werke ſind voll
Natur und Leben, öfters mit hohen Bäumen und Bergen,
ſchönen Heerden, oder mit badenden Figuren verziert. Er
ſtarb 1727. Es giebt noch mehrere unter dieſem Namen
berühmte Künſtler, einen Jakob und Nikolaus. Ja=
kob war ein großer Hiſtorien und Bildnißmahler, und
Schüler Rubens. Nikolaus mahlte Landſchaften mit
geiſtreich gezierten Bildern und Thieren. Jak. ſtarb 1696
40 Jahre alt. Nikol. war geb. 1656.

Die Werke der **Huysmann** zeichnen ſich darinn ſtark
aus, daß dieſe Künſtler ſehr hohe Bäume und viel Berge
in ihren Landſchaften angebracht haben.

Huysum, **Johann van**, ein Amſterdamer, mahl=
te unvergleichliche Landſchaften, Blumen= und Früchtenſtü=
cke, worauf der Thau zum überraſchen natürlich iſt. Sei=
ne künſtlichen Werke werden ſehr geſucht, und wohl be=
zahlt. geb. 1682. geſtorb. 1749. Von ſeinen drey Brü=
dern war Nikolaus ſein Schüler, und brachte es auch in
dieſer Kunſt ſehr hoch. Juſtus war in Feldſchlachten be=
rühmt, und Jakob kopirte ſeines Bruders Gemählde ſehr
wohl. Der Vater dieſer vier Brüder, Juſtus, lernte bey
Berghem, und mahlte Hiſtorien, Bildniſſe, Feldſchlachten,
Seeſtücke, aber vornehmlich Blumen. ſtarb 1716.

Obiger

Obiger **Johann von Huysum**, war eigentlich der berühmteste Blumenmahler, und hat unter andern Körbe mit Blumen auf steinernen Tischen, desgleichen Blumensträuche in zierlichen Vasen meisterhaft vorgestellt, wo hie und da Insekten, fliehende und kriechende Thiere, als Eydexen angebracht sind. Seine vortrefliche Gemählde sind alle in die Höhe geformt.

Hyhn, von diesem hat man schöne Thierstücke, Hunde, Raubvögel ꝛc.

J.

Jacobs, Georg, ein großer Künstler in Jagd- Thier- und Historienstücken, als welch letztere er in seinen ältern Jahren mahlte. Lebte im 17ten Jahrhundert.

Jacobsen, mahlte Musik Conversationen.

Man hat auch Nachricht von einem **Dirck Jacobs**, einem Amsterdamer, der Portraits und Figuren mit besondern Einfällen gemahlt hat. starb 1567.

Jager, Gerard de, ein Dortrechter, mahlte Seestücke ums Jahr 1650.

Jameson, Georg, der schottländische **Vandyk** genannt, mahlte unvergleichliche Portraits, Historien und Landschaften.

Janneck, Franz Christoph, zu Gräz 1703. gebohren, ein Künstler neuerer Zeiten, von dem man überaus wohl zusammengesetzte Historien und Conversationsstücke mit angebrachten Portraits und vielen Figuren, welche fein und hoch colorit gekleidet sind, hat; seine Werke sind künstlich, und werden hoch bezahlt. Er mahlte gern auf Holz im Kleinen, in die Breite geformt.

Janet, siehe **Clouet**.

Jansens, Abraham, mahlte unvergleichlich, zu Zeiten Rubens, im großen Geschmack des Helldunkeln; sein Eifer hat aber zu zeitig, zum Bedauern nachgelassen.

An

An seinen Gemählden, worunter Jagd= und Thierstücke sind, findet man gar nichts auszusetzen. Jansens war unstreitig ein großer Künstler, sein Pinsel hat viel Aehnlichkeit mit jenem von Rubens. — Man hat von ihm herrliche Werke aus der Göttergeschichte, mit vielen Kindern und Genien, sodann Jagden, wo sich Standespersonen auf der Jagd divertiren, ferner solche gefährliche Jagdstücke, wo sich Barbaren mit Tigern, Löwen ꝛc. herum raufen. Alles im Großen auf Leinwat gemahlt.

Jansens, **Viktor Honoratus**, ein Brüßler, dessen kleine Conversationsstücke, im Geschmack des Albani, ungemein geachtet sind; sein Pinsel ist fein, fleißig, sein Colorit und Zeichnung gut, schöne Architektur und Hintergründe, überhaupt vollkommen meisterhaft. 1664. starb 1739.

Jardin, **Carl du**, genannt **Bocksbart**, von Amsterdam, ein Schüler P. Potters und Nikl. Berghems. Er war ein vortreflicher Künstler, der in seinen Gemählden römische Märkte, Quacksalberbühnen, Plünderungen, Räubereyen, und allerley Thiere vorstellte. Seine Zeichnung ist von gutem Geschmack, richtig und geistreich, seine Composition sind ausgesucht, und sein Colorit ist hell und angenehm. starb 1678. im 43sten Jahre seines Alters.

Ingegno, siehe **Luigi**.

Jollain, **N. N.**, ein Historien= und Landschaftmahler zu Paris, ums Jahr 1750.

Jordaens, **Jakob**, ein Antwerpner, mahlte mit Feuer, Lebhaftigkeit und starkem Ausdruck im Großem; seiner Kunst fehlen aber die edlen Karakters, die richtige Zeichnung, und das Erhabene, welches Rubens seinen Figuren zu geben gewußt hat. Man hat von ihm Conversationen, Nachtstücke, und allerhand lustige Mahlergegenstände, auch Götter Historien. 1594. † 1678.

Jor=

Jordaens, Johann, ist auch wegen seinen histori=
schen Gemählden, nach Rothenhammers Manier, berühmt.
geb. 1616.

Von diesem hat man auch ganze Mahlerey und Natu=
ralienkabinette gemahlt, und vortreflich bearbeitet.

Josepin, siehe Cesari.

Jove, Jakob de la, ein Pariser, mahlte künstlich
Perspektivstücke. 1721. † 1761.

Jouvenet, Johann, zu Rouen gebohren, einer
der allerbesten französischen Mahler, ein glückliches Mah=
lergenie, welches sich selbst, ohne Rom zu sehen, gebildet
hat. Er zeichnete leicht, richtig und fleißig, alles nach
dem Leben; das Feinste pflegte er zu beobachten, und aus=
zuarbeiten; seine Manier ist stolz, kräftig, und ausdrück=
lich, Schatten und Licht sind sehr scharf, und die dunkeln
Stellen so kräftig, deß neben der schönen natürlichen Stel=
lung seiner Figuren, die Hände und Füße aus dem Ge=
mählde zu stehen scheinen, jede scheint zu sagen und zu
empfinden, was der Meister anbringen wollte; das schöne
Helldunkle hat sein sonst natürliches, ins gelbe fallendes
Colorit ersetzt. Jouvenet mahlte sehr wenig Stafleyge=
mählde, aber sehr schöne Portraits, an seinen Gewändern
gebraucht er wenig Verzierungen, sie sind einfach, aber
doch edel, und schön geworfen. Vom Schlag gerührt, und
an der rechten Hand gelähmt, arbeitete Jouvenet noch
einige Jahre mit der lmken. 1644. † 1717.

Iriate, Ignatius de, ein Spanier, und großer
Landschaftmahler, der in seinen Werken besondere Einfälle
angebracht, und sich darin von andern Mahlern ausge=
zeichnet hat. 1635. † 1685.

Isaac, Petrus, mahlte zu Amsterdam Historien
und Portraits, besonders aber den Atlas und andere Stoffe
mit großer Natur. geb. 1569.

Ivanez, Johann Baptist, ein spanischer großer
Künstler, der lauter geistliche Historien arbeitete, und da=
rinn

rinn dem Raphael und Morales gleich kam; sein Colorit
hält man aber noch beſſer, als jenes von Raphael. 1540.
✝ 1569.

Julius romanus, oder Julius pipi, ein Ro=
mäner, und großer Künſtler, der beſte Schüler von Ra=
phael; ſein Pinſel iſt feuriger und lebhafter, als jener
ſeines Lehrmeiſters, ſeine Zeichnung iſt zwar gezwungen,
doch richtig, die Anordnung in ſeinen Werken iſt groß und
dichteriſch, ſein Geſchmack hart und unfreundlich, weil er
die ſchöne Natur in ſeinen Werken verabſäumt; ſein Fleiſch
iſt ziegelfärbig, und ſeine Schatten ſtark, ganz dunkel und
ſchwarz. 1492. ✝ 1546. Man hat von ihm ſchöne
Landſchaften, worinn die heilige Mutter ſich mit dem Je=
ſus Kind und ſonſtigen Heiligen unterhält. Man hat fer=
ner von ſeiner Hand herrliche Stücke aus Göttergedichten,
auch ſchöne Architekturſtücke mit römiſchen Wettrennen.

Juncker, Juſtus, ein Mainzer, und vortreflicher
Mahler luſtiger Gegenſtände und Converſationsſtücke; man
hat auch Kuchel= und Obſtſtücke von ihm. gebohren 1703.
✝ 1767. zu Frankfurt.

Juvenel, Nikolaus, aus Flandern gebürtig, ar=
beitete zu Nürnberg allerhand Perſpektivſtücke, Kirchen und
ſonſtige Tempel. ✝ 1597.

Juvenel, Paulus, ſein Sohn, arbeitete in ſelbi=
gem Mahlerfach. 1579. ✝ 1643.

K.

Kabel, Adrian, van der, ein Ryßwicker, und be=
rühmter Mahler, nur Schade, daß ſeine Gemählde we=
gen den ſchlechten Farben, die er gebrauchte, ſchwarz wer=
den. Er mahlte im italieniſchen Geſchmack, ſeine Figu=
ren ſind gut gezeichnet; ſeine Landſchaften, wo er zuwei=
len ſchönes Vieh angebracht, haben guten Baumſchlag,
und

und sind gearbeitet nach der Manier des Salvator Rosa. 1631. † 1695.

Kager, Mathias, aus München, ein großer Künstler, und wohl einer der besten Historienmahler seiner Zeit. Sein Pinsel ist warm, sein Colorit angenehm und kräftig, und ungemein meisterhaft die Austheilung der Partheyen oder Grouppen in seinen großen Gemählden; geb. 1566. † 1634. zu Augsburg als Bürgermeister. Seine Werke sind biblisch oder, sonst historisch.

Kalf, Wilhelm, ein Amsterdamer, mahlte vortreflich Obst= und Kuchelstücke, auch silberne, goldene, und andere Geschirre von Perlenmutter. starb 1693.

Kalraat, Abraham van, ein Dortrechter, mahlte angenehme Blumen, und Früchtenstücke; sein Colorit ist sehr frisch. geb. 1643.

Kalraat, Bernhard van, ein Schüler des Albert Kuyp, arbeitete nach der Natur angenehme Landschaften und Gegenden des Rheinufers mit sehr schönen Figuren und Thieren. geb. 1650.

Kamphuizen, Theodor, man hat von ihm kleine wohlgearbeitete Landschaften mit Ruinen, Ställen, Pferden und Hornvieh. geb. 1586.

Kappers, Anton, ein Schüler von Matthäus Terwesten, war sehr geschickt im Historienmahlen. starb 1762. 55 Jahre alt.

Karg, Georg, mahlte zu Augsburg ums Jahr 1612 Portraits.

Kaufman, Maria Angelika, gebohren zu Chur in Graubünten ums Jahr 1742. Mit ihrem Vater, einem mittelmäßigen Bildnißmahler, gieng sie nach Constanz. Sie mahlte anfangs Bildnisse, welche in der Aehnlichkeit, Ausführung, Colorit und schöner Erfindung in Stellungen den Werken großer Meister an die Seite gesetzt werden können. Hernach begab sie sich auf das Historienmahlen, in welchem Fach sie vortrefliche Werke geliefert hat. Ihre

Com=

Compositionen sind sehr poetisch, und voll Geist, ihr Colorit harmonisch, sanft, kräftig, und nach dem besten Geschmack; seit 1765. lebte sie in England. Gegenwärtig ist sie in Neapel.

Kauw, Gabriel, ein Berner, mahlte herrliche Landschaften mit historischen Gegenständen zu Anfang des 17ten Jahrhunderts.

Kay, Wilhelm, ein berühmter Mahler von Breda. Er arbeitete im Geschmack des Franz Floris, zwar nicht mit dem Feuer und Stärke, aber mit mehr Lieblichkeit, und mit markigtem Pinsel. † 1568. Man hat auch von seiner Hand schöne Portraits.

Kaynot, Johann, ein guter Landschaftmahler von Mecheln, arbeitete in der Manier des Joachim Patenier, ums Jahr 1540.

Kegel, aus Flandern gebürtig, arbeitete zu Wien in der Manier des Johann Griffier perspektivische Landschaften, welche von der Höhe gezeichnet worden. Ums Jahr 1700. bis 1740.

Keill, oder Keilhau, Bernhard, ein Däne, und Schüler von Paul Rembrand; er arbeitete zu Rom lächerliche Handlungen der Bauern, und mit großer Kunst und Natur auch Historienstücke. 1624. † 1687.

Kellner, von diesem hat man künstliche historische Basreliefs.

Kempen, van, mahlte Landschaften in Glaubers und Moucherons Geschmack.

Kessel, ein Antwerpner von Geburt. Es giebt vier sehr vornehme Mahler dieses Namens; sie arbeiteten in der Mitte, und zu Ende des 17ten Jahrhunderts.

Ferdinand mahlte Thiere, Vögel, Fische, gläserne Gefäße mit Blumen, sodann Früchtenstücke.

Johann, wie der vorige, aber auch noch Insekten und Pflanzen.

Johann

Johann der jüngere, ein Sohn des vorigen, mahlte Portraits, Landschaften, Früchten, Blumen, auch Historien.

Ferdinands Bruders Sohn, aber lustige Bauern Conversationen, nach Teniers, Brouwer und Ostade. Ihre Werke sind köstlich, fleißig gearbeitet, und natürlich colorirt. Unter diesen Künstlern excellirte Ferdinand in Blumenbüschen, die in Gläsern stehen, auch in kleinen Geflügelstücken auf Kupfer. Johann aber in lustigen Conversationsstücken, als Affen, die Taback rauchen, oder sich den Bart butzen ꝛc. im Kleinen auf Kupfer gemahlt.

Kien, Johann, man hat von seiner Hand Schlachten zwischen Christen und Türken. geb. ums Jahr 1700.

Kierens, mahlte vortrefliche Landschaften mit Wasserfällen und Felsen.

Kierings, Alexander, ein Schüler des Johann Miel, mahlte unvergleichliche Landschaften, welche zwar etwas einförmig ausfallen, aber überaus schönen Baumschlag haben, die Art der Bäume sogar ist durch die Verschiedenheit der Blätter und des Holzes deutlich und fleißig angezeigt, ums Jahr 1636. Cornelius Polemburg stafirte seine Werke.

Kik, Cornelius van, ein Amsterdamer, vornehmer Blumenmahler, besonders ein Meister in Tulpen, Hyacinthen ꝛc. geb. 1635. † 1675.

Klas, mahlte Landschaften nach Salvator Rosa.

Klengel, J. E., ein sächsischer Landschaftmahler, in seinen Gemählden ist sehr schönes Vieh befindlich. Ein fleißiger Schüler und Nachahmer des berühmten E. W. E. Dietrich.

Klerck, Heinrich de, ein Schüler von Martin de Vos; seine Gemählde prangen vor vielen andern mit einer verständigen Composition. Klerck stafirte auch mit schönen Figuren und reizenden Nymphen die Landschaften des Joh. Breughels; sein Pinsel ist zart, und seine Fleischfarben ungemein schön. Er arbeitete ums Jahr 1600.

Klöck.

Klöckner, David, ein Hamburger, arbeitete sehr geschickt Thierstücke, und Portraits. 1629. † 1699.

Knäppich, Johann Georg, ein guter Historien mahler von Augsburg. 1637. † 1704.

Kneller, Gottfried, ein Lübecker, künstelte in England vortrefliche Portraits. Rembrand war sein Lehrmeister. In seinen Hintergründen finden sich schöne Landschaften, und baukünstliche Verzierungen; meistens pflegte er nur das Gesicht und die Hände zu mahlen, das übrige seine Schüler. 1648. † 1723. Man hat im Kleinen auf Holz von seiner Hand Portraits, in welchen die Person in einer Hand Blumen hält, vornehme Damen in spanischer Tracht.

Knibbergen, ein Holländer, und guter Landschaftmahler; er mahlte sehr geschwind. Seine Werke fallen sehr ins Graue, und scheinen zu einförmig. Lebte ums Jahr 1630.

Knoller, Martin, ein Tyroler, war ums Jahr 1775. einer der vornehmsten deutschen Historienmahler, und lebte am Hof zu Mailand. Man sieht von seinen Arbeiten zu München und in dem Reichskloster Neresheim in Schwaben. Seine Heiligen sind mit besonderer Stärke gemahlt; man hat auch von seiner Hand Landschaften mit kurz gestutzten dicken Bäumen im Vorgrund, aber sie sind selten.

Knupffer, Nikolaus, ein Leipziger Künstler, von dem man Portraits, Bataillen, Historien und Bachusfeste hat. Seine Manier ist leicht und angenehm, sein Colorit stark und wohl gemischt. geb. 1603.

Kobell, Ferdinand, churpfälzischer Hofmahler ums Jahr 1770. zu Manheim, arbeitete in Berghems Manier vortrefliche Landschaften und kleine Figuren; man hat auch von ihm sehr schöne Mondenschein, Sonnenauf- und Niedergang, und wässerigte Gegenden, Regenwetter, Stürme rc.

H   Koeck,

Koeck, Petrus, arbeitete vortrefliche geistliche Gemählde, auch Cabinetstücke. † 1553. Sein Sohn Paulus, mahlte sehr zierlich und reinlich Blumensträuße in gläsernen Gefäßen.

Koedyck, man hat von ihm sehr wohl gemahlte Cabinetstücke ländlicher und bürgerlicher Handlungen. Lebte ums Jahr 1660.

Koella, ein Schweitzer, gebohren 1740, mahlte meisterlich, meistens Stücke aus dem ländlichen Leben. Sein Pinsel ist zart, das Colorit warm, die Zeichnung richtig und überaus schön belichtet. Koella copirte viel und sehr gut nach alten Meistern.

Koene, Isaak, ein holländischer Landschaftmahler, gebohren ums Jahr 1650.

König, Johann, ein Augsburger; man hat von seiner Hand schöne Historienstücke, auch allegorische Werke mit vielen Kindern.

Von Jakob König hat man Still-Lebengemählde mit Obst, Zuckerwerk 2c.

Koler, von diesem Künstler hat man nach der Natur schönes Federvieh, Auerhahnen, welsche Hahnen 2c. mit 1730 u. 1739. bezeichnet, die Thiere und Federn sind herrlich gerathen, aber die Nebendinge, gar nicht.

Koning, David de, ein Antwerpner, geschickter Mahler in lebendigen und todten Thieren, auch in Geflügelwerk; man glaubt, er sey Johann Fyts Schüler gewesen: denn er mahlte in dessen Manier; sein Colorit ist kräftig und natürlich. Meistens finden sich in seinen Werken Caninchen. Lebte um 1650. und starb in Rom um 1684. oder 86. Die Art seiner Thierstücke ist, daß er zwey Enten, Schnepfen oder Rebhühner an den Stamm eines Baums gelehnt abgemahlt hat.

Kraer, ein Regensburger, vortreflicher Landschaftmahler, unter andern mahlte er ein sehr schönes Vieh. Seine Arbeit und Colorit ist verschieden, weil er in seinem

Mahler-

Mahlergeſchmack oft geåndert hat. ſtarb ums Jahr 1772. Man hat auch von ihm andere Mahlergegenſtånde; zuweilen ſtafirte er die Landſchaften von Peter Bemmel. Ein anderer Kraer mahlte Landſchaften zu Wien, in Fergs und Brands Geſchmack.

Kranach, ſiehe **Cranach.**

Kraus, Franz, in Anſehung der Kunſt iſt Augsburg ſeine Vaterſtadt; er wurde aber in einem Dorfe nahe bey Ulm gebohren; in Venedig beſuchte er die Schule des Piazetta, und wurde ein großer Meiſter in der Mahlerkunſt. Hånde und Fůße zeichnete er beſonders gut. Sein Colorit iſt ſtark, ſein Pinſel leicht, und ſeine Züge feſt, und zuweilen glånzend; nur bediente er ſich einer gelblichten Farbe zu viel, daher zu befürchten, daß ſeine Mahlereyen nicht lange halten. Er ſtarb 1755. in 50ſten Jahre ſeines Alters.

Kraus, Georg Melchior, ein Frankfurter, und Schüler von J. H. Tiſchbein. Er mahlte gute kleine Converſationsſtůcke. geb. 1727.

Kraus, E. A., ein Dresdner, arbeitete zu Paris meiſtens Bamboſchaden. † 1765.

Krayf, Jakob, ein Harlemer Kůnſtler in Architekturſtůcken und Seeporten, welche er mit kleinen artigen Figuren ſtafirt hat, ums Jahr 1670.

Kupetzky, Johann, aus Ungarn gebürtig, ein vortreflicher Portraitmahler; ſeine Werke ſind friſch und lebhaft gearbeitet, auch in månnlichem Colorit. Man hat übrigens noch andere Mahlergegenſtånde von ſeiner Hand, darinnen findet ſich die Stårke von Rubens, das Zarte von van Dyck, und das ſchöne Licht und Schatten von Rembrand. geb. 1667. geſt. 1740. in Nůrnberg.

Kuyp, Albert, ein Dortrechter, welcher in ſehr g lorit allerhand luſtige låndliche Unterhaltungen vorſtellte; auch in ſeinen Werken mit vieler Natur, Seeproſpekten, Thiere, Gebåude, ja die Tågszeit vernünftig anges

angebracht·hat.. 1606. geb. Man hat zum Beyspiel von
seiner Hand Gemählde mit Kühen, so im Gras ruhen, da=
durch die Mittagszeit anzudeuten.

L.

Laar, Peter van, genannt Bamboccio, ein sehr vor=
nehmer Mahler; See= Jagd= Pferd= und Viehstücke, Räu=
berbanden, Hirten, Säufer, und Marktplätze, Carneval
und Masqueraden waren seine Beschäftigung; er mahlte al=
les mit Lieblichkeit und Wahrheit. Sein Colorit ist hell
und angenehm; die stäte Abwechslung in seinen Werken,
und die schöne Luft in seinen Landschaften ist besonders ge=
fällig. Man·hat von ihm geistliche und allegorische Ge=
mählde. 1613. † 1675. Sein Bruder Roland, mahl=
te im gleichen Geschmack. geb. 1610. Von dem obigen
Peter van Laar hat man gar verschiedene Mahlergedan=
ken durch einander, Fastnachtsstücke und Charwochenstücke,
wo sich fromme Personen geißeln, italienische Jahrmäkte,
Landschaften mit starken Ruinen, und Bauerntänze ꝛc. auf
Leinwat, auch auf Holz gemählt.

Labrador, Johann, ein spanischer, sehr berühm=
ter Mahler, in Blumen, Früchten und Buschbäumen.
Man hat auch von ihm Schenkhäuser, Geschirre, und an=
dere leblose Gegenstände. starb 1600.

Laen, Peter van der, von dessen Hand hat man
vortrefliche Conversationen, auch Figuren in spanischer
Tracht.

Laenen, Christoph Jakob van der, ein Antwerp=
ner, sehr geistreicher Mahler, auch lustiger Conversatio=
nen. Er lebte ums Jahr 1620.

Laire, Sigmund, aus Baiern gebürtig, mahlte
geistliche Bilder und Historien auf allerhand Steine. starb
zu Rom um 1640. im 86sten Jahre seines Alters.

Lai

Lairesse, Gerard, ein Lütticher und sehr berühmter Künstler; er zeichnete frey nach römischen Geschmack mit erhabenen Gedanken. Seine Figuren sind zwar etwas kurz; in seinen Hintergründen findet man aber köstliche Architekturarbeit. Er mahlte meistens Allegorien und Fabeln. 1640. † 1711. Seine Söhne, Abraham und Joh., sind nicht so sehr bekannt. Unter seinen drey Brüdern mahlten Ernst und Johann Thiere, Jakobus aber Blumen. Von obigen Gerard Lairesse hat man besonders herrliche Allegorien auf die Kindererziehung.

Lama, Joh. Baptist, ein Neapolitaner, großer Mahler in Historien, Fabeln und Poesien. Sein Pinsel ist zart, und zierlich seine Zeichnung. 1670. † 1740.

Lambert, Georg, war in London ein geschickter Landschaftmahler, ums Jahr 1720. Ein anderer Lambert, mahlte auch Landschaften allda, ums Jahr 1770.

Lancret, Nikolaus, ein französischer Mahler, der mit reinen Farben sehr fleißig und warm mahlte; seine Zeichnung ist richtig, er arbeitete im Geschmack von Watteau. 1690. † 1745. in Paris.

Lane, Salomon de, eigentlich Delane, aus Edinburg gebürtig, gebohren 1727. einer der größten Landschaftmahler, der es noch dazu ganz durch sich selbst ohne alle Anleitung geworden ist. Er machte verschiedene Reisen nach Frankreich und Italien, wo er die reizendsten Aussichten aufgenommen, und sie mit schöpfrischer Kraft auf Leinwat dargestellt hat; 1780. hielt er sich mit Lord Beauklerk zu Wöllenburg, nahe bey Augsburg auf, wo seine Gemählde von Kennern bewundert wurden. Sein Pinsel ist voll Kraft und Feuer, seine Perspektiv vortreflich, und die Luft sehr angenehm. Er versteht vollkommen die Kunst, die Natur in ihrem Glanze vorzustellen.

Lanfranco, Johann, ein Parmesaner, und berühmter Frescomahler; sonsten arbeitete er im Geschmack des Merigi in kecker Manier und starkem Schatten. In

H 3　　　　　　　　　　seinen

seinen historischen Gemählden findet man schöne gewählte Grouppen und leichte Gewänder. Lanfranco war übrigens ein Meister in Verkürzungen. 1581. † 1647. zu Rom.

Langer peer, siehe Aertsens.

Langian, siehe Bockhorst.

Lankrink, Heinrich Prosper, ein Landschaftmahler von Antwerpen. Seine Werke sind von vortreflicher Composition mit schönem Colorit und guter Harmonie begleitet, die Lüfte sind zugleich ungemein schön. Seine Aussichten sind meistens rauhe wilde Gegenden mit gebrochenen Gründen, sie haben ein starkes Licht, und das ganze ist voll Wärme. starb 1692. im 64sten Jahr seines Alters.

Lanse, Michael, von diesem französischen Mahler hat man schöne Blumenstücke, auch Landschaften. 1613. † 1661.

Lantara, arbeitete zu Paris Landschaften, welche wegen der fleißigen Ausarbeitung und schönen Beleuchtung sehr beliebt sind, ums Jahr 1770.

Lanzani, Polydor, mahlte herrliche Landschaften mit Frauenbildern, heilige Familienstücke mit Kindern oder Heiligen begleitet. Lebte ums Jahr 1560. zu Venedig.

Lanzano, Andreas, ein Mailänder, großer Historienmahler; seine Färbung ist stark, und seine Gewänder sehr prächtig. † 1712.

Largilliere, Nikolaus de, ein Pariser, und großes Mahlergenie, dessen Pinsel frisch, die Zeichnung richtig, seine Gewänder schön geworfen, Hände und Füße vortreflich sind. Seine Farben sind stark und glüend; auch wußte er die seidene Stoffe in größter Vollkommenheit nachzuahmen. 1656. † 1746.

Laroon, Marcel, ein Haager, mahlte sehr schmackhafte Conversationsstücke. † 1705. 52 Jahre alt.

Later,

Later, van de, mahlte schöne Landschaften und Märkte mit einer Menge Figuren.

Laub, Tobias, ein geschickter Portraitmahler zu Augsburg, ums Jahr 1740. geb. 1685. gest. 1761.

Lauch, C., mahlte Portraits, und allerhand leblose Gegenstände mit einem zarten und kräftigen Colorit, ums Jahr 1680; eine seiner Schwestern aber mit großer Natur Winterstücke.

Lauri, Philipp, ein Romaner, dessen kleine Gemählde besonders artig sind; seine Landschaften sind frisch, mit leicht gemahlten Hintergründen, und von angenehmen Geschmack. Sein Colorit ist bald zu stark, bald zu schwach. 1623. † 1694. Es giebt noch mehrere berühmte Mahler dieses Namens.

Lauterer, ein berühmter Landschaftmahler, im Geschmack des Nikolaus Berghem; sein Vieh ist sehr schön. Ums Jahr 1700. geb. † 1733. in Wien.

Leck, Anton, mahlte Musikalien und Teppichstücke.

Leckerbetjen, Vinzentius, ein Antwerpner, großer Mahler in Landschaften und Feldschlachten, ums Jahr 1650.

Lederer, drey Gebrüder in Augsburg, mahlten unter andern sehr künstlich mit Oelfarben auf Glas allerhand Gegenstände. Ihre Werke werden häufig in auswärtige Reiche verlangt und verschickt.

Leeuw, Gabriel und Peter van der, von Geburt Dortrechter; Ersterer mahlte in der Manier des Castiglione und Roos, vortrefliche Landschaften, mit Schafen und Hornvieh angefüllt. 1643. † 1688. Letzterer aber arbeitete seine Figuren und Thiere nach Adrian van der Velde. Sein Colorit ist goldfärbig, und sein Pinsel zart und leicht.

Legi, Jakob, aus Flandern gebürtig, mahlte meisterhaft Früchten, Blumen, und Thierstücke in einer sehr angenehmen und zierlichen Manier, ums Jahr 1650.

Leich=

Leichner, Johann Theodor, ein Erfurter, und berühmter Portraitmahler. † 1769. Sein Sohn, Heinrich, war auch ein geschickter Mahler, starb aber vor seinem Vater. Man hat von ihnen saufende Bauern.

Leir, ein vornehmer Portraitmahler, arbeitete und lernte bey van Dyck.

Lele, Abraham, mahlte vortreflich ovidische Stücke zu Anfang des 16ten Jahrhunderts.

Lely, Pet., von Geburt ein Deutscher, war aber sehr berühmt zu Cronwellszeiten in England, besonders im Portraitmahlen. geb. 1618. gest. 1680.

Lembke, Johann Philipp, ein Nürnberger, sehr berühmter Bataillenmahler 1631. † 1713. Er arbeitete in der lebhaften Manier des Jakob Bourguignon. In seinen schönen Werken war fast immer ein sehr schön gearbeiteter Schimmel, Fuchs oder Rappe als die Hauptfigur bemerkt.

Lemens, Balthasar van, ein Antwerpner, sehr geschickter Historienmahler; seine Figuren sind besonders zierlich. starb 1704. im 67sten Jahr.

Lens, Andreas, ein Antwerpner und Direktor der Akademie. Man hat von seiner Hand sehr schöne Bildnisse und vortrefliche Landschaften mit poetischen Gedichten. geb. 1739.

Leonello, Anton, ein alter vornehmer Künstler in Blumen, Früchten, Thieren und Portraits, ums Jahr 1490.

Lermans, Peter, ein Schüler des ältern Franz Mieris; er mahlte lustige Conversationen, aber seine Köpfe nicht so schön und zierlich, als sein Lehrmeister. Lebte 1677.

Levo, Dominikus, ein Veroneser, berühmter Blumenmahler, ums Jahr 1718.

Leusing, Johann, mahlte ums Jahr 1690. Fruchtstücke.

Leur,

Leur, Franz, war Hofmahler in Wien. Man hat von ihm allegorische Stücke, als die fünf Sinne, und die Welteitelkeit. geb. 1640.

Leychart, man hat von diesem im Kleinem sehr natürlich gearbeitetes Kupfer, und Kuchelgeschirre mit etwas Gemüswerk.

Leyden, Lukas, von Leiden, mahlte in Oel, in Wasser und auf Glas; sein Colorit ist gut, sein Pinsel leicht, seine Figuren haben gute Stellung, seine Gewänder nach damaliger Manier, steife Fallen, und seine Werke sind sehr fleißig ausgearbeitet. 1494. † 1533. Man hat von ihm Portraits, Mutter Gottes und Heiligen Bilder, und alte Hausaltärgen, alles auf Holz gemahlt.

Leykmau, Johann, aus Franken, ein Schüler von Martin Schön. Man hat von seiner Hand altmodische Hausaltärgen. geb. 1440.

Liberi, Peter, ein Paduaner, und berühmter Künstler in Fabeln und hieroglyphischen Figuren. 1600. starb 1677.

Liberti, von ihm hat man Kinder, die mit Blumen spielen.

Liegeois, mahlte in der Mitte dieses Jahrhunderts zu Paris schöne Landschaften und Seestücke.

Ligozio, Barthol., ein Veroneser, berühmter Blumenmahler ums Jahr 1620. zu Florenz, wo er im 25sten Jahr seines Alters starb.

Lilienbergh, C., von diesem hat man allerhand vortreflich gemahltes Geflügelwerk. Er arbeitete ums Jahr 1750. Man hat auch im Großen Stücke von seiner Hand, wo zum Beyspiel ein weiser Pfau nach der Natur vorgestellt wird.

Limborch, Heinrich van, ein Mahler im Haag; er besaß eine gründliche Kenntniß seiner Kunst, mahlte vortrefliche Bildnisse und Landschaften nach van der Werf, den er aber übertraf. † 1758. im 78sten Jahr. s. A.

H 5

Lin,

Lin, **Hans van**, ein Holländer, mahlte Feldschlach=
ten und vortrefliche Pferde ums Jahr 1667.

Linder, kaiserl. Pensionist in Rom, hat den Alexan=
der und Hephästion gemalht, wie sie zur Pythia kommen,
und sie zwingen, das Orakel um ihr Schicksal zu fragen.

Lingelbach, Johann, ein Frankfurter, und be=
rühmter Mahler, er arbeitete feine kleine Landschaften mit
Ruinen, Thieren und Triumphbögen. Seine Figuren sind
sehr artig, sein Pinsel leicht, sein Colorit gut, sein Him=
mel ist in der Entfernung hellblau, und die Wolken hellicht.
geb. 1625. † 1687. Man hat schöne italienische See=
häfen, auch schöne Jagdstücke von ihm.

Lint, **Peter van**, ein Antwerpner, mahlte in gro=
ßem Geschmack geistliche Historien und Bildnisse, gebohren
1609.

Lione, **Andreas de**, ein Neapolitaner von Geburt,
man hat von ihm schöne Feldschlachten im Großen, sodann
Landschaften und perspektivische Gemählde. 1596. starb
1675.

Liotard, **Joh. Stephan**, aus Genf, ein vortref=
licher Miniaturmahler, dessen Portraits ausserordentlich ge=
sucht und geschätzt werden. geb. 1702. er lebte noch 1776.
Man hat auch Portraits in Pastelfarben von seiner Hand.

Lippi, **Philipp**, ein Florentiner, und Künstler in
leblosen Mahlergegenständen, als in allerhand Gefäßen,
Helmen, Fahnen und Gewehren, die er in seinen Werken
sehr wohl anzubringen wußte, wobey er das Costum im=
mer genau beobachtete. 1429. † 1474. Sein Vater
gleiches Namens ist eben so berühmt. † 1469.

Lisse, **Johann van der**, ein holländischer Histo=
rien= und Landschaftmahler, ums Jahr 1700. Er war
ein vortreflicher Künstler.

Livens, **Johann**, von Leiden, geb. 1607, ein
sehr geschickter Bildniß= und Historienmahler.

Lobes, Kaspar, ein Neapolitaner, und vortreflicher Blumenmahler. † 1732.

Locatelli, ein berühmter Landschaftmahler zu Rom, der neben seiner angenehmen Färbung auch die Natur in ihrem Glanz und Schönheit vorzustellen wußte. starb ums Jahr 1741.

Lögel, von diesem hat man schöne Landschaften mit scheinender Sonne, und Abschlag ihrer Stralen, auch mit Regen ꝛc.

Löscher, Andreas, aus Sachsen gebürtig, arbeitete schöne Portraits. geb. 1693. starb zu Augsburg 1762.

Löwenstern, **Christian Ludwig Freyherr von,** zu Darmstadt gebohren, mahlte sehr gute Soldatenbeschäftigungen, Pferdstücke und Bataillen, Panduren und Türken. 1702. † 1755.

Loir, Nikolaus, ein Pariser, seine Lieblingsstücke waren weibliche Figuren und Kinder zu mahlen; er mahlte mit gleicher Geschicklichkeit Historien, Landschaften und Architekturen; sein Colorit ist leicht und schön, und seine Compositionen haben viel Geschmack. Er zeichnete gut, und war ein großes Mahlergenie. 1624. † 1679.

Lomazzo, **Joh. Paul,** mahlte nach Leonh. da Vinci Historien, Landschaften, Grotesken und Bildnisse mit großem Geschmack und Ausdruck. † 1598. im 60. Jahre seines Alters. Man hat von seiner Hand herrliche Unterhaltungen der Heiligen Familie in Landschaften.

Lombardo, **Blasius,** ein Venetianer, und Landschaftmahler, der schön colorirt und richtig gezeichnet hat; seine Manier war die niederländische. Lebte ums Jahr 1640.

Lombart, **Lambert,** siehe Suterman.

Londerseel, Ahasverus, von Amsterdam, ein vortreflicher Landschaftmahler ums Jahr 1576 bis 99.

Lou=

Londonio, Franz, ein Mailänder, und großer Künstler; er arbeitete in Berghems und Roos Geschmack schöne Landschaften und Thierstücke, besonders schöne Pferde, auch Historien, ums Jahr 1769.

Longhi, Petrus, ein Venetianer, berühmter Künstler in allerhand lustigen Conversationsstücken, Bällen, Maskeraden ꝛc. geb. 1702.; seine Figuren sind etwas kurz.

Lorenzetti, Ambrosius, brachte zuerst Wind, Regen und Stürme in Gemählden an. † 1360.

Lorme, A. de, mahlte fleißige Architekturstücke, das Innwendige der Kirchen ꝛc. blühte ums Jahr 1660.

Lorrain, Claudius oder Gelee, siehe Gelee.

Loth, Joh. Karl, ein Münchner, und Schüler des Merigi, nachmals Hofmahler in Wien, dessen Historienstücke wegen ihrem männlichen Farbenton vorzüglich geachtet werden. 1611. † 1698. Er wird gemeiniglich Carlott genannt; seine Mahlergegenstände sind biblische Geschichten, auch Götter Gedichte.

Loth, Ulrich, der Vater des vorigen, mahlte vortrefliche Historienstücke. † 1660.

Loth, Onuphrius, ein Neapolitaner Künstler in Blumen, Früchten, Fisch und Waydwerk, besonders aber in Trauben, welche er mit den Blättern sehr natürlich vorgestellt hat. † 1712.

Loto, oder Lotti, Barthol., ein Bologneser, sehr berühmter Landschaftmahler; er arbeitete im Geschmack der Caracci ums Jahr 1690.

Lotto, Laurentius, mahlte sehr schöne Landschaften mit Heiliger Familie, ums Jahr 1548.

Loutherbourg, Philipp Jakob, ein Strasburger, sehr vornehmer Künstler neuerer Zeiten; er arbeitete Feldschlachten, Landschaften, Thier= und Jagdstücke. Seine Färbung ist natürlich, die Zeichnung sehr gut, lebhaft sein Pinsel in jedem Fach seiner mahlerischen Gegenstände.

Er

Er arbeitete 1765. zu Paris in einem Alter von 26 Jahren, und lebt gegenwärtig wahrscheinlich in England.

Lubienetzky, Christoph, aus Pohlen, erlangte mit seinen wohlerfundenen und treflich componirten historischen Gemählden einen großen Ruhm. Seine Werke sind herzhaft behandelt und fleißig ausgearbeitet. geb. 1659. gest. 1729. Sein Bruder, Theodor, ein Schüler des Lairesse, wurde selbst von großen Künstlern gelobt. geb. 1653.

Lucas von Leyden, siehe Leyden.

Lucidel, Nikolaus, ein Niederländer; man hat von diesem Künstler herrliche Portraits in alter Tracht mit Pelz und Sammet gekleidet. † 1600. zu Nürnberg.

Lucker, Karl de, von diesem hat man Obst und Vögel.

Luigi, Andreas, genannt Ingegno. Man hat von der Hand dieses Künstlers geistliche Stücke, als die Beschneidung Christi ꝛc. 1470. † 1556.

Lundas, man hat von diesem Künstler Schmidtwerkstätte.

Lutti, Benedikt, ein Florentiner, und Schüler des Gabbiani, sonsten ein geschickter Mahler und schöner Colorist; sein Pinsel ist frisch, lebhaft, seine Manier zart und fein, sein Geschmack durchaus auserwählt, die Zeichnung ist zwar nicht die richtigste. 1666. † 1724. Unter andern hat man von ihm geistliche und biblische Geschichten.

Lys, Johann, ein Oldenburger, mahlte geistliche Historien, Tänze, Hochzeiten, Bauernschenken und Schlägereyen ꝛc. mit Geist, kräftigen Colorit, und mit zartem Pinsel. 1570. † 1629. Man hat auch von seiner Hand herrliche Nymphenstücke und geistliche Historien.

Ein anderer Johann van der Lys, von Breda, mahlte in der Manier des Cornelius Polemburg, schöne Landschaften mit Nymphen und Waldgötter, aber nicht so

weich

weich und zart, wie erfterer; doch fud ihre Gemählde fehr schwer zu unterfcheiden. geb. 1600.

Lyffens, Nikolaus, ein Antwerpner Hiftorienmahler, der auch Vorftellungen der Flora oder Pomona fertigte, welche er nachmals mit Blumen umfaffen ließ. 1661. † 1710.

M.

Maas, deren waren mehrere gefchickte Mahler; fie lernten und arbeiteten alle nach großen Meiftern. Arnold nach Teniers, luftige Gefellfchaften und Winter Landfchaften. Nikolaus nach Rembrand, Portraits. Theodor Pferde, Jagd= und Bataillenftücke, nach Hugtenberg und Berghem, auch Promenaden. Ein vierter Gottfried Maas war zu Antwerpen als ein guter Hiftorienmahler berühmt. Sie arbeiteten in der Mitte des 17ten Jahrhunderts.

Mabufe, Johann, Goffart genannt, zu Maubeuge gebohren, ein berühmter Künftler, der ungemein reinlich und fleißig gemahlt hat; er wird unter die Erften gezählt, die das Nackte wohl zu mahlen anfengen; auch bediente er fich fleißig der allegorifchen Figuren in feinen hiftorifchen Werken. 1500. † 1562. Unter andern hat man von ihm geiftliche oder biblifche Hiftoriengemählde, auch Mutter Gottes Stücke auf Landfchaften, im Kleinen.

Maddersteg, Michael, ein Amfterdamer von Geburt, Schüler von Backhuyfen, und ein Künftler in Seeftücken, Schiffen, und allem dazu gehörigen Schiffgeräthe. Er arbeitete in Berlin lange Zeit. 1659. † 1709.

Maeft, Herman van der, ein Delfter, berühmter Hiftorienmahler, und Schüler von Franz Floris, und Franz Frank.

Maf=

Maffey, Franz und Jakob, berühmte Mahler von Vicenza, in der Mitte des 17ten Jahrhunderts. Franz Maffey starb zu Padua 1660.

Maier, Alexander, von diesem hat man Feuersbrünste, als brennende Dörfer ꝛc. ꝛc.

Maingaud, Martin, war ein vortreflicher Portraitmahler, mahlte auch schöne Marienbilder, zu Anfang dieses Jahrhunderts.

Mair, N., von Landshut aus Baiern; man hat von diesem alten Künstler schöne Marienbilder mit andern Figuren und allerhand Hauswirthschaftssachen im Kleinen. Florirte ums Jahr 1500.

Malbez, mahlte Historien in starkem Schatten und Licht.

Malbodius, arbeitete unter andern vortrefliche Stücke aus der Götterhistorie.

Maltese, Franz, man hat von diesem Künstler Still-Lebengemählde, als Tapeten, Instrumenten, allerhand Gefäße. Er arbeitete zu Rom im 17ten Jahrhundert.

Man, Cornelius de, ein Mahler von Delft. † 1706. 85 Jahre alt. Er mahlte im historischen Fache, wobey er sich eines sehr guten Colorits bediente, und seine Figuren wohl zusammen zu setzen wußte.

Mander, Karl von, mahlte geistliche Historien und Landschaften mit vielem Feuer und Geist. geb. 1548. † 1606. Sein Sohn, Karl, ist auch berühmt, und arbeitete in Dännemark. 1665.

Mandyn, Johann, ein Harlemer, mahlte allerhand seltsame und lächerliche Gegenstände nach Hieronymus Bos Manier. geb. 1450. Zum Beyspiel seiner besondern Mahler Einfälle, mahlte er in einer seiner Heiligen Familien, daß das Jesus Kind und Johannes mit goldenen Münzen spielen. † ungefähr 1500.

Man-

Manfredi, Barthol., ein Mantuaner, und Schüler von Merigi, mahlte Zigeuner, Instrumenten und Kartenspieler, auch Soldatengesellschaften. Sein Farbenton ist treflich. geb. 1590. † 1615.

Mannlich, mahlte Thiere, Fische, Früchten in besonderm Geschmack.

Manlich, Conrad, war auch ein guter Historienmahler zu Augsburg, und arbeitete ums Jahr 1750. zu Manheim.

Mauß, S. H., ein holländischer Mahler, mahlte ums Jahr 1670. schöne Landschaften und Bamboschaden.

Mansinger, arbeitet zu Regensburg, ein vortreflicher Portraitmahler. Besitzt zugleich eine besondere Geschicklichkeit verunglückte Gemählde wiederum nach der Manier ihrer ersten Mahlerhand auszubessern.

Manskirch, von diesem hat man schöne Landschaften mit starken Waldungen.

Mantegna, Andreas, ein Mantuaner, mahlte geistliche Historien und Marter der Heiligen. 1451. starb 1517.

Mantua, Rinaldo di, ein Mantuaner; von der Hand dieses Künstlers hat man einen römischen Triumph. Florirte ungefähr ums Jahr 1550.

Mantuano, Dominikus, siehe Feti.

Mantuano, Camillus, mahlte zu Anfang des 16ten Jahrhunderts recht meisterliche Landschaften, Blumen und Früchtgehänge zu Venedig.

Manyoki, Adam, aus Ungarn; von ihm hat man schöne Portraits. starb zu Dresden 1757. im 84sten Jahr seines Alters.

Manzini, Franz, ein Mahler von Neapel. starb 1633.

Manzoli, Franz, arbeitete ums Jahr 1660. zu Modena unvergleichliche Landschaften.

Man

Manzom, Rud., ein Venetianer Miniaturmähler, er arbeitete Historien, Landschaften, und Thiere. Seine Werke sind fleißig ausgearbeitet, und von zierlichem Colorit. † 1739.

Maratti, Karl, zu Camerino gebohren, einer der berühmtesten Künstler, und Schüler von Andreas Sacchi; er studirte die Werke Raphaels, der Caracci, und des Guido Reni; sein Pinsel ist frisch, kräftig, geistreich und dichterisch, verbunden mit einer richtigen Zeichnung; seine Köpfe sind einfach und edel, die Haare ungezwungen, schön, natürlich, auch die Hände und Füße meisterlich. Ja, seine Marienbilder und Engel scheinen fast nicht von Menschenhänden gemahlt zu seyn, kein Pinselstreich ist zu tadeln. 1625. † zu Rom 1713. im 88sten Jahre. Er behandelte die Geschichte und Allegorien vortreflich, und war in der Architektur und Perspektiv wohl erfahren.

Marc, Michael, mahlte geistliche Historien, und Feldschlachten mit vortreflicher Zeichnung und gutem Colorit. 1633. † 1670.

Marc, Stephan, des vorigen Vater, von Valenzia, war einer der vortreflichsten Schlachtenmähler; starb 1660. in sehr hohem Alter.

Marcellis, Otto, ein Amsterdamer, und großer Künstler in Insekten, Schlangen, Schnecken, Sommervögel und Pflanzenmahlen; welche er sehr natürlich verfertigt hat. † 1673. im 60sten Jahre. — Bey dieses Künstlers Werken kommt zu bemerken, daß sie bey weitem nicht in dem Saft und mit der Natur bearbeitet sind, als Karl Wilhelm von Hamilton seine Insektenstücke bearbeitet hat. Des Marcelli Arbeit ist weit trockner, im Colorit schwächer, doch mit einer artigen Austheilung.

Marees, Georg des, geb. 1697. zu Stockholm, ein Schüler von dem ältern Maytens. Er studirte fleißig nach Vandyk, und war ein vortreflicher Bildnißmahler; seine Arbeit wurde wegen der natürlichen Aehnlichkeit, star-

J   kem

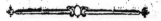

kem und zartem Colorit, auch guter Erfindung in Stellungen sehr gesucht; starb zu München 1775.

Marescotti, Barthol., ein Mahler zu Bologne, lernte bey Guido Reni; starb an der Pest 1630.

Mariotti, Joh. Baptist, ein Mahler zu Venedig, war wegen seiner guten Zeichnung, schönen Erfindung und gutem Colorit sehr berühmt. Er lebte ums Jahr 173.

Maroli, Dominikus, man hat von diesem Künstler schöne Schäfer= und Thierstücke. Arbeitete ums Jahr 1650.

Maron, Anton, ein besonderer geschickter Wiener Portraitmahler der neuesten Zeiten; er arbeitete eine geraume Zeit zu Rom, wo er die Schwester von Raph. Mengs geheurathet hat. Von dieser Theresia Mengs hat man auch schöne Miniaturgemählde, als eine Sybille rc.; sie lebt mit ihrem Eheherrn in Rom, wo dieser Professor der dasigen Akademie ist.

Mars, ein Schwede von Geburt, mahlte schöne Blumenstücke.

Martin, Joh. Baptist, ein Pariser, und Schüler des Franz van der Meulen, mahlte Feldschlachten und perspektivische Stücke. 1659 † 1735.

Martinelli, Vinzenz, ein Bologneser, und großer Künstler in Landschaften, welche alle nöthige Requisiten, besonders einen schönen Baumschlag haben. 1737. gebohren.

Martino, Marc San, ein Neapolitaner, geschickter Mahler; er arbeitete sehr angenehme Landschaften mit kleinen Figuren, wovon einige biblische Historien vorstellen, ums Jahr 1680.

Martino, Peter di, ebenfalls aus Neapel, mahlte große historische Tafeln. † 1736. im 78sten Jahre.

Martinotti, Evangelista, ein Schüler des Salvator Rosa, war ein vortreflicher Landschaftmahler, der

seine

feine Gemählde mit einer schönen Perspektiv, niedlichen Figuren, und nach der Natur gemahlten Thieren zierte. † 1694. 60 Jahre alt.

Martoráni, Joachim, ein Wahler von Meſſina, arbeitete ums Jahr 1750. zu Rom.

Martoriello, Cajetan, ein Neapolitaner, vortreflicher Landſchaftmahler, ſein Colorit iſt friſch, und ſeine Perſpektiv ſehr verſtändig. Er arbeitete die Gründe zu des Solimene hiſtoriſchen Werken. 1670. † 1723.

Marziali, Johann, ein neapolitaniſcher Künſtler in Landſchaften, See- und Architekturſtücken; er arbeitete auch allerhand ſeltſame und luſtige Converſationen, als Märkte, Bauernſpiele, Wettrennen, Raufereyen, das Ein- und Ausladen der Schiffe, Bambochaden und Zaubereyen mit vielen kleinen Figuren. † 1731.

Maſſan, Anton, ein Neapolitaner, arbeitete Bambochaden und Thierſtücke.

Máſſari, Lucius, ein Mahler von Bologna, lernte bey Barth. Paſſerotti, und bey Ludwig Caraáccio. † 1633. im 64ſten Jahre.

Maſſe, Joh. Baptiſt, ein vortreflicher Miniatur-mahler in Paris. † 1767. im 80ſten Jahre.

Maſſus, Johann, von dieſem Künſtler hat man geiſtliche Gemählde, als Heilige u. d. gl.

Maſturzo, Martius, ein Neapolitaner Künſtler in Landſchaften und Seeſtücken; er arbeitete nach ſeinem Lehrmeiſter Salvator Roſa, dem er ſehr nahe gekommen iſt, die Felſen aber bey weitem nicht ſo künſtlich, wie jener, nachmahlen konnte. Lebte ums Jahr 1670.

Matheowiz, von ihm hat man ſchöne Blumenſtücke und Geflügel.

Matteo, von Siena gebürtig, er arbeitete im Neapolitaniſchen meiſterlich geiſtliche und bibliſche Hiſtorien, welche wegen der vortreflichen Färbung noch ſehr gut erhalten ſind; lebte 1410.

Mat-

Matthes, Christoph Gottfr., ein Pörtraitmahler in Berlin, lebte ums Jahr 1765.

Maturino, ein Florentiner, mahlte viel grau in grau; seine Landschaften, sein Baumschlag, seine Gefäße und Fasen sind meisterlich. Er mahlte mit Polyd. Caravaggio. † 1527.

Mauchert, Franz Joseph, zu Waldsee gebohren 1729, mahlte zu Augsburg fleißige Historienstücke und Portraits. † 1790.

Maulpersch, oder Maubberth, Anton, ein vortreflicher Historienmahler neuester Zeiten zu Wien.

Mauperche, Heinrich, ein sehr vortreflicher Mähler historischer und anderer Landschaften. 1602. † 1686.

Maurer, Hubert, ein Mahler von Bonn, studirte ums Jahr 1770. in der kaiserlichen Akademie zu Wien.

Mayr, Joh. Ulrich, von Augsburg, war ein sehr geschickter Bildnißmahler, seine Köpfe sind sehr schön. † 1704. 74 Jahre alt.

Mazza, Damian, ein Mahler und vortreflicher Colorist von Padua, lernte bey Titian, und starb in der Blüthe seiner Jahre.

Mazza, Joseph, des Camillus Sohn, von Bologna, studirte die Werke der Caracci in der Schule des Dom. Mär. Canuti, und die Mahlerey bey Lorenz Pasinelli. Lebte noch 1739.

Mazzier, Anton, di Donino, ein Florentiner Meister in Pferden und Landschaften; man hat auch von ihm biblische Historien. Lebte ums Jahr 1530.

Mazzuoli, Franz, oder Parmesan genannt, von seinem Geburtsort Parma, mahlte ein schönes Colorit, nach Correggio, und in lieblicher Art nach Raphael und Michael Angelo. Seine Köpfe sind reizend, seine Figuren haben viel Leben, sind aber zu lang, besonders die Finger, seine Gewänder sind unverbesserlich, und scheinen durch

durch den Wind angewehet zu seyn; sein Pinsel ist leicht, und geistreich, seine Umrisse angenehm und meisterhaft. 1504. † 1540. Man hat von diesem Künstler herrliche Portraits mit prächtigen Verzierungen und Pelzen, sodann Frauenbilder und heilige Familien.

Mechau, ein Historienmahler von Leipzig, gebohr. 1748. lernte bey Rode und le Süeur in Berlin.

Mecheln, Israel van, hatte auch allerhand Mahler Einfälle, zum Beyspiel: es schlägt ein Dominikaner Mönch die Orgel, ein Engel zieht die Blasbälge. 1440. † 1503.

Meer, beede Johannes van der. Der Sohn mahlte sehr gut Landschaften und Thiere nach der Natur; er war ein Schüler Berghems, konnte aber das Erhabene seines Lehrers nicht erreichen. Der Vater mahlte vortrefflich Landschaften, Seeporten, Seeprospekten mit Schiffen und Thieren. Lebten im 17ten Jahrhundert. Des Vaters Bruder, Johannes, der Jüngere, mahlte Landschaften mit Schäfern und Schäferinnen, sammt ihren Heerden, an welchen man sich kaum satt sehen kann. † 1690.

Megan, P., man hat von dessen Hand Landschaften mit Hirschjagden; er lebte zu Wien zu Ende des vorigen Jahrhunderts.

Meire, Gerard van der, zu Gent gebohren; mahlte Stücke mit viel Figuren, als das jüngste Gericht, ums Jahr 1450. geb.

Melling, von diesem hat man Kinder-Conversationen, oder Kinder, die mit Tauben oder Vögeln spielen.

Mengs, Antonius Raphael, ein Dresdner, und sehr berühmter Künstler, dessen Gemählde fast denen von Carl Maratti gleich gehalten werden. Man hat von seiner Hand Portraits und geistliche Historien in glühendem Colorit. 1728. † 1779. in Rom.

Merian, Maria Sybilla, eine Frankfurterinn; sie mahlte Fliegen, Papillons, Würmer, Raupen, Kräu-

ter

ter und Insekten, ohnnachahmlich. 1647. † 1717. zu Am=
sterdam. Man hat auch von ihrer Hand Blumensträuße
in einem Körbchen liegend gemahlt.

Merian, Matthäus, und sein Sohn Matthäus,
waren vortrefliche Portrait= und Landschaftmahler, ihr Co=
lorit ist schwach und zart; sie lebten im 16ten, und zu
Anfang des 17ten Jahrhunderts. Der Vater ist 1593. zu
Basel gebohren, starb 1651. Der Sohn ward 1621.
geb. Joh. Matthäus Merian, der Enkelsohn, hat
Portraits gemahlt. † 1761. zu Frankfurt.

Merigi, siehe Carravaggio.

Merten, von diesem hat man Köpfe in alter Tracht.

Mesquida, Wilhelmus, ein Mahler von Minor=
ca, der meisterlich des Rubens und van Dycks Gemählde
copiret hat; sonsten auch Portraits, Blumen, Früchten,
Figuren und allerhand Thiere arbeitete. 1720.

Messis, Quintin, ein Antwerpner, großer Künst=
ler. Unter andern hat man von seiner Hand lustige Ein=
fälle und Conversationen. 1450. † 1529. Er mahlte
übrigens Heilige, Geldwechsler, Advokatenstuben, und
Dudelsackpfeiferstücke. Ein Joh. Messis mahlte geistli=
che Historienstücke. geb. 1480.

Messner, ein Schüler von Martin von Meytens,
excellirte in Portraitmahlen zu seiner Zeit, und † 1744.
in Wien.

Metelli, Augustinus, ein Bologneser, dessen Wer=
ke sehr gut gezeichnet, und an schönen mahlerischen Erfin=
dungen reich sind. 1609. † 1660. zu Madrid.

Mettenleuter, Joh. Jakob, aus dem Nereshei=
mischen, gebohren 1750. arbeitete zu Augsburg sehr künst=
liche Conversationsstücke, im Geschmack von Franz Mie=
ris; sein Colorit ist kräftiger, der Fleiß in seiner Ausar=
beitung aber der nämliche, wie von Franz Mieris dem Ael=
tern. Er lebt gegenwärtig in Moskau.

Metz.

Metz, J. M., hat ums Jahr 1760. vortrefliche Blumenkränze um Figuren grau in grau gemahlt, mit sanftem Pinsel.

Meulen, Anton Franz van der, ein Brüßler, und Schüler von Peter Snayers; er war ein vortreflicher Landschaftmahler, besonders des schönen Baumschlags; er mahlte auch zum Krieg gehörige Gegenstände, Scharmützel, Jagden, vor allem schöne Pferde. Seine Werke sind lauter Geist und Leben. 1634. † 1690. zu Paris.

Meuninrhoven, van, ein Niederländer, mahlte Landschaften und Historien.

Meus, Livius, ein Mahler von Oudenarde, in Flandern, mahlte Historien, Landschaften und Thiere. † zu Florenz 1691, im 61sten Jahre seines Alters.

Meusnier, Philipp, ein berühmter französischer Mahler theatralischer Werke und Verzierungen, ein Meister in der Perspektiv, in regelmäßigen Gebäuden, in schönem Farbenton, und in der Art seines schimmernden Lichtes. Sein Pinsel ist leicht, doch feurig und geistreich. 1655. † 1734.

Meyer, Conrad und Felix, waren berühmte Landschaftmahler in der Schweitz. Melchior Roos und Rugendas stafirten die Werke des Felix Meyer. Conrad geb. 1618. † 1689. zu Zürch. Felix geb. 1653. †1713.

Meytens, Martin de, ein berühmter Portraitmahler aus Stockholm gebürtig; seine Farben sind sehr dick aufgetragen, und fein verstrichen, seine Stellungen sind meisterhaft. geb. 1695. † 1770. in Wien.

Mezu, Gabriel, ein Leidner, mahlte allerhand gemeine menschliche Handlungen, Wochenbesuche, Laboratoria, Märkte, allerhand Feilschaften von Wildpret und Früchten; seine Figuren sind artig und so fleißig ausgearbeitet, daß man die Zeuge und Stoffe der Gewänder zu kennen, und zu unterscheiden glaubt. Sein Colorit ist vornehm, und seine Arbeit sehr natürlich. 1615. † 1658.

J 4   Mi=

Michault, Theobald, gebohren zu Tournay 1676. arbeitete schöne Landschaften in Bouts Manier. Lebte noch ums Jahr 1755. in Antwepen. Man hat auch von seiner Hand ganze Jahrmärkte und Winterlandschaften.

Miel, Johann, bey Antwerpen gebohren, ein Schüler von Gerhard Segers, und guter Thier= auch Historienmahler, liebte Pastoralen, Bamboschaden, Masqueraden, Musikanten, Jagden und Grotesken zu arbeiten, welche sämmtlich gut colorirt, und gut gezeichnet sind; seine Luft ist hell. 1599. † 1664. Man hat auch von diesem Künstler Architektur= und Ruinenstücke.

Mielich, Johann, ein alter vortreflicher Miniaturmahler zu München. 1515 † 1572.

Mieris, Franz van, ein Leidner, und Lieblingsmahler unserer Zeit. Toonzliet, van den Tempel und Douw waren seine Lehrmeister; er mahlte im Kleinen, lieblich, zart und fein, geistreich und meisterhaft, allerhand Conversationen, Bachusfeste, Tabackraucher, Trommelschläger, Musikalien, Kinder, Flügelwerk, Wildpret und schöne Stoffe. Seine Figuren sind fast lebend, wohl angeordnet, und noch besser gezeichnet, als jene von seinem Lehrmeister Gerh. Douw. 1635. † 1681. Franz Mieris Gemählde sind fast alle auf Holz, selten eins auf Kupfer gemahlt, und alle höher als breit geformt.

Mignard, Nikolaus, ein berühmter französischer Portraitmahler, der sich auf das Zärtliche und Gefällige geleget hat, dabey gut colorirte und richtig zeichnete. 1608. † 1668. Sein Sohn, Wilhelm, machte sich wie sein Vater in gleicher Art von Gemählden berühmt, nur sind sie in der Zeichnung, in der Leichtigkeit des Pinsels, und in dem Reize der Wirkungen etwas geringer. † 1747. 85 Jahre alt.

Mignard, Peter; sein Bruder Nikolaus ist aber viel berühmter, als er; dessen Gemählde haben Mark und Feuer, große Harmonie und Geist, sehr schönes Colorit,

und

und reiche Zusammensetzungen, obschon seine Zeichnung nicht allemal die richtigste ist. starb 1695. im 85sten Jahre seines Alters.

Mignon, Abraham, ein Frankfurter, und vortreflicher Blumen= Fisch= Früchten= und Insektenmahler, mahlte nach David Heem; sein Pinsel ist meisterhaft, und sein Colorit durchsichtig. geb. 1640. † 1679, . Man hat von diesem Künstler artige Körbe und Porzellainschaalen mit Früchten gemahlt,

Milani, Aurelian, ein Mahler von Bologne; er zeichnete alle Gemählde der Caracci nach, und, erhielt dadurch eine große Uebung und Fertigkeit; er wählte aber meistens pöbelhafte und lärmende Gegenstände zu mahlen. Seine Zeichnung ist vortreflich mit gutem Verstand, ungemeinem Fleiß, und sehr sauber ausgearbeitet. gest, 1749, im 74sten Jahre seines Alters,

Millet, Joh. Franz, ein Antwerpner, geschickter Landschaftmahler; in diesen brachte er allerhand Gegenstände an, als Weinlesen, Obstabnehmen, nackende spielende Kinder. Sein Baumschlag ist besonders künstlich, 1643, † 1680,

Minderhout, ein Antwerpner, mahlte Seeporten mit vielen Schiffen, wozu er die Schiffgeräthe sehr natürlich gearbeitet hat; sonsten aber sind seine Lüften schwer, und seine Figuren nicht viel bedeutend, ums Jahr 1650.

Mirevelt, Michael Janson, ein Holländer, mahlte sehr gut und fein Historien, Bamboschaden, Portraits, Wildpret und Kuchelbedürfnisse; seine Portraits sind nach Hollbeins Geschmack. 1567. † 1641.

Mirou, Anton, ein Flamänder, berühmter Landschaftmahler; dessen Werke sind mit vielen Figuren, zuweilen mit biblischen Geschichten ausgeziert, und gut colorirt. Man hat auch von seiner Hand die Schwalbacher Badgegenden; er lebte ums Jahr 1650,

J 5   Mode=

Modena, Nikolaus von, siehe Abbate.

Motne, Franz le, ein Parifer, und fehr berühmter Mahler, der viel Reiz und Ausdruck, viel geiftreiches und frifches Colorit feinen Gemählden gegeben hat; feinen Köpfen wußte er einen fo natürlichen Karakter zu geben, daß man gleich erkennen konnte, von welcher Geburt feine Figuren feyn follten. Sein Licht und Luft find gar fanft, und fein Fleifch gar frifch, feine Werke find über die Maffen fleißig ausgearbeitet. 1688. † 1737.

Mola, Joh. Baptift, und Peter Franz. Erfterer colorirte hell, und mahlte feine Figuren mittelmäßig; aber herrliche Landfchaften im Gefchmack feines zweyten Lehrmeifters des Franz Albani, mit fchönen Bäumen. Letzterer gab feinen Figuren etwas Großes, was Edles, auch fchöne Natur feinen Gewändern. Seine Zeichnung ift vortreflich, fein Colorirt ift bräunlich nach Caraccifchen Gefchmack, und fein Pinfel leicht. Man hat von ihm heydnifche und biblifche Hiftorien, auch fehr fchöne Landfchaften. Beyde lebten in der Mitte des 17ten Jahrhunderts.

Molenaer, Cornelius, ein Antwerpner, berühmter Landfchaftmahler, der auch Bauern und luftige Converfationen in Teniers Gefchmack und Colorit gemahlt hat, ums Jahr 1570.

Mömper, Jodocus, ein berühmter Landfchaftmahler, der neben feinem großen Genie und Gefchmack auch einen fehr weitläufigen Horizont anzubringen wußte. Seine Werke find zwar nicht alle von gleichem Fleiß und Werth, fondern einige zu flüchtig gemahlt, oder fallen gar in ein gelbes Colorit. Breughel und Teniers ftafirten feine Gemählde. Man hat auch von ihm Winterlandfchaften. gebohren 1580.

Monari, Chriftoph, von Reggio di Modena gebürtig; er war ein vortreflicher Künftler in Abbildung lebofer Gegenftände. Er florirte ums Jahr 1700.

Moni,

Moni, **Ludwig de**, arbeitete nach Gerard Douw moderne Cabinetstücke, mit großer Natur in künstlichen Schatten und Licht. geb. 1698. Man hat von diesem Künstler auch Figuren hauswirthschaftlicher Art, als eine Köchinn, die allerhand Kuchelgeräthe vor ihr liegen hat.

Monnoyer, **Johann Baptist**, ein sehr berühmter französischer Blumenmahler, welchen er mit seinen frischen Farben und Kunst so viel Natur und ähnliches zu geben wußte, daß man darauf den Thau zu bemerken glaubt; seine Früchten sind eben so vorzüglich gemahlt. 1635. † 1699.

Monsignore, **Franz**, ein Mahler von Verona, der in Portraits wenige seines Gleichen hatte, und die Thiere so natürlich vorzustellen wußte, daß Menschen und Vieh dadurch fast getäuscht werden konnten; starb 1519. im 64sten Jahre seines Alters.

Montagne, **Nikolaus**, der Sohn, **Platte** genannt; ein Pariser Historien- und Portraitmahler. Er soll auch lustige Conversationen mit Sammet Breughels Geschmack gemahlt haben. 1631. † 1706. Man hat von einem **Matthäus de Montagne**, dem Vater, herrlich gemahlte Seestürme und Landschaften. Ihr eigentlicher Name ist **Plettenbergh**, der Vater ist aus Antwerpen.

Montanini, **Petrus**, zu Perugia gebohren, ein berühmter Landschaftmahler, der im Geschmack seinem Lehrmeister Salvator Rosa felsichte Gegenden zu mahlen gefolget ist; seine Figuren sind ungemein schön und fleißig gearbeitet, auch hat man von ihm Historienstücke. 1626. † 1689.

Montfort, siehe **Blockland**.

Monti, **Franz**, arbeitete zu Parma vortreffliche Bataillenstücke, er war ein Schüler von **Bourguignon**. 1646. † 1712.

Monti, **Michael**, mahlte unter andern Nymphenstücke und Waldgötter.

Mon=

Monticelli, Andreas, ein Bologneser, mahlte Blumen, Früchten, Geschirre, Landschaften, Seestücke, Schaubühnen und Teppiche, 1640. † 1716.

Monticelli, Angelus Michael, arbeitete Landschaften, Märkte und Feldschlachten; seine Figuren sind lebhaft und wohl gezeichnet, seine Bäume aber schlecht geblättert. geb. 1678. † 1749.

Moor, Karl de, ein Leidner, und Schüler von Franz Mieris und Schalken. Er arbeitete sehr schöne Portraits im Geschmack Rembrands und van Dycks, sonsten aber auch sehr beliebte Cabinetstücke, welche wohl gefärbt, und zierlich ausgearbeitet sind. 1656. † 1738.

Moortel, Johann, ein Leidner, und berühmter Blumen= und Früchtenmahler; seine Früchtenstücke sind aber vorzüglich schön und lebhaft gemahlt; starb 1719. im 69sten Jahre seines Alters.

Morales, der Göttliche genannt, ein Spanier, mahlte meistens auf Kupfer meisterhaft geistliche Historien; er war von vortreflichem Geschmack, und arbeitet mit kekem Pinsel; die Haare seiner Figuren sind überaus leicht und natürlich gemahlt. 1509. † 1586.

Morandi, Joh. Maria; ein Mahler von Florenz; man sieht von diesem geschickten Künstler sehr schöne, mit großem Fleiß und in gutem Colorit verfertigte Gemählde in den Kirchen zu Rom. An dem kaiserlichen Hofe zu Wien mahlte er Bildnisse und Historien. † 1717. in Rom 95. Jahre alt.

Moreels, Jakob, ein Utrechter, geschickter Blumen= und Früchtenmahler; er war ein Schüler von Georg Flegel, den er weit übertraf, und arbeitete zu Frankfurt am Main. 1628. † 1683.

Morel, ein Brüßler und geschickter Blumenmahler, er färbte gut, und die weisse Blumen hat er besonders fein ausgearbeitet. Er blühte um das Ende des 17ten Jahrhunderts.

Morel=

Morelli, deren giebt es mehrere. Bartholomäus aber, ein Schüler von dem berühmten Albani, hat überaus schöne Conversationsstücke verfertigt. Auch war er im Architekturmahlen sehr geschickt. † 1703. — Man hat auch von einem Morelli Figuren, die auf Instrumenten spielen.

Morgenstern, Johann Lukas, man hat sehr schöne Staffagen von diesem Mahler auf anderer Künstler Gemählde. Er war auch ein guter Feldschlachtenmahler, und wandte auf die Zeichnung und auf sein Colorit ungemeinen Fleiß. In der Architekturmählerey war er auch vortreflich; er blühte ums Jahr 1775. zu Frankfurt am Main.

Moro, Anton, ein berühmter Mahler von Utrecht, war ein vortreflicher Nachahmer der Natur; er verfertigte insonderheit sehr schöne Bildnisse, die theuer bezahlt wurden, sodann Historienstücke. † 1575. im 56. Jahre.

Mostaert, Aegidius, Franz, und Johann. Niederländer Künstler. Von erstem hat man Portraits; von dem zweyten Landschaften mit biblischen Gegenständen; von dem letztern aber auch Portraits. Sie arbeiteten in dem 16ten Jahrhundert.

Moucheron, Friedrich, ein Embdner, und Schüler des Jakob Asselyn; er mahlte sehr schöne Landschaften und Prospekten, Gebäude, Pflanzen und Thiere. Man findet in seinen Werken meistens Wasser, worinn sich die Gegenstände spiegeln. 1633. † 1686. Sein Sohn, Isaak, übertraf noch seinen Vater; gest. 1744. im 74. Jahre seines Alters.

Müller, Joh. Siegmund, ein Augsburger, hatte seine Stärke in architektischen Vorstellungen; man sieht aber auch Bildnisse und Landschaften von seiner künstlichen Hand. † 1694. Sonsten hat man von einem Friedrich Müller Pferdschmieden, wo Pferde beschlagen werden, oder wo man ihnen zur Ader läßt. ꝛc.

Mund,

Mund, Samuel, von diesem hat man schöne Prospekte und Landschaften.

Murant, Emanuel, ein Amsterdamer, und Schüler von Philipp Wouwermann, er arbeitete Schlösser,
Dörfer, Landhäuser, und abgebrochene Burgen, im Geschmack des van der Heyden, mit besonderm Fleiß. 1622.
† 1700.

Murillo, Barth. Stephan, bey Sevilla gebohr.
ein vornehmer Künstler, der sich durch vieles Copiren der
Werke Titians, Rubens und van Dycks gebildet hat, und
sich nachmals das Erhabene und Zierliche eines Paul Veronese angewöhnte. Sein Pinsel ist weich und frisch, das
Fleisch an seinen Figuren schön, sein Schatten und Licht
meisterhaft, welches letztere er bis in das Helleste zu füh-
ren wußte. Seine Zeichnung ist richtig, und seine Köpfe
gefällig. 1613. † 1685. Unter andern hat man von
seiner Hand einen kleinen Johannes, der sein Lamm liebko-
set, auch Kinder, so Obst verkaufen rc.

Mürrer, Johann, ein sehr geschickter Mahler von
Nürnberg, dessen historische Gemählde sehr geschätzt wer-
den. † 1713. 69 Jahre alt. Seine Tochter, Anna
Barbara, mahlte vortreflich in Miniatur. † 1721. 33
Jahre alt.

Muscher, Michael van, ein Rotterdamer, und
Schüler von Gabriel Metzu, und Ad. von Ostade; er
arbeitete Bildnisse und kleine Cabinetstücke in gelblichem Colorit, welche den Werken von Mieris, Metzu und Steen
nichts nachgeben. 1645. † 1705.

Mutina, Thomas de, aus Böhmen geb., von
diesem Künstler hat man das älteste Gemählde in Oel, ein
Altärchen nach alter Art. Er lebte zu Prag ums Jahr
1297.

My, Hieronymus van der, ein Leidner, und Schüler von Wilhelm Mieris, arbeitete Cabinetstücke. 1687.
gebohren.

Myn,

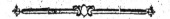

Myn, Herman van der, der Vater ein Amsterdamer, mahlte vortrefliche Blumen, auch Historien und Portraits 1684. † 1741. in London. Seine fünf Söhne und eine Tochter wurden alle sehr berühmte Historienmahler; sie arbeiteten Blumen, Portraits und Cabinetstücke. Sein Sohn **Franz,** übertraf noch den Vater: denn seine Gemählde sind durchgehends verständig und meisterhaft behandelt.

N.

Nabholz, Joh. Christoph, gebohren zu Regensburg 1752, mahlte Portraits in Oel und Miniatur, sticht auch in Kupfer. Hält sich gegenwärtig in Nürnberg auf.

Nadalino, ein Schüler **Titians,** mahlte sehr zart und zierlich Portraits, und geistliche Geschichten; er lebte ums Jahr 1500.

Nagel, Johann, ein Harlemer Landschaftmahler, seine Figuren sind besser, als jene von seinem Lehrmeister **Cornelius Molenaer.** † 1602.

Nain, Ludwig und **Anton,** mahlten unter andern allerhand Tobackgesellschaften, auch Historien und Portraits, ums Jahr 1600. Beyde starben 1648. **Ludwig** geb. 1583. und **Anton (Matthäus)** 1585. zu Laon.

Nami, Matthäus, von diesem hat man biblische Geschichten.

Nanni, Johann, von Udine, allda gebohren, ein großer Künstler. **Giorgione** war sein Lehrmeister; er war vorzüglich berühmt im Thier= Vögel= Früchten= Fischen= Blumen= Landschaften= und schönen Stuckatur Verzierungenmahlen; seine Figuren sind aber mager und unrichtig gezeichnet. 149₄ † 1564. zu Rom. Von einem Matthäus **Nanni** hat man biblische Geschichten im Großen gemahlt.

Nar=

Narciſſus, ſiehe Perſyn.

Nardi, Angelus, ein Florentiner, mahlte meiſter=
haft im Geſchmack ſeines Lehrmeiſters Paul Veroneſe.
1601. † 1660. zu Madrid.

Naſini, Joſeph Nikolaus, aus Rom, ein vor=
treflicher Meiſter in heiligen Geſchichten, in welchen viel
Feuer und Genie ſichtbar, aber das Colorit etwas hart
iſt. Seine Manier gleichet der des P. Veroneſe. † 1736.
76 Jahre alt.

Nattier, ein Pariſer, berühmter Portraitmahler un=
ter andern Mahlergegenſtänden. 1685. † 1766.

Natoire, Carl, ein berühmter Mahler zu Paris,
geb. zu Niſmes 1700., lernte bey Franz le Moine, war
im hiſtoriſchen Styl ſehr ſtark und beliebt.

Navarra, Peter, ein Schüler von Tamm, mahl=
te zu Rom Blumen und Früchten, ums Jahr 1500.

Nedeck, Peter, ein Amſterdamer, berühmter Land=
ſchaftmahler 1616. geb., er mahlte auch Bildniſſe und
Hiſtorien.

Neefs, Peter, Vater und Sohn, zu Antwerpen
geb., ſind ſehr berühmt in Perſpektiv, Architektur, und
gothiſchen Kirchenverzierungen, die mit den feinſten Stri=
chen ausgearbeitet ſind. Lebten zu Anfang des 17ten
Jahrhunderts. Man hat auch von ihnen Nachtſtücke, als
bey Nacht belichtete Kirchen. u. d. g.

Neer, Eglon van der, ein Amſterdamer, berühm=
ter Hiſtorien, Bildniſſe und Landſchaftmahler. In ſeinen
Vorgründen hat er allerhand Thiere und Pflanzen meiſter=
lich angebracht; ſein Pinſel iſt markigt, ſein Colorit an=
genehm. 1643. † 1703. Sein Vater, Arthus, war
ein berühmter Landſchaftmahler; jene mit Mondenlicht ſind
Meiſterſtücke der Mahlerkunſt.

Negre, Matth. van, ein niederländiſcher Mahler,
lebte ums Jahr 1620.

Neid=

Reidlinger, Michael, ein Nürnberger Mahler, arbeitete zu Amsterdam, setzte sich zu Venedig, wo er ums Jahr 1700: starb.

Netscher, Kaspar, einer der besten deutschen Mahler, ein Schüler von Terbourg und Douw; er arbeitete im Kleinen, und war ein großer Meister des Helldunkeln; seine größte Stärke bestund aber darinn, den Atlas, Leinwand und haarichte Teppiche natürlich zu mahlen; seine Werke sind Portraits oder Conversationen, selten was historisches; sein Pinsel hat viel Aehnlichkeit mit jenem von Gerhard Douw. 1639. † 1681. Er hatte zwey Söhne, Constantin und Theodor, die sich in Bildnissen sehr hervor thaten. Von obigem Kaspar Netscher hat man auch herrliche Portraits in Pelzen gekleidet; auch biblische Stücke im Kleinen, auf Kupfer oder Holz gemahlt.

Neufchatel, siehe Lucidel, ein bloßer Beyname.

Neve, Franz de, ein Antwerpner, vornehmer Portraits- und Historienmahler, ums Jahr 1650.

Nieulant, Adrian und Wilhelm, gebohrne Antwerpner, und berühmte Mahlermeister. Ersterer arbeitete Seeporten, Landschaften und biblische Historien. † 1601. Der andere, schöne Landschaften mit Ruinen und prächtigen Antiken. 1584. † 1635.

Nigges, Esaias, mahlte zu Augsburg vortrefliche Feuerstücke. geb. 1691. † 1771.

Nikkelen, Jakobea Maria van, mahlte vortreflich Blumen und Früchten. geb. 1690. Johann van Nikkelen, ihr Vater, ein Harlemer, arbeitete zu Düsseldorf sehr schöne Landschaften und andere Gegenstände, auch Marktplätze, Räubereyen ic., nach Carl du Jardins Manier, ums Jahr 1715.

Nilson, Joh. Esaias, ein Augsburger, 1721. geb., damaliger Direktor der dasigen Akademie, arbeitete künstlich in Migniatur; man hat von ihm unter andern meisterhafte Portraits im van Dyckischen Colorit.

K   Nim=

Nimmegen, Barbara, eine Blumenmahlerinn zu Anfang dieses Jahrhunderts.

Nogari, Joseph, ein Venetianer und größer Künstler, ein Schüler von Pittoni und Balastra 1700. geb. Man hat von ihm poetische Werke und Göttergedichte. † 1763.

Nollekius, B., ein geschickter Mahler, der allerley Bamboschaden, Wundärzte und Landschaften mit Figuren, in Peter von Laars Geschmack, gearbeitet hat. 1620.

Nollet, Dominikus, von Brugge gebürtig, arbeitete zu Paris schöne Landschaften mit Pferden, auch Feldschlachten zwischen Christen und Türken, welche er mit besonders keckem Pinsel fertigte. Er hielt sich eine Zeitlang zu München auf. 1640. † 1736. Man hat auch von diesem Künstler reißende Thiere gemahlt, als Bären, die mit einer Schlange raufen, in Großem.

Nooms, siehe Zeeman.

Noort, mahlte schöne Landschaften mit herrlichen Aussichten zu Wasser und zu Land.

Norwick, hat schöne Nymphenstücke geliefert.

Novelli, Petrus, ein Sicilianer, arbeitete in sehr schönem Colorit, zuweilen nach Carravaggio's Manier, seine Fleischfarbe ist ungemein schön; er blühte ums Jahr 1660.

Nuzzi, siehe Fiori.

Nys, de, ein Amsterdamer, und Schüler von Evert van Aelst, mahlte sehr schöne Vögel und Früchtenstücke mit keckem Pinsel, und starkem Colorit, ums Jahr 1680.

O.

Oefele, Franz Ignaz, ein vortreflicher Historien= und Portraitmahler zu München, aus Pohlen gebürtig. geb. 1731.

Oel=

Oeller, Nikolaus, ein bekannter Mahler von Nürnberg, ums Jahr 1620. † 1633.

Oeser, Adam Friedrich, geb. 1717. zu Presburg, steht als Professor und Direktor der Akademie zu Leipzig. Die Zeichnungen dieses Künstlers sind, was die Ausarbeitung betrift, vortreflich, und sein Pinsel unvergleichlich. Sein Sohn, Joh. Fried. Ludwig, mahlt Landschaften in Wasserfarben nach Dietrich.

Oesterreich, Mathias, ein großer Kenner von Gemählden, war zu Dresden, und nachmals zu Berlin Gallerie Inspektor, ums Jahr 1759.

Oettgens, Franz Joseph, mahlte vortrefliche Blumenstücke, ums Jahr 1745. und 50. zu Augsburg.

Offerman, Johann, ein Dortrechter guter Landschaftmahler. geb. 1646.

Offin, Carl de, ein Lothringer, lernte bey Simon Vouet, und mahlte sehr gute Historien, ums Jahr 1664. zu Turin, wo er auch sehr schöne Bildnisse mahlte.

Olen, Johann van, siehe Alen.

Oliva, Ignatius, ein Neapolitaner, vortreflicher Künstler in Landschaften und Seestücken, ums Jahr 1680.

Ongers, Johann, ein Niederländer, setzte sich 1691. zu Prag, und mahlte Historien und Architekturen, war reich an Erfindung und ein guter Zeichner; sein Colorit aber fällt zu viel ins röthliche; starb zu Prag 1730. im sehr hohen Alter.

Onofri, Crescentius, ein Romaner, und vortreflicher Landschaftmahler, im Geschmack von Kaspar Poussin, ums Jahr 1680. starb zu Florenz.

Oost, Jakobus van, der ältere, zu Brugge geb., studirte nach Hannibal Carraccio; ein großer Künstler im Copiren der Werke von Rubens und van Dyck, als welche Copien noch für Originale gehalten werden. Er mahlte eigentlich Historienstücke mit schönen architektischen Hinter-

grün-

gründen; sein Nackendes ist meisterhaft, und überhaupt sein Colorit vortreflich. 1660. † 1671.

Oosterwik, Maria von, eine Holländerinn; man hat von ihrer Hand einen schönen Blumenstrauß gemahlt, in welchem sich besonders eine Sonnenblume auszeichnet. 1630. † 1693.

Oppersdorff, Gräfinn von, mahlte in Wien sehr artige Landschaften ohne Stafirung.

Orbetto, siehe Turchi.

Orient, Joseph, aus Niederungarn gebürtig, ein berühmter Landschaftmahler. In seinen Werken brachte er Windstürme, Ungewitter, Nebel oder Regen mit vieler Natur an. Ferg, Canton, oder Janneck, stafirten seine Arbeit. 1677. † 1747. In dieses Künstlers Werken findet man zuweilen auf den Landschaften Dorfschenken angebracht.

Orleans, Philipp Herzog von, mahlte sehr artig Schäferstücke.

Orley, Bernard van, aus Brüßel gebürtig, mahlte herrliche Landschaften, geistlich stafirt, zum Beyspiel die Flucht nach Egypten ꝛc., auch schöne Jagden. geb. 1490. † 1560.

Orsi, Coelius, bey Parma gebohren, man hat von ihm sehr artige allegorische Gemählde. 1510. starb 1586.

Ort, Adam von, war der erste Lehrmeister von Rubens. 1557. † 1641.; mahlte in Rembrands Geschmack.

Oß, van, von diesem Künstler neuester Zeiten hat man Stücke mit Obst, Blumen, Trauben, Vögelnester ꝛc. die Natur ist zum täuschen erreicht, alles ist vollkommen meisterhaft.

Ossenbeck, Johann, oder Jost, ein Rotterdamer, arbeitete meisterhaft in Peter von Laars Geschmack, Landschaften mit Wasserfällen, Grotten, Ruinen, alten Tempeln, Grabmälern und Palästen, auch Thiere, Märkte,

Reit-

Reitschulen ꝛc. in einem unvergleichlichen Colorit. 1627.
gebohren. Man hat von diesem Künstler herrliche historische Landschaften, mit vierfüßigen Thieren im Großen gemahlt.

Ostade, Adrian van, ein Lübecker, und Schüler
von F. Hals, er mahlte mit Natur, Feuer und gutem
Licht, Bauern, Trinkstuben, Besoffene und Viehställe ꝛc.
alles in seiner häßlichen Natur; ein Meister des Helldunkeln, welches er in seinen Werken unnachahmlich zu ver-
theilen gewußt hat. Sein Colorit ist fein, fleißig, und
glüend, seine Figuren sind kurz untersetzt. 1610. †1685.
Sein Bruder, Isaak, ist auch berühmt, starb aber zu
frühe. — Von Adrian Ostade hat man auch Dorfbar-
biers und Quacksalber, welche den Bauern die Zähne aus-
reißen, mit lächerlichen Umständen ꝛc.

Osterdorffer, mahlte sehr künstlich Portraits.

Oswald, von diesem hat man im Großen Kindercon-
versationen mit Hunden.

Dudendyk, Ebert, ein Harlemer Landschaftmahler,
dessen Werke mit allerhand Jagdzeug und Hirschen ausstafiret sind.

Duderogge, ein Niederländer, mahlte gemeine Weltgegenstände.

Oudry, Joh. Baptist, ein Franzos, und großes
Mahlergenie in jedem Fache der Mahlerey; seine Lieblingswerke waren Thiere, Vögel; Blumen, Früchte, Garten-
gewächse und Vasen; seine Hirsche, Wildpret und Hunde
übertreffen alle Meister, wie auch seine Bronzene Gefäse,
die lauter Natur zu seyn scheinen; sein Colorit ist natürlich,
und seine Belichtung meisterlich. 1682. † 1755. Seine
Hintergründe sind mit schönen Landschaften und Architektur ausgeziert.

Ovens, Jurian, oder Georg, ein Amsterdamer,
und Schüler von Paul Rembrand, er arbeitete in kräftigem Colorit, und unter andern mit großer Natur Nacht-

K 3   stücke,

Overf, P. van, ein niederländischer Mahler, arbeitet vortrefliche Vögel= Früchten= und Kuchelstücke, als Pasteten u. d. gl.

Ouwater, Albert, ein Harlemer; man hat von seiner Hand unter andern emblematische Vorstellungen über die Bibel, und geistliche Historien mit Landschaften, in welchen man eine gute Manier sowohl in der Zeichnung seiner Figuren, als in der Färbung gewahr wird. Florirte ums Jahr 1400.

P.

Paape, Adrian de, mahlte Conversationsstücke, von Geburt ein Niederländer.

Pace, Michael Angelus, ein Romaner, und berühmter Künstler in Früchten, auch in leblosen Sachen, geb. 1610. gest. 1670.

Pace, Salvator, ein Schüler von dem berühmten Solimena. † 1733. im 52sten Jahr.

Paderna, Paul Anton, ein Bologneser, sehr berühmter Landschaftmahler, er arbeitete im Geschmack seines Lehrmeisters Franz Barbieri und Guercino. 1649. † 1708.

Padvanino, siehe Varotari.

Pagani, Michael, ein Neapolitaner, berühmter Landschaftmahler; sein Colorit ist lebhaft und angenehm, und seine Arbeit nach der Manier von Franz Beich. 1697. † 1732. Von Franz Pagani hat man schöne Gemählde der Heiligen Familie, und sonstiger Heiligen, zu Florenz geb. 1529. † 1560.

Paganini, Wilhelm Capodoro, ein Mantuaner, vortreflicher Schlachtenmahler, der in Soldaten Uebungen

bungen wohl erfahren war, und nach Bourguignon studirt hat. geb. 1670.

Page, ein Franzos, und Schüler von **Monnoyer**, mahlte sehr künstlich Blumen.

Paggi, Joh. Baptist, ein Genueser, sehr berühmter Historien- und Portraitmahler. 1556. † 1629.

Paglia, Franz, ein Mahler von Brescia, mahlte mit einer guten Anlage der Farben, verfertigte auch sehr ähnliche große und kleine Bildnisse. † 1713. im 77sten Jahre seines Alters.

Paillet, Anton, gebohren zu Paris 1626. mahlte Historien und Bildnisse. † 1701.

Palamedes, oder Stevens. Deren giebt es mehrere, von Geburt Engländer. Einer mahlte Schlachten, Anton aber Portraits und Conversationsstücke. Sie lebten im 17ten Jahrhundert.

Palcko, Franz Xavier Carl, ein Breßlauer, und berühmter Künstler in geistlichen Historien und Conversationsstücken; man beobachtet in seinen Werken ein schönes Licht und Schatten, sodann einen kecken Pinselstrich; geb. 1724. † 1767. Man hat von seiner Hand ein schönes heiligen Familien Gemählde.

Palma, der ältere Jakob, ein Bergamascener, und berühmter Schüler von **Titian**; sein fleißiger Pinsel, schöner Farbenschmelz, richtige Zeichnung, frisches Fleisch, meisterhaftes Colorit, hat ihm den Namen eines großen Künstlers erworben. 1540. † 1588. Man hat von diesem Künstler schöne Portraits und sonstige Gedanken; die übrigen Werke sind historisch und im Großen. Jakob Palma, der Jüngere, ist zu Venedig gebohren, und wird dem Aeltern wegen seinem geistreichen Pinsel, und schön gefalteten Gewändern vorgezogen. Man hat von seiner Hand heilige Bilder und biblische Werke. 1544. † 1628.

Pal=

Palmieri, Joseph, ein großer genuesischer Künst=
ler. † 1736.

Palths, Gerard Johann, von Degenkamp in
Overyssel, ein berühmter Mahler in Portraits, Cabinets=
und Nachtstücken. Seine Werke sind meistens Gegenstän=
de des gemeinen Lebens. geb. 1681.

Paufi, Romulus; mahlte zu Florenz Portraits,
Landschaften und Feldschlachten sehr zierlich und künstlich,
geb. 1632, † 1700.

Panico, Anton Maria, ein Bologneser, und
Schüler von Hannibal Caraccio, dessen Manier er auch mit
größter Kunst annahm, ums Jahr 1600.

Pannini, Joh. Paul, von diesem Künstler hat
man köstliche Architekturstücke mit geistlichen und biblischen
Historien. geb. 1691. zu Piacenza.

Paolini, Peter, ein Mahler von Lucca, verfer=
tigte eine Menge Gemählde, die wegen ihrer richtigen
Zeichnung, starker Manier, gutem Colorit, vortreflichem
Ausdruck der Leidenschaften und Natürlichkeit, sehr stark
gesucht wurden, † 1681. im 78sten Jahre seines Alters.

Parise, Franz, ein Mahler aus Calabrien, mahl=
te angenehme Landschaften und Seestücke, die wegen ihrer
geistreichen Figuren und schönen Aussichten beliebt sind.
† 1743.

Permantio, oder Parmentier, Jakob, ein
franz sischer Historien= und Bildnißmahler, lernte bey sei=
nem Oheim, Sebastian Bourdon, † 1730. im 70sten
Jahre seines Alters.

Parmeggiano, siehe Mazzuoli.

Parmigiano, Fabritius, ein berühmter Land=
schaftmahler, ein guter Zeichner und Colorist; starb um
1600.

Parmigiano, Julius, arbeitete Landschaften und
Feldschlachten mit meisterhaftem Pinsel. † 1734.

Paro=

Paroccel, Carl, ein Pariser, und sehr berühmter
Pferd= und Schlachtenmahler; er arbeitete ungemein feu=
rig, und im pikanten Licht; sein Colorit aber dörfte bes=
ser seyn; überhaupt werden die Gemåhlde seines Vaters
den seinigen vorgezogen. 1688. † 1752.

Paroccel, Joseph, ein französischer sehr berühm=
ter Schlachtenmahler, ein Schüler von dem berühmten
Bourguignon, mahlte leicht und nach der Natur, mit
Feuer und Geist, gab ein schönes Colorit, und sein Licht
war von großer Wirkung; seine Zeichnung ist zwar nicht
allezeit richtig, doch scheinen seine Figuren zu leben, sich
zu bewegen, und in den Schlachten wirklich todtzuhauen,
so wirksam ist sein Pinsel. 1648. † 1704. Es giebt
noch mehrere Mahler dieses Namens, worunter Igna=
tius, als ein Schlachtenmahler auch berühmt ist, man
hat von seiner Hand stattliche Feldlager und Schlachten ge=
gen die Türken.

Pasch, mahlte zu Stockholm unter andern schöne
Thierstücke, ums Jahr 1745.

Pasero, C., von diesem hat man schöne Landschaf=
ten mit Schafen und sonstigen Heerden.

Passari, Joseph, ein Schüler von Karl Ma=
ratti, mahlte geistliche Geschichten in einer sehr angeneh=
men Manier. gest. 1714.

Patel, Peter, ein berühmter Pariser Landschaft=
mahler, seine Arbeit ist aber trocken, lebte ums Jahr
1630. Sein Sohn Bernhard, arbeitete in gleicher Kunst;
starb in einem Zweykampf 1703.

Patenier, Joachim, genannt Dionatensis, ein
sehr berühmter Landschaftmahler, der ungemein schöne Fer=
nungen, künstlich geblätterte Båume, und geistreiche Fi=
guren gearbeitet hat; seine Werke sind gleich kenntlich, weil
er (garstig angewöhnt) einen Bauern, der den Leib entla=
det, auf seine Landschaften öfters mahlte, lebte 1515.

Man

Man hat auch stattliche Werke in jedem Fach der Mah=
lergedanken, von einem Joachim Patenier, der aber ums
Jahr 1490. zu Dinant gestorben ist. Darunter sind Mut=
ter Gottes Bilder, heilige Familie und schöne Landschaf=
ten ꝛc. ꝛc.

Paton, R., ein sehr großer Künstler in Seegefech=
ten, seine Zeichnung, sein Colorit und Perspektiv ist durch=
gängig meisterhaft. Er arbeitete ums Jahr 1760.

Paudiz, Christoph, ein Niedersachse, und Schü=
ler Rembrands; arbeitete sehr schöne Portraits, Histo=
rien, und Bauernstücke. geb. 1618. Man hat von seiner
Hand allerley Gegenstände, auch lustige, als Tabackrau=
cher, Säufer mit zinnernen Kannen ꝛc.

Paulyn, Horatius, aus Flandern gebürtig, ein
sonst christlicher Mann, mahlte lauter ärgerliche Gegen=
stände in schönem Colorit, und sehr künstlich, ums Jahr
1660.

Pay, oder Pey, Johann von, von Riedlingen
in Schwaben gebürtig, ward nachmals churfürstl. baieris.
Cabinetsmahler; er copirte sehr fleißig ins Kleine, mahlte
aber auch große Tafeln und gute Bildnisse. † zu München
1660. im 71sten Jahre seines Alters.

Pecchio, Dominikus, ein vortreflicher venetiani=
scher Landschaftmahler; seine Figuren und Thiere sind sehr
zierlich gearbeitet. 1730.

Pedone, Barth., genannt Bartolo, ein venetia=
nischer Künstler in Landschaften, Seehäfen, und Nacht=
stücken. † 1735.

Pee, Theodor van, ein Amsterdamer, mahlte vor=
treflich Historien, Cabinetstücke, Vasen, und Gartenzie=
rathen. 1669. † 1748. Henriette, seine Tochter, war
eine vortrefliche Portraitmahlerin, sie arbeitete nach van
Dyck, und wurde allgemein bewundert. Sie heirathete
den geschickten Mahler Hermann Wolters, und starb 1741
im 49sten Jahr ihres Alters.

Pee=

Peeters, siehe Peters.

Pegnia, Peigne, Hyacinth de la, man hat von seiner Hand schön bearbeitete Feldschlachten. 1700. zu Brüßel geb., lebte in Rom.

Peitler, J. G., man hat von diesem Mahler todtes Wildpret, Vögel, Obst, Früchte, sehr gut gemahlt. Auch hat man von ihm sehr natürlich gemahlte Vögel an der Wand hangend, hie und da mit fliegenden Insekten.

Pelegrini, von Modena, mahlte nach Manier Raphaels, heilige und geistliche Historien.

Pellegrini, Anton von Padua, ein großer Künstler, von dessen vortreflichen Arbeiten man in Deutschland, Frankreich, England und Italien Beweise sehen kann. † zu Venedig 1741. 67 Jahre alt.

Penen, van, mahlte im niederländischen Geschmack Gegenstände des gemeinen Lebens.

Penni, Johann Franz, genannt il Fattore, einer der besten Schüler Raphaels, ein Florentiner, mahlte besonders vortrefliche Landschaften, die er mit schönen Gebäuden zierte; sein Geschmack ist nicht angenehm, er fällt ins riesenmäßige, doch ist seine Manier erhaben, welches sich aus dem Karakter seiner Köpfe abnehmen läßt. Seine Figuren sind lang und mager. 1488. † 1528.

Pens, Georg, mahlte unter andern heydnische Geschichte, als den Mord der Lucretia. Man hat auch von seiner Hand kleine Hausaltärchen nach alter Art, und Portraits, in welchen man viel Genie und große Talente sieht, daher sie sehr hoch geschätzt werden. Seine Arbeit fällt in die Jahre 1530 — 50.

Pequaer, mahlte ums Jahr 1717. allerhand ländliche und Jagd Converfationen, auch Gesellschaftsstücke.

Pereda, Anton de, ein Spanier, mahlte im venetianischen Geschmack, mit sehr keckem und herzhaftem Pinsel Historien, Landschaften, Blumen, Früchten, Viehstücke und Tabackgesellschaften, alles ist meisterlich. 1599.
starb

starb 1669. Alles, was er machte, verräth dem gro=
ßen Meister.

Perelle, dieses Namens giebt es mehrere geschickte
Landschaftmahler. Nikolaus Perelle, ein Pariser, ar=
beitete nach Poussin stark bergigte Gegenden mit steilen Fel=
sen, Brücken. 2c.

Perin, siehe Vaga.

Permanginiani, von diesem hat man geistliche Hi=
storienstücke.

Perrier, Franz, aus Burgund gebürtig, ein Schü=
ler von Simon Vouet und Lanfraco, ein Künstler in
geistlichen Historien, welche ungemein gut gezeichnet sind.
1590. † 1650. Sein Vetter, Wilhelm, ist auch be=
rühmt.

Persyn, Regner, genannt Narcissus; man hat
von seiner Hand biblische Geschichten. Er arbeitete ums
Jahr 1640. zu Amsterdam.

Pertus, ein spanischer Landschaftmahler, zu Ende
des 17ten Jahrhunderts.

Perugino, siehe Vanucci.

Pesaro, siehe Cantarini.

Pesce, Joseph, man hat von seiner Hand eine
heilige Familie. Florirte noch 1758. zu Rom.

Pesce, Peter, mahlte zu Neapel Landschaften und
Seestücke, die er mit kleinen artigen Figuren zierte, um
1680.

Pesey, Hieronymus, von diesem Künstler hat man
gar schöne Kinder gemahlt.

Pesne, Anton, ein Pariser, 1684. geb., ein vor=
treflicher Portrait= und Historienmahler. † zu Berlin als
Hofmahler 1757.

Peters, Bonaventura und Johann, gebohren zu
Antwerpen, geschickte Künstler. Ersterer arbeitete Ge=
genstände, welche Schrecken und Verwunderung erregen,
als Seestürme, Donner, Blitz, See=Unglücke, vom Blitz
ent=

entzündete, in die Luft fliegende Seeschiffe. Johann mahlte Seestürme und Seegefechte. Alles, was sie mahlten, ist meisterhaft, sehr fein, und mit schönen Figuren verziert. Sie arbeiteten ums Jahr 1640. Man hat auch Landschaften mit Felsen und Schiffen von einem **Anton Peters**; ferner hat man zu unsern Zeiten einen berühmten Portraitmahler dieses Namens, von Geburt ein Engländer.

Petit, hat gebürgigte Landschaften gemahlt.

Petitot, Johann, ein Genever, der berühmteste Emailmahler; neben dem, daß seine hohe Farben alles Colorit übertreffen, wußte er auch seinen Schmelzgemählden die Aehnlichkeit und Natur meisterlich zu geben. 1607. † 1691.

Petrucci, Franz; ein Schüler von **Franceschini**, ein Florentiner und großer Künstler. † 1719.

Peuteman, Peter, ein Rotterdamer, arbeitete sehr künstlich Figuren auf ausgeschnittene Bretter, sodann Stilllebengemählde, und von der Welteitelkeit. † 1692.

Peyrotte, ein Lioner, mahlte ums Jahr 1760. zu Paris vortrefliche Blumen und Früchtenstücke.

Pfalz, Louise Hollandine, Prinzessinn von der, mahlte sehr künstliche Historienstücke; eine Schülerinn von **Gerard Honthorst**. † 1709. im 86. Jahre ihres Alters.

Pfandzelt, Lukas Konrad, ein Ulmer, und bekannter Künstler in Nachahmung großer Meister; gieng nachmals nach Petersburg. geb. 1716.

Pfeiler, Maximilian, mahlte Blumen und Früchten keck und vortreflich, auch schöne Figuren, als Gärtnerinnen mit Obst u. d. gl., Schatten und Licht fehlt aber.

Piazetta, Joh. Baptist, ein Venetianer, und berühmter Mahler, der unter andern sehr viele Köpfe gearbeitet hat; sein Pinsel hat viel Feuer, aber die Zeichnung ist mittelmäßig. 1682. † 1754. Man hat von seiner Hand meistens biblische Stücke, Heilige und Apostel.

Picault,

Picault, gehört mit unter die ersten Künstler, alte Gemählde auf frische Leinwand über zu tragen. Er machte zu Paris 1750, an einem schadhaften Gemählde von Raphael, der Erzengel Michael, die Probe zu aller Satisfaktion.

Piccart, Joh. Michael, mahlte Blumen und Landschaften ums Jahr 1640.

Piccart, Heinrich Christoph, mahlte zu Wolfenbüttel meisterhafte Blumenstücke. 1700. † 1768.

Pierre, Joh. Baptist Maria, ein vortreflicher französischer Historienmahler, der sich in geistlichen und heydnischen Geschichten auszeichnete, ums Jahr 1748. — 1760.

Pierson, Christoph, ein Haager, berühmter Mahler lebloser Gegenstände, vorzüglich liebte er Kriegsgeräthe, als Flinten, Spieße, Jägerhörner, in Leemanns Manier, zu mahlen. 1611. † 1714. Die Gemählde dieses Künstlers sind von gutem Colorit, schönen Gruppen und vielem Verstand; sein Helldunkel macht eine vortrefliche Wirkung.

Pieters, Gerard, ein Amsterdamer, mahlte Portraits und Conversationen. Er war Meister im Nackenden zu mahlen, ums Jahr 1610. Ein anderer Pieters um 1648. zu Antwerpen gebohren, kopirte die Gemählde Rubens mit solcher Geschicklichkeit, daß sie ohne Bedenken für Originale gehalten wurden. Diese genaue Nachahmung hatte einen großen Einfluß auf seine eignen historischen Gemählde.

Pillement, Johann, man hat von diesem französischen Mahler Prospekten nach der Natur.

Pinas, Johann und Jakob, arbeiteten ums Jahr 1630. sehr künstlich Landschaften. Johann nahm sich eine dunkle Manier an, und man will glauben, daß Rembrand daher sein Colorit entlehnt habe.

Piombo, siehe Sebastian.

Pipi,

Pipi, Julius, genannt Romano, ein Schüler Raphaels, und ein sehr berühmter Künstler in allerhand Mahlergegenständen, besonders in Gemählden, welche Verwunderung und Schrecken erregen. Sein Colorit ist zwar ziegelfärbig, und seine Gewänder schlecht gefaltet; allein sein guter Mahlergeschmack, sein stolzer Pinsel, und seine feurige Composition ersetzet alles übrige sattsam. Man hat von ihm geistliche Werke, Götter und poetische Gedichte, Historien, auch Feuersbrünste. 1492. † 1546.

Pittoni, Franz und Joh. Baptist, Venetianer, und berühmte Mahler. Ersterer arbeitete zwischen Anfang und Mitte des 17ten Jahrhunderts, und Letzterer bis 1767, in welchem Jahr er 77 Jahre alt starb; dieser war ein großer Historienmahler.

Plas, David van der, einer der besten Bildnißmahler zu Amsterdam, er besaß eine vortrefliche Kenntniß des Helldunkeln, und eine ungemeine Kraft macht seine Arbeit ziemlich ähnlich jener von Titian. † 1704. im 57. Jahre seines Alters.

Platten, siehe Montagne.

Plazer, Joh. Georg, mahlte Historien und lustige Conversationen; seine Werke sind mit vielen Figuren geziert, und sehr lebhaft und stark colorirt; geb. 1702.

Plom, Peter van, hat herrliche Landschaften mit Vieh gefertigt.

Po, Jakob del, ein römischer Historienmahler, ums Jahr 1720, der mit vielem Feuer komponirte, und mit starkem Colorit, wiewohl übertrieben, seine Gemählde ausarbeitete.

Pocchietti, siehe Barbatello.

Poel, Albert, ein Niederländer, von diesem hat man vortrefliche Feuersbrünste und Bauernstücke, die er sehr zierlich und fleißig, voller Feuer und Leichtigkeit ausarbeitete, im Geschmack von Tenier und Brouwer.

Poelemburg, Cornelius, ein Utrechter, sehr be=
rühmter Künstler, und Schüler von Blömart, führte ein
fein liebliches Colorit, und arbeitete fleißig und unvergleich=
lich kleine Historienstücke, das jüngste Gericht, schöne Nym=
phen und Figuren, auch besonders schöne Landschaften, wo=
rinn er die Hintergründe mit Ruinen oder Wasserfällen ver=
ziert hat. Er mahlte nach der Manier des Adam Elz=
haimers und Raphaels. 1586. † 1660. Seine Färbung
ist glänzend, besonders in den Lüften; seine Figuren, zu=
mal die weiblichen, sind wohl gefärbt, die Zeichnung aber
ist darinn nicht allemal richtig. Berghem hat zuweilen
Poelemburgs Gemählde stafirt. Poelemburgs herrli=
che Gemählde bestehen meistens in Frauenbildern mit Kin=
dern und badenden Nymphen, auf Kupfer oder auf Holz
meistens im Kleinen gemahlt.

Pompei, Alexander Graf, ein Veroneser Mahler
und Künstliebhaber, ums Jahr 1730.

Ponte, siehe Bassano.

Pontormo, Jakobus de, genannt Carucci, ein
Florentiner, und sehr berühmter Mahler, dessen Ma=
nier zu denken und zu zeichnen groß war; sein Pinsel aber
hart, sein Colorit sehr gut, allein sein Geschmack ganz be=
sonders, daher er auch leicht kenntlich ist. 1493. starb
1556.

Pool, Jurian, ein Amsterdamer, ein vortreflicher
Portraitmahler. Er zeigte in seinen Gemählden eine künst=
liche Behandlung des Helldunkeln, und ein meisterhaftes
Colorit. Seine Frau war die berühmte Mahlerinn Ra=
chel Ruysch. 1666. † 1745.

Poorter, Wilhelm, ein Härlemer, und Künstler
in geistlichen Historien; diese sind so fleißig ausgearbeitet,
daß sie den Werken des Gerard Douws nichts nachgeben.
Man findet in seinen Gemählden schöne Gefäße und Kir=
chenzierrathen, ums Jahr 1630.

Por=

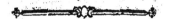

Porbus, deren gab es drey, Niederländer, sie arbeiteten vortrefliche Portraits, Historien, geistliche Stücke, Landschaften und Thiere, zuweilen fehlt es aber in der Zeichnung; sie lebten im 16ten und 17ten Jahrhunderte.

Pordenone, siehe Regillo.

Pörpora, Paulus, ein Neapolitaner, und Schüler von Angelus Falcone, er mahlte Feldschlachten, Fische, Geflügel ꝛc. ums Jahr 1650. † 1680.

Porta, Joseph, oder Salviati, im Venetianischen gebohren, ein vornehmer Historienmahler, kenntlich sind seine Werke an den breit-gefalteten Gewändern, und andern starken Muskeln seiner Figuren. Sein Colorit ist schön, und seine Zeichnung richtig. 1533. † 1585. Unter andern hat man von seiner Hand schöne Marienbilder. Ein anderer Baccio della Porta, geb. 1469, war ein großer und berühmter Geschichtmahler, der in seinen Werken immer die Natur zu Rathe zog, und sie mit einem sehr lebhaften Colorit ausarbeitete, das zugleich zart und angenehm ist. Seine Zeichnung ist richtig, und seine Compositionen voll Geist. † 1517.

Possenti, Benedikt, und Joh. Peter, Bologneser; ersterer ein Schüler der Caracci; arbeitete Landschaften, Seehäfen, Schiffsladungen, Märkte, Bataillen, und lustige Gesellschaften mit vieler Lebhaftigkeit; er blühte um 1600. Sein Sohn, Joh. Peter, geb. 1618, arbeitete Feldschlachten in großem Geschmack und keckem Colorit; man hat auch von ihm geistliche Gegenstände.

Post, Franz, ein Harlemer, großer Landschaftmahler. Weil er 1647 — 50. in Indien war, so pflegte er auch die dortigen Gegenden in seinen wohlgefärbten Gemählden mit unbekannten Bäumen, Pflanzen und schönen Vorgründen künstlich anzubringen. † 1681.

Pot, Gerard, ein Harlemer, berühmter Portraitmähler, ums Jahr 1625.

Potaſch, mahlte Waſſergeflügel, wilde Enten ꝛc.

Potter, Paul, ein Amſterdamer, mahlte vortrefliche Landſchaften und Converſationen, Hirtenſtücke und Thiere; ſeine Werke haben viel Angenehmes, und ſind platte holländiſche Gegenden; ſein Colorit iſt fein, und alles wohl beluchtet und glänzend, beſonders wo er die Sonnenſtralen angebracht hat; ſeine Figuren und Vieh ſind unvergleichlich gearbeitet. 1625. † 1654.

Poule, Peter, man hat von dieſem Künſtler wilde Thiere, die mit Schlangen kämpfen ꝛc. im Großen.

Pouſſin genannt, oder Kaspar Dughet, ein Romaner, mahlte vortrefliche Landſchaften, darinn iſt ein ſchöner Baumſchlag, der helle Himmel, Wind oder Sturm, recht meiſterlich angebracht; ſeine Werke ſind recht friſch und lebhaft. Seine letztere ſind beſonders von angenehmer Art, obſchon ſeine Bäume gegen die Natur zu grün. 1613. † 1675. Seine ſchönſten Gemählde ſind die, in welchen er ſich der Manier des Claude Lorrains nähert.

Pouſſin, Nikolaus, ein Normäner, und ſehr berühmter Künſtler; ein Meiſter in jedem Fach der Mahlerkunſt, in Hiſtorien und Landſchaften, ein geiſtreicher Mahler und Kenner des Alterthums, der Geſchichte und Poeſie, mit welchen großen Eigenſchaften er ſeine Werke ausgezieret. In ſeinen Landſchaften findet ſich recht meiſterlich Wetter und Jahreszeit angemerkt; er mahlte auch ſchöne Bäume und herrliche Gebäude; ſeine Zeichnung iſt richtig, und in ſeinen Bildern herrſcht ein edler und erhabener Karakter, daher er auch der franzöſiſche Raphael genannt wurde. 1594. † 1665.

Pozzo, Andreas, ein Tridenter, ſehr berühmter Künſtler, beſonders in der Architektur und Perſpektiv. 1642. † 1709.

Praſch, Wenzeslaus Ignatius, er arbeitete allerhand Räuber= Jagd= Thier= und Pferdſtücke; in letztern excellirte er aber. Seine Figuren ſind kurz. † 1761.

Sein

Sein Sohn, **Magnus**, ist auch als ein **Thiermahler** bekannt zu Nürnberg um 1776.

Preisler, Daniel, aus Prag gebürtig, ein Mahler von Nürnberg; er arbeitete geistliche Historienstücke und Portraits; starb 1665. 38 Jahre alt.

Preisler, Johann Daniel, von Dresden, lernte zu Nürnberg, und zog einen Sohn, Joh. Justin, der ein vortreflicher Mahler wurde; starb 1771. Der Vater starb 1737. im 71sten Jahre seines Alters.

Prete Genovese, siehe Strozzi.

Preti, Mathias, il Calabrese genannt, ein Neapolitaner; sein Fleisch ist dunkel und hart, dieß ersetzt aber sein kräftiges Colorit, seine schöne Gewänder, und sein geistreicher Pinsel. 1613. † 1699. Seine Werke sind meistens geistliche Historien.

Pretschneider, J. M., ein Deutscher, mahlte Blumenkränze inwendig mit grauen Basreliefs in Wien, ums Jahr 1720.

Primaticcio, Franz, ein Bolognteser, und Schüler von Julius Romanus, ein Meister in Stuckatur = Zierrathen; er mahlte künstlich seine Figuren; seine Mählerhand ist leicht, sein Colorit gut, und die Anordnung in seinen Gemählden durchaus schön und geistreich; die richtige Zeichnung und Natur fehlt aber überall in seinen Werken. 1490. † 1570. Man hat von ihm biblische Historien Gemählde.

Primi, Johann Baptist, ein Romaner, mahlte sehr wohl Seestücke, Schiffe und Landschaften, auch schöne kleine Historien. † 1657.

Prina, Peter Franz, ein großer Künstler in Perspektiv und Architektur, ums 1710.

Prina, Johann Franz, ist auch berühmt wegen seinen angenehmen historischen Gemählden.

Prince, Joh. Baptist, ein französischer Mahler, der den ersten Rang nach Wouwermann und Berghem verdient; so herrlich sind seine Pferd und Viehstücke, wie auch

seine

seine Landschaften, die er mit mancherley Gegenständen reizend auszuzieren wußte.

Pròccacini, Camillus und Julius Cäsar, gebohrne Bologneser, zwey berühmte Mahler; Camillus mahlte zuweilen Arm und Beine, gegen die Natur und richtige Zeichnung länger; seine Figuren aber haben viel Leben. Julius arbeitete nach Tintoret. Lebten im 16. Jahrhunderte. Es gab noch mehrere geschickte Mahler unter diesem Namen, die alle zusammen im 16ten und 17ten Jahrhundert florirt haben.

Pronck, Cornelius, ein Amsterdamer, und berühmter Portrait- und Perspektivmahler, er mahlte schöne Prospekte mit holländischen Städten und Dörfern. geb. 1692.

Puytlink, Christoph, genannt Trechter, der Lehrmeister von Melchior Hontekoter, mahlte ums Jahr 1670. Landschaften und Federvieh.

Pynacker, Adam, ein sehr berühmter Landschaftmahler; seine Bäume sind sehr natürlich gefärbt und belaubt. 1621. † 1673.

Pynacker, Thomas, ein Pariser, mahlte auch vortrefliche Landschaften. 1621. † 1673.

Pyras, von diesem Mahler hat man biblische Historien.

Q.

Quaini, siehe Franceschini.

Quant, von Bremen gebürtig, und ein berühmter Historienmahler, ums Jahr 1615.

Quartal, mahlte zu Berlin sehr gute Landschaften in Pynackers Geschmack.

Quast, Peter, mahlte lustige Conversationen, Räuberplünderungen, Soldaten Hauptwachen und Barbierstuben; lebte ums Jahr 1650. Man hat auch Tabackstuben mit vielen Bauern besetzt von seiner Hand.

Que=

Queborn, **Chriſtian**, ein berühmter Landſchaftmah=
ler zu Antwerpen.

Quellinus, **Erasmus**, ein Antwerpner, und Schü=
ler von **Rubens**; mahlte Hiſtorien mit keckem Pinſel und
männlichen Colorit; er traf gute Auswahl der Gegenſtän=
de und aller Nebendinge. 1607. † 1678. **Joh. Eras=
mus**, der Sohn, mahlte nach **Paul Veroneſe**; er war ei=
ner der berühmteſten Künſtler der flamändiſchen Schule,
ſeine Figuren ſind beſonders wohl gezeichnet, und zierlich
gearbeitet. 1629. † 1715. Man hat von des erſtern
Künſtler Hand ſchöne Altarblätter und Heilige im Großen,
auch römiſche Geſchichten.

Querfurt, **Auguſtus**, ein Wolfenbüttler, und
Schüler des **Georg Philipp Rugendas**, mahlte in ſtark=
dunkeln Colorit vortrefliche Pferde, Scharmützel und Ba=
taillenſtücke, in der Manier von Bourguignon. 1696. †
1761. Unter andern Stücken hat man von ſeiner Hand
ſchöne Falkenjagden, wo ſich Schimmel auszeichnen.

Quilinar, von dieſem hat man geiſtliche Stücke,
als die heil. Mutter Gottes mit dem Jeſus Kind.

Quitter, **Hermann Heinrich**, ein Bonner, und
Schüler von **Carl Maratti**; er arbeitete Portraits und
Hiſtorien. † 1731. zu Braunſchweig. Sein Bruder,
Magnus, war ebenfalls in dem nämlichen Fach berühmt.
† 1744. zu Kaſſel.

R.

Rabiella, ein Spanier, und berühmter Feldſchlachten=
mahler. † 1700.

Rademacker, **Abraham**, ein Amſterdamer, und
großer Zeichner; ſonſten arbeitete er in Waſſerfarben und
mit Tuſch ſchöne Landſchaften. 1675. † 1735.

Rademacker, **Gerard**, mahlte vortrefliche Archi=
tektur und perſpektiviſche Stücke. 1672. † 1711.

Rag=

Raggi, Peter Paul, mahlte zu Genua sehr schö=
ne Landschaften, ums Jahr 1690.

Raguenet, mahlte zu Paris in der Mitte dieses
Jahrhunderts Prospekten.

Raibolini, Franz, genannt Francia, ein Bo=
logneser, mahlte Marienbilder, die sehr zart und wohl
ausgearbeitet sind. † 1575.

Raineri, Fanz Maria, mahlte Historien im Klei=
nen, Landschaften und Feldschlachten. † 1758. zu Man=
tua, mehr als 80 Jahre alt.

Ranc, Johann, ein Schüler von Rigaud, zu
Montpellier gebohren, ein berühmter Portraitmahler, 1674.
† 1735.

Raoux, Johann, von Montpellier, dieser franzö=
sischer Mahler legte sich auf allerhand eigene Erfindungen,
Jahrszeiten, Bauernhochzeiten, Festins und Bildnisse mit
historischen Hintergründen, dieses waren seine Lieblings=
stücke, welche er in lebhaftem Colorit und mit schönen Blu=
men ausgearbeitet hat, 1677. † 1734.

Raphael, Sanzio, von Urbino gebürtig, ein Mei=
ster aller Meister, besonders in der vernünftigen Anord=
nung seiner Gegenstände, in den edlen und majestätischen
Stellungen seiner Figuren; in dem feinen kräftigen, und
wahren natürlichen Ausdruck dessen, was seine Gemählde
vorstellen sollten, in der feinen Auswahl seiner mahlerischen
Gedanken, in dem Reiz, in dem Ausdruck, in dem Ge=
fühl und den Empfindungen, welche er in seinen geist=
und weltlichen Gemählden vor allen Meistern, vorzüglich
nach wahrer menschlicher Leidenschaft angebracht hat. Ra=
phaels Zeichnung ist die richtigste, und wann das Sanfte
von Correggio, sodann das schöne Colorit eines Titian noch
in seiner Macht gestanden wäre, so würde seine Kunst ganz
vollkommen gewesen seyn. 1483. † 1520. Peter Pe=
rugino war Raphaels erster Lehrmeister. Seine Ge=
mählde sind in Anbetref der Größe sehr verschieden, von 5
Schuh

Schuh hoch, bis auf 7 Zoll; so viel ich aber wahre oder angebliche Raphaels Gemählde zu Gesicht bekommen, hatten sie alle diese zwey Hauptkennzeichen, daß sie 1) auf Holz gemahlt waren, und 2) alle in der Form höher als breit gewesen sind. Die Gegenstände dieses großen Künstlers, sind meistens christlich, Mutter Gottes; heilige Familien, Leiden Christi, oder Heiligen.

Ravestyn, Hubert van, ein Dortrechter, mahlte meistens ländliches Wesen und Verrichtungen, als Bauernhütten, Schäfereyen, Viehmelken oder Viehschlachten.

Recco, Joseph, ein Neapolitaner, und großer Künstler in Blumen, Kräuterfrüchten und Waydwerk, vorzüglich aber Fische und Seegewächse in größter Vollkommenheit. geb. 1634. † 1695.

Reclam, Friedrich, ein Magdeburger, mahlte zu Berlin schöne Portraits und Landschaften, ums Jahr 1765.

Regillo, Anton, oder Pordenone, mahlte heilige Bilder, die von vorzüglicher Schönheit und Stärke sind. 1484. † 1540.

Reichenbach, mahlte herrliche poetische Gedichte.

Reicher, F. G., mahlte vortreflich geistliche Historienstücke im feinen und natürlichen Farbenton, seine Farben sind stark geschmolzen, und der Ausdruck der Leidenschaften meisterlich. Ein sterbender Sebastian, auch eine Kreuzigung Christi mit vielen Figuren, sind zwey meisterhafte Gemählde von seiner Hand; er arbeitete zu Anfang des 17ten Jahrhunderts.

Rembrand, Paul, eigentlich Rembrand van Ryn, ohnweit Leyden gebohren, einer der größten Künstler; ein Meister des Schatten und schönen Lichtes, welches er von einer Seite, von oben, anzubringen gesucht hat; sein Pinsel ist markigt, sein Colorit dunkelbraunlich, unrein, und unkenntlich fast, seine Fleischfarbe ist leimig, hier sind seine Farben ganz dick, doch auch so leicht, daß man die Grundfarbe sieht; seine Gemählde machen in der

Ferne

Ferne den besten Effekt, weil seine Umrisse ganz seicht, und ein Gegenstand in den andern verarbeitet ist; seine Köpfe und halbe Figuren sind zuweilen fleißiger ausgearbeitet, an diesen lassen sich sodann Kopf= und Barthaare zählen; seine Conversationsstücke sind zwar in ihrer Zusammensetzung nicht von gutem Geschmack, dann er wählte gar oft gemeine Weltgegenstände. Seine Hintergründe sind meistens schwarz, um die Perspektiv, worinn er gar nicht erfahren war, zu umgehen, oder er ließ den Hintergrund von einem andern Mahler besorgen. Seine Köpfe werden gar sehr gesucht, und hoch bezahlt, wie wohl seine Landschaften noch seltener sind. 1606. † 1674. Dieser Meister mahlte nichts Nackendes, obschon er sein Eheweib öfters in Kupfer radirte, und es ist auch sonsten zu bedauern, daß Meister, wie Rembrand, Rubens und van Dyck nicht immer Gegenstände der schönsten bestgestalteten Natur vor sich hatten, wo zu erwarten gewesen wäre, daß sie diese eben so glücklich copirt hätten, als sie die Natur in ihrer Wahrheit, und gar oft in ihrer Häßlichkeit dargestellt haben. Dieser Künstler mahlte meistens Portraits, Geburt oder Leiden Christi und Heiligen; überhaupt aber gerne Halbfiguren, auf Holz oder auf Leinwat; niemal auf Kupfer, wohl aber seine Schüler.

Remps, Dominikus, aus Flandern gebürtig, er mahlte hölzerne Tafeln, auf welchen Landschaften, Briefe, Kupferstiche, Karten, Haarkämme, Messer, Federn zu liegen scheinen.

Remshartin, Elenora Katharina, eine Augsburgerinn, mahlte Portraits in Miniatur; geb. 1764. † 1767. Ihre Schwester, Sabina, mahlte einzelne Bilder von Modewaaren, Masken u. d. gl., welche gut gezeichnet, und mit feinem Pinsel gemahlt sind; starb in Augsburg 1775.

Reni, Guido, ein Bologneser, und Schüler von Dyonysius Calvart anfangs, nachmals aber von Ludwig

Ca=

Caraccio, einer der größten Künstler; und obschon die Caracci und Caravaggio mehr Feuer, mehr Natur und Ausdruck ihren Gegenständen gegeben haben, so bleibt doch das Edle, Angenehme und Reizende eines Guido was Göttliches. Seine Manier ist zart und gefällig, sein Pinsel ist geistreich, leicht, alles gut gezeichnet; sein Colorit lieblich, hell und durchscheinend, daß man durch das Fleisch in die Körper seiner Figuren, ja das Blut durch die Adern laufen zu sehen glaubt; seine Köpfe, Hände und Füße sind voller Reiz, seine Gewänder mit Geschmack breit gefaltet, seine schwache Tinte oder Schattenfarbe, ist überaus wirksam. 1575. † 1642. Seine Werke sind durchgängig entweder geistlich oder aus der Götter Historie entnommen. Man hat von seiner Hand schön componirte Frauenbilder mit dem Jesus Kind, auch allegorische Werke; er mahlte auf Leinwat, Papier und Kupfer, niemal auf Holz.

Resani, Angelus, ein Romaner, berühmter Thiermahler, man hat auch Historienstücke von ihm; gebohr. 1670.

Reschi, Pandolphus, ein Danziger, berühmter Feldschlachten= und Landschaftenmahler. Erstere fertigte er nach Bourguignon; letztere nach Salvator Rosa. 1634. † 1690.

Reuling, Karl Ludwig, ein Künstler, der zum Zeitvertreib Bataillen mahlte, und eigentlich ein Schauspieler war. Er hat zwey Feldschlachten gemahlt, welche dem Rugendas in der Stärke nicht allein nichts nachgeben, sondern in einem warmen Colorit, in einer gar feinen Zeichnung, und in den schönen Stellungen der Fechtenden den Vorzug verdienen dürften; sein Colorit ist zwar nicht so hell, wie von Rugendas. Beyde Gemählde sind mit seinem Namen, und mit der Jahrzahl 1757. bezeichnet.

Reuter, Christian, ein Sachse, arbeitete nach Peter van Laar schöne Landschaften, Thiere und Feldschlachten. 1656. † 1729.

L 5

Rey=

Reynolds, Josua, ein Engländer, und einer der größten Künstler der neueſten Zeiten in Portraits. Lebte noch 1768.

Ribera, Joseph, Spagnoletto genannt, ein Neapolitaner, deſſen ſchreckhafte Hiſtorienſtücke, als die Martern der Heiligen, oder meiſtens aus der heydniſchen Göttergeſchichte, ſehr berühmt ſind. In dieſen bewundert man das Wahre und Natürliche ſeiner Ausdrücke und ſeines Colorits; aber ſein Geſchmack war weder edel, noch angenehm. 1593. † 1656. Er mahlte im Großen auf Leinwat.

Riccart, Paul, mahlte in der Manier des berühmten Netſcher; arbeitete ums Jahr 1660. zu Brügge.

Ricci, Sebaſtian, ein Venetianer, und großes Mahlergenie, deſſen leichter Pinſel, geiſtreicher Geſchmack, ſchöne Anordnung, und große Ausführung ſeiner Gegenſtände vorzügliche Achtung verdienen; ſein Colorit fällt ins Schwarze, und ſeine Gewänder haben tiefe Falten. 1659. † 1734.

Ricci, Dominikus, Brufaſorci genannt, von dieſem hat man ſchöne Marien und Heiligen Gemählde, und Mark. Ricci war ein ſehr geſchickter Meiſter in Landſchaften und Architekturſtücken. † 1729. 50 Jahre alt.

Ricciarelli, ſiehe Voltera.

Riedel, Gottlieb Friedrich, ein Dresdner, geb. 1724, anfangs ein Schüler von J. E. Fiedler, hernach von Ludovikus Silveſter, bey welch letzterm er ſich beſonders im Zeichnen geübt hat. Er mahlte Landſchaften und Figuren, auch Thiere und Vögel in Oel ſowohl, als Feuerfarben; mählte hernach verſchiedene Verſuche zu radiren auf Kupfer, und lebte als Mahler und Kupferſtecher in Augsburg. † 1782.

Riedinger, Joh. Elias, zu Ulm 1698. geb., ein berühmter Künſtler von allerhand Pferd= Hund= und Jagdſtücken; ſeine Manier iſt ernſthaft, doch unterhaltend,

tend, sein Colorit zwar natürlich, aber schwach. †1767. im 69ſten Jahre ſeines Alters. Kein Meiſter hat die Natur der Thiere ſo ſchön nachzuahmen verſtanden, als er.

Riedlin, Maria Thereſia, zu Dresden gebohren, mahlte mit großem Fleiß ungemein ſchöne kleine Figuren, ums Jahr 1740.

Rieger, Johann, mahlte zu Augsburg Hiſtorien und vortrefliche Seeſtücke, Seeſtürme. †1730.

Ries, arbeitete zu Regensburg; ein fleißiger Portraltmahler in Waſſerfarben.

Rietſchoof, ein großer Künſtler in Seeſtücken, und Schüler von Rudolph Backhuyſen. 1652. † 1719. Sein Sohn, Heinrich, war auch darinn ein Künſtler, geb. 1678.

Riegaud, Hyacinth, ein ſehr vornehmer franzöſiſcher Mahler, deſſen ſchöne Bildniſſe beſonders geſchätzt ſind, er mahlte nach van Dyck, und ſein Colorit iſt ungemein glänzend; ſeine dunkle Schattenfarbe fällt ins Violette, und ſeine Gewänder ſind etwas aufgeworfen, als wenn der Wind ſie angeblaſen hätte. 1659. † 1743.

Righolts, ſiehe J. P. van Thielen.

Rikaert, David, man hat von dieſem Künſtler nach Teniers Einfällen, Bauerntänze und Kirchweihen, aber auch Plünderungen von Soldaten und brennende Dörfer 1615. zu Antwerpen, wo er ums Jahr 1650. Akademie-Direktor geweſen iſt.

Rinaldi, Sanctus, mahlte im 17ten Jahrhundert vortrefliche Feldſchlachten und Landſchaften; ſtarb am Ende deſſelben.

Ritſchier, von dieſem hat man vortrefliche Landſchaften.

Rivalz, Joh. Peter, ein vornehmer franzöſiſcher Hiſtorienmahler, deſſen ſchöne Anordnung, Geiſt und Ausdruck in ſeinen Figuren vorzüglich gefallen, geb. 1625. † 1706. Anton Rivalz, der Sohn, war auch ein berühm=

berühmter Geschicht = und Fabelnmahler; gebohr. 1667.
† 1735.

Riviera, Franz, ein Pariser, man hat von ihm sehr schöne Landschaften mit Figuren in türkischer Tracht, Seestürme und kleine Historien. † 1746.

Robart, Wilhelm, mahlte ums Jahr 1770. zu Augsburg artige Blumen und Jagdstücke.

Röbert, arbeitete ums Jahr 1770. zu Paris sehr wohlgefärbte Landschaften und Prospekten.

Robusti, Jakob, genannt Tintoretto, ein Venetianer, und großer Künstler, er arbeitete geistliche Historien, und poetische Gedichte. Titian war sein Lehrmeister; er arbeitete leicht und geschwind mit beherztem Pinselstrichen, und feurig; oft sind seine Stellungen übertrieben, und die richtige Zeichnung fehlt auch zuweilen; dieses ersetzen aber andere Vorzüge, als sein schönes frisches und ungemischtes Colorit; seine weibliche Figuren und sein vortrefliches Fleisch, worinn er ein Meister war. 1512. † 1594. Tintorets Werke sind verschieden, als vollkommen, gut und passabel gearbeitet; seine Mahlergegenstände waren meistens Portraits, die er herrlich zu verbrämen gewußt hat. Maria Tintoret war eine gute Coloristinn, und berühmte Portraitmahlerinn. Dominikus Tintoret mahlte Heiligen Bilder. Obigen Jakob Tintoretts Portraits und Heiligen sind alle auf Leinwat gemahlt.

Rode, Christian Bernhard, mahlte vortrefliche Historien und Portraits zu Berlin, und starb 1759. geb. 1725.

Roepel, Conrad, ein Hungar, und Schüler von Constantin Netscher, mahlte aber vortrefliche Blumen und Früchtenstücke in sehr schönem Colorit. 1678. † 1748.

Roeting, Lazarus, ein Nürnberger berühmter Mahler, der allerhand Thiere, Vögel, Fische, Blumen und Würmer in seinen Werken mit großem Fleiß anbrachte, 1549 † 1614.

Ro=

Roger, van Brugge, oder van der Wyde genannt. Man hat von seiner Hand eine artige Landschaft die Anbethung der drey Könige; er lebte in der Mitte des 15ten Jahrhunderts.

Rogier, Nikolaus, ein Niederländer, und vortreflicher Landschaftmahler, ums Jahr 1540.

Rogman, Roland, ein Amsterdamer, guter Landschaftmahler, seine Anordnung ist sehr geistreich, seine Arbeit ist aber etwas roh. 1597. † 1685.

Rohr, von ihm hat man schöne Obst= und Kräuterstücke mit zierlichen Figuren auf dem Markte.

Romain, oder Romyn, mahlte schöne Landschaften mit Vieh.

Romanelli, Joh. Franz, zu Viterbo gebohren, ein Schüler von Peter von Cortona; er arbeitete meistens im Großen. Sein Pinsel ist leicht, doch sehr frisch, seine Köpfe sind voller Reiz, und seine Anordnung schön und geistreich. Romanellis Gemählde haben in ihrem Ausdrucke das Feuer des Lehrmeisters zwar nicht, doch ist seine Zeichnung richtiger. 1617. † 1662. Man hat von seinem künstlichen Pinsel große Triumph= und Siegeszüge ausgeführt.

Rombouts, Theodor, von Antwerpen, ein Schüler von Cornelius Jansens, mahlte meistens im Großen, mit starkem Ausdruck und guter Zeichnung in glühendem Colorit, doch mit leichtem Pinsel. Man hat auch von ihm im Kleinen lustige Conversationen, Toback, Musik, oder Trinkgesellschaften. 1597. † 1640.

Romeyn, Wilhelm, ein großer Künstler in Hirtenstücken, lernte bey Melchior Honteköter, und giebt in der Kunst Berghems Gemählden nichts nach.

Roodthaeus, Jakob, ein Schüler von de Heem, dessen Manier er auch in Blumen und Früchten nachgeahmet hat. † 1681.

Rog=

Roocker, Michael Angelo, einer der größten Landschaft= und Architekturmahler neuester Zeiten in London.

Roos, deren hat man neun bis zehn berühmte Mahler. Sie arbeiteten schöne Landschaften mit Vieh, Widder, Pferden. Johann Heinrich excellirte aber, dessen Werke sind sehr fein an natürlichem Colorit, mit angenehmen Himmel, und heller Luft ausgearbeitet, und meisterhaft gezeichnet. Cajetan setzte seine Thiere mit starken Pinselstrichen. Melchior arbeitete seinen Himmel stark ins Blaue. Theodor mahlte vortrefliche und lebhaft gefärbte Historienstücke. Philipp Roos, oder Roos di Tivoli, mahlte schöne Landschaften mit Ruinen und Viehheerden, auch Wildpret. — Obiger Johann Heinrich Roos war aus der Pfalz gebürtig. 1631. † 1685. Philipp, oder Rosa di Tivoli 1655. † 1705.

Rooßhoff, mahlte Thierstücke ums Jahr 1690.

Rosa, Salvator. Rosa giebt es mehrere; dieser ist ein Neapolitaner, dessen Landschaften mit Felsen besonders meisterhaft sind; er arbeitete auch Historien, künstliche Figuren, Soldaten, Schlachten, Seestücke, besonders schöne Schaafe und und Thiere; sein Pinsel ist leicht und geistreich, seine Figuren sind übergroß, sein Baumschlag ist sehr schön, und große Natur in seinen Felsen. 1615. † 1673. In dieses Mahlers Werken und künstlichen Landschaften finden sich meistens Soldaten, oder geharnischte Männer; doch mahlte er auch Heiligen und Martyrer.

Rosa, Joseph, mahlte schöne Landschaften mit Vieh; 1728. geb. zu Wien.

Rosalba, eine Venetianerinn, und berühmte Mahlermeisterinn in Miniaturarbeit, und im Mahlen mit Pastelfarben. 1672. † 1757.

Roschbach, von diesem hat man schöne Blumenstücke. -

Rose,

Rose, Johann Baptist, de la, mahlte ums Jahr 1650. vortrefliche Seestücke.

Rosenhof, Rösel von, von diesem hat man vortrefliche Thierstücke, als Hasen, Füchse, Luchsen ꝛc.

Rosingal, man hat von diesem ungemein fleißig ausgearbeitete Landschaften.

Roslin, Alexander, ein Stockholmer, mahlte vortrefliche Portraits und Gesellschaftsstücke zu Paris um 1760.

Rosso, il Maitre Roux genannt, ein Florentiner, und sehr geschickter Mahler, der sich selbst, und nach eigener Manier gebildet hat; seine Gemählde haben großes Feuer, viel Ausdruck der Leidenschaft, und eine schöne Anordnung; seine Figuren viel Leben, und die weibliche viel Reitz. Seine Gewänder sind natürlich, seine Zeichnung aber schwer und etwas gezwungen. 1496. † 1541.

Rotari, Peter Graf von, ein Veroneser, und Künstler im Ausdruck der Leidenschaften. Man hat von seiner Hand große historische Werken, auch Halbfiguren und Portraits. 1707. † 1764.

Rothfuchs, Jakob, mahlte ums Jahr 1710. leblose Gegenstände.

Rothmayer, Joh. Michael Baron von, ein Salzburger, mahlte weltliche Geschichten und Gedichte in eleganten Geschmack. 1660. † 1727. zu Wien.

Rottenhamer, Johann, ein Münchner, mahlte in sehr natürlichem Colorit, nach der Manier des Tintoret, geistliche und poetische Historienstücke, besonders schöne Gefäße; sein Geschmack war der venetianische; das Fleisch seiner nackenden Figuren ist künstlich, und obschon seine Zeichnung nicht allezeit die richtigste ist, so sind doch seine Gesichter gefällig und reitzend. Breughel und Bril mahlten die Landschaften in seine Gemählde. 1564. † 1604. Rottenhammers Lieblingsgegenstände waren Marienbilder mit Engeln, heilige Familien mit Christkindlein, poetische

tische Götterstücke, und Kinderspiele; doch hat er auch Allegorien, ovidische und Heiligenstücke gemahlt, auf Kupfer oder auf Holz; nur eines habe ich auf Leinwat gemahlt gesehen, und zweifle daher, ob dieß Original war.

Rousseau, Jakob, ein Parifer, und sehr berühmter Mahler in perspektivischen Architekturstücken. 1630. † 1693.

Roye, Wilhelm Friedrich van, ein Harlemer, arbeitete zu Berlin nach der Natur Blumen, Thiere, Vögel. 1654. † 1723.

Rubens, Peter Paul, ein Köllner, der Meister des natürlichen Colorits, des schönen Helldunkeln. Er mahlte die Gallerie von Luxemburg, arbeitete mit größter Stärke, Feuer und Natur, schöne Gewänder, leichte und natürliche Falten, und schönes wahres Fleisch. Anfangs mahlte er nach der unangenehmen Manier von Caravaggio, nachmals aber folgte er seinem eigenen Genie, durch welches er die erhabensten Gedanken, die edelsten Karakters in seinen Figuren, und die richtigste Zeichnung mit seiner großen Kunst nach und nach vereinbaret hat; bey gewissen Gegenständen führt er starke Pinselstriche, und seine Farben sind dick, markigt aufgelegt, welches großen Effekt macht. Indessen wenn man ein Gemählde von Rubens, gegen eins van Dyck exammirt, so dörfte doch Letzterer wegen seinem gar kräftigen Ausdruck der Leidenschaften und in der Natur, den Erstern noch übertreffen. 1577. † 1640. Des Rubens Landschaften, Vieh und Jagdstücke sind von besonderer Stärke, in seinen Thieren steckt besonders viel Kunst und Natur. Man hat auch Nachricht von einem Rubens, der 1715. gemahlt hat. Von Peter Paul Rubens gewählten Mahlergegenständen kurz was zu sprechen, muß man sagen: er mahlte alles, was ihm eingefallen ist, und was er sah, oder was er mahlen wollte. Alles ist ihm auch gelungen.

Rudhard, Andreas oder Karl, oder Andreas
und Karl, weil die Existenz zweyer Rudhard zweifel=
haft ist; sie mahlten geistliche Historien, sodann schöne
Jagden, Thiere und Blumen. 1660.

Rudolph, Samuel, ein Elsaffer berühmter Land=
schaftmahler, seine Werke sind sehr fleißig, und nach der
Natur gearbeitet. 1639. † 1713. zu Erlangen.

Rugendas, Georg Philipp, ein Augsburger und
großer Künstler in Feldschlachten, Belagerungen und son=
stigen Kriegsstücken, ein Meister in den verschiedenen Stel=
lungen der Pferde. Seine Arbeit und Colorit sind ver=
schieden, doch allezeit köstlich und natürlich; bald schwach
zerschmolzen, bald stärker, bald mit stärkern, bald mit
süßen Umrissen in die Breite geformt. Seine Werke fan=
gen an bey der Seltenheit der Gemählde von Philipp Wou=
wermann sehr gesucht zu werden. 1666. † 1742. Er
studirte nach Bourgignon, Lembke und Tempesta, versäum=
te aber dabey keineswegs die Natur, daher er besonders
in den mannigfaltigen Stellungen und Arten der Pferde
mehr leistete, als seine Vorgänger. Seine Zeichnung ist fest
und richtig, und er verdient unter den Bataillen=Mahlern ei=
nen sehr hohen Rang. Seine Mahlergegenstände waren Ab=
schilderungen der vorhergängigen Umstände, Anstalten und Fol=
gen bey Bataillen und Belagerungen; und darinn hat er ex=
cellirt, obschon viele andere Künstler ihre Pferdstücke ange=
nehmer dargestellt haben, als er; dieß mag aber meistens
von dieser ihren reinlichern Landschaften und hellern Lüften
herkommen, sonsten hat die Meisterhand von Rugendas
jedem von ihm gemahlten Scharmützel viel Thätigkeit,
Natur und Leben gegeben.

Rugeri, Johann, arbeitete zu Verona Landschaf=
ten mit sehr schönen Figuren und Thieren. geb. 1662.

Ruhl, J. G., von diesem Meister hat man im Gro=
ßen vortrefliche Gemählde, welche ungemein natürliche Hol=
zungen mit kleinen Vögeln, in natürlicher Größe, Füchse

M   und

und Hirschen vorstellen; und im Hintergrund sind bläulich
angezeigte schöne Landschaften. Diese Werke sind mit star=
ker Natur recht meisterhaft vollendet, vom 17ten Jahrhun=
dert. Das Colorit ist gar natürlich.

Ruischer, ein niederländischer Landschaftmahler,
dessen Werke au den steilen Felsen oder Steinböcken kennt=
lich sind.

Ruisdaal, Jakob, ein Harlemer, berühmter Land=
schaft= und Seestückmahler; in seinen Werken hat er Was=
serfälle mit stark belaubten Bäumen angebracht; sein Co=
lorit ist feurig, sein Pinsel fleißig. Ostade, van der Vel=
de und Wouwermann mahlten seine Figuren. 1635. starb
1681.

Runck, Ferd., mahlt herrliche Landschaften mit
Vieh, Pferden, und baadenden Menschen.

Rund, von diesem hat man schön bearbeitete Stücke
aus der Götterhistorie.

Ruoppoli, Joh. Baptist, ein Neapolitaner, mahl=
te leblose Gegenstände, Blumen, Früchten, Waydwerk ꝛc.
starb 1685.

Ruprecht, Joh. Christian, ein Nürnberger, co=
pirte Albrechts Dürers Werke. 1600. † 1654.

Rustichini, ein vortreflicher Mahler, seine Werke
gleichen jenen von Merigi Caravaggio.

Ruysch, Rachel, eine Amsterdämerinn, und Schü=
lerinn von dem berühmten Wilhelm von Aelst, den sie fast
übertroffen, in Blumen, Früchten und Insektenmahlen.
Ihre Blumenstücke sind sehr schön gefärbt, und äußerst na=
türlich, auch mit größtem Fleiß vollendet. 1664. † 1750.
Auf den gemahlten Tischen dieser Künstlerinn pflegen auch
neben den Blumengefäßen Trauben oder anders Obst zu
liegen.

Ryckaert, David und Martin, von Antwerpen,
der erste mahlte im Geschmack von Tenier, Brouwer und
Ostade Gesellschaften, Rauchstuben, Chymisten Werkstät=
te,

te, Pferdſtälle und Nachtſtücke, die er mit einem vortref=
lichen Colorit, und einer leichten Manier ausarbeitete. geb.
1615. Der andere war ein großer Landſchaftmahler, in
welchen er verfallene und mit Moos bewachſene Gebäude,
Felſen, Berge, Waſſerfälle, und Feſtungen mit großer
Kunſt darſtellte. † 1636. 45 Jahre alt.

Ryks, Nikolaus, ein berühmter Landſchaftmahler
der Gegenden des gelobten Landes, und der dortigen Cara=
banen, welche er in ſeinen Mahlergegenſtänden anzubrin=
gen getrachtet hat; er arbeitete im Geſchmack des van der
Kabel, in ſchönem Colbrit, ſehr ſchöne Figuren, Kameele,
Pferde, ums Jahr 1667.

Rysbraeck, Petrus, ein Antwerpner, ungefähr
1657. gebohren, ſehr berühmter Landſchaftmahler, der
dem Pouſſin ſehr nahe gekommen iſt. Sein Vieh hat viel
Natur, ſeine Bäume haben gutes Colorit; nur iſt darinn
keine merkliche Abänderung, daher ſeine Werke zu einför=
mig ſind.

Rysbraeck, der Junge, mahlte Wildpret, Vögel
und Jagdſtücke.

Ryſen, Wernher van, arbeitete eine Zeitlang nach
ſeinem Lehrmeiſter Cornelius Poelemburg, ums Jahr
1625.

S.

Sabbatino, Andreas und Laurentius; Erſterer
war ein Schüler von Raphael, und großer Künſtler, be=
ſonders im Colorit und in der Zeichnung; er arbeitete vor=
treflich geiſtliche Hiſtorienſtücke. 1480. † 1545. Lau=
rentius, ein Schüler von Titian, war eben ſo berühmt
im nämlichen Mahlerfach; die Geſichtszüge und Stellun=
gen ſeiner Figuren ſind unvergleichlich. † 1577. in blü=
hendem Alter.

Sac=

Sacchi, Andreas, ein Romaner, und sehr geschick=
ter Mahler, der beste Schüler von Albani, seine Gemähl=
de sind von großem Geschmack, seine Figuren haben einen
schönen Ausdruck; alles ist natürlich angebracht, und ver=
einbart mit lauter erhabenen Gedanken und Anmuth, mit
einem frischen und schönen Colorit. 1599. † 1661. Man
hat von ihm biblische Historiengemählde, vortreflich bear=
beitete allegorische Werke, und schöne weibliche Figuren.

Sachsen, Maria Antonia, verwittibte Frau
Churfürstinn; von Jhro königl. Hoheit findet sich in der
Münchner Gallerie eine Magdalena gemahlt.

Sachtleeven, oder Zaftleeven, Hermann,
ein Rotterdamer, und sehr geistreicher Landschaftmahler,
der mit Kunst und Feuer gearbeitet hat schöne angenehme
Prospekten aufs Wasser, und in Seehäven, wie die Schif=
fe ein= und ausgeladen werden ꝛc. 1609. † 1685. Die=
ser Hermann hielt sich genau an die Natur, welche er
sehr geschickt copirte; seine Lüfte sind ungemein leicht, und
wohl colorirt, auch ist die Luftperspektiv meisterlich beo=
bachtet. Ueber seine Werke verbreitet sich ein feiner zärt=
licher Duft, wie über jene von Philipp Wouvermann und
Berghem. Cornelius Sachtleeven, des Hermanns
Bruder, mahlte nach Brouwer und Tenier, lustige und ge=
meine Weltgegenstände nach der strengsten Natur und flei=
ßig. Auch hat man von ihm das Inwendige von Häu=
sern, Küchen und Bauerhütten. geb. 1612.

Sadeler, Aegidius, ein Brüßler, mahlte Heiligen
Bilder; auch hat er in Elfenbein mit schwarzer Tinte ein=
gelassen, gearbeitet; starb 1629. im 59sten Jahre seines
Alters.

Sais, von diesem hat man das Inwendige von Kir=
chen gemahlt.

Salaert, Anton, ein Brüßler, arbeitete Histo=
rien in großem Geschmack, und meisterhaft belichtet, ums
Jahr 1600.

Salim=

Salimbene, Ventura, genannt Bevilaqua, von Siena, man hat von seiner Hand die Mutter Gottes in einer schön bearbeiteten Landschaft, auch war er im historischen Styl ein guter Meister. 1557. † 1613.

Salm, van, ein zwar unbekannter, aber sehr geschickter Seestückmahler; sein Pinsel ist etwas hart, doch seine Seeaussichten sind überaus natürlich.

Salmazio, Aeneas, genannt Talpino, ein Bergamascenr, kam sehr nahe dem Raphael. † 1626.

Salviati, Franz, ein Florentiner und nachmaliger Schüler von Andreas del Sarto; er mahlte in einem angenehmen Geschmack, und ungemein zart, besonders ein schönes weiches Fleisch, und ein reizendes, durch große Gewänder durchscheinendes Nackendes. Seine Manier ist zwar etwas gezwungen, und seine Umrisse scharf. 1510. † 1563. Man hat von ihm biblische Geschichten.

Salviati, siehe Porta.

Salusto, Caesar da, genannt Piomontese, mahlte vortrefliche Landschaften, ums Jahr 1626.

Sambach, Kaspar Franz, ein sehr berühmter Historienmahler neuester Zeiten zu Wien, dessen Pinsel zwar meisterhaft im Ausdruck der Leidenschaften, aber etwas schwer und trocken ist. Man hat auch von seiner Hand grau in grau nachgeahmte Basreliefs. Er war Direktor der k. k. Akademie zu Wien, geb. 1708.

Sandby, Paul, mahlte in der Mitte dieses Jahrhunderts in London Portraits und Landschaften.

Sanders, Gerard, von Rotterdam, mahlte Historien, Landschaften, und Bildnisse in England um 1760. geb. 1702.

Sandrart, Joachim von, ein Frankfurter, mahlte sehr gut geistliche Historien, Mutter Gottes Bilder, Heilige und allegorische Werke, meisterhaft komponirte Monatstücke, Landschaften mit Vieh, auch schöne Köpfe und

M 3 Halb=

Halbfiguren im Geschmack von Merigi, Titian und Vero=
nese. 1606. † 1688. zu Nürnberg. Johann, ein
Schüler des Vorigen, ward in Historien und Bildnissen ein
sehr geschickter Meister. Er lebte um 1670.

Sanmarchi, Markus, ein geschickter Landschaft=
mahler zu Venedig, besonders mahlte er zierlich kleine Fi=
guren, ums Jahr 1650.

Sansevero, ein Neapolitaner, arbeitete ums Jahr
1750. in Wachsmahlerey.

Sanson, mahlte zu Paris ums Jahr 1730. Hi=
storien, von Johann Sanson hat man sehr schöne Obst=
stücke, als Kirschen, Aprikosen ꝛc.

Santerre, Joh. Baptist, ein französischer Mah=
ler, in dessen Gemählden sich ein besonderer Ausdruck des
Mahlerverstandes bemerken läßt; er mahlte meistens Halb=
figuren, und deren nicht viel auf ein Gemählde. 1651.
† 1717. Seine Arbeit ist ungemein reizend, seine Zeich=
nung richtig, seine Färbung glänzend, und seine Ausarbei=
tung fleißig.

Santvoert, S. van, mahlte Conversationsstücke
in Horemanns Geschmack.

Sanz, Joh. Georg, ein Tyroler, mahlte ums
Jahr 1725. in Italien schöne Landschaften.

Sanzio, siehe Raphael.

Saracino, Karl, von diesem Künstler hat man
im Großen geistliche und Bibelstücke, als die Flucht in
Egypten ꝛc. 1585. † 1625.

Sart, Cornelius du, ein Harlemer, und Schüler
von Ad. van Ostade; er arbeitete schöne Bauernstücke,
Kirchweihen, und Quacksalber. 1665. † 1704.

Sarto, Andreas del, Vannuchi genannt, ein
Florentiner, und sehr berühmter Künstler; der in schönem
Geschmack und mit lebhaft reißendem Colorit flüchtig ge=
mahlt hat; seine Gewänder sind besonders leicht und unge=
zwungen, und in seinen in einander zerschmolzenen Far=
ben

ben herrscht eine meisterliche Absetzung; nur fehlt seinen Figuren die Lebhaftigkeit. Man hat unter andern von ihm schöne Marienbilder. 1488. † 1530.

Sauerland, Philipp, ein Danziger, arbeitete zu Berlin schöne Vögel und Thierstücke, auch Portraits; geb. 1677. gest. 1754. zu Breßlau.

Savery, Roland, mahlte in hellem, aber schwachem Colorit, seine Landschaften sind mit Thieren, Hornvieh, Schafen, Vögeln, Federvieh, und Wasserfällen, auch mit schönen Tannenbäumen geziert; seine Fernungen aber sind gegen die Natur zu blau, oder sehr trocken hingestellt. 1576. † 1639. Man hat von ihm Gemählde, welche durch Breughel stafirt sind.

Savoldo, Joh. Hieronymus, studirte nach Titian, sonsten arbeitete er unvergleichliche Nachtstücke und Feuersbrünste. † 1550.

Savoye, Karl van, ein Antwerpner, der in sehr schönem Colorit, nicht aber mit richtiger Zeichnung, lustige nackende Figuren, aus dem Ovidio gemahlt hat. 1619. geb. Daniel Savoye, ein französischer Mahler, machte sich durch seine schön gezeichnete und reitzend colorirte Bildnisse einen großen Ruhm. † 1716. zu Erlangen im 62sten Jahr seines Alters.

Sbiek, ein Niederländer, arbeitete in Peter Neefs Geschmack; sein Colorit ist hell, angenehm, und seine Architektur sehr meisterhaft. Seine Werke sind selten und theuer.

Scacciati, Andreas, ein Florentiner, vornehmer Blumen = Früchten = und Thiermahler; geb. 1642. starb 1704.

Scath, ein Engländer, mahlte in der Mitte dieses Jahrhunderts Seestücke.

Schalch, J. Jak., von Schafhausen, ein vortrefflicher Landschaft = und Thiermahler; er arbeitete mit einem erstaunlichen Fleiß, und in schönem Farbenschmelz. 1723.

ge=

gebohren. Man hat von seinem Pinsel den Rheinfall bey Schafhausen.

Schalken, Gottfried, ein Schüler von Hoogstraten und Douw, mahlte vortreflich den scharfen Abschlag des Lichts, weswegen dann seine Lieblingsstücke die Nachtstücke waren, welche er mit einer Fackel oder Lampe zu beleuchten pflegte; er arbeitete meistens kleine Stücke, und excellirte darinn; sein Colorit ist gelblich, die Zeichnung aber nicht zu richtig, und seine Figuren meistens steif. Schalkens Werke werden aber doch wegen der guten Wirkung des Lichts sehr geachtet, und haben Aehnlichkeit mit jenen von Gerhard Douw. geb. 1643. † 1706. Er mahlte unter andern gerne Personen, Weiber, Mädchens mit einem Lichte, auch belichtete Zimmer, wo Tabak geraucht wird. 2c.

Schall, Freyherr von, von diesem hat man schöne Portraits und Historienstücke; er arbeitete um 1640.

Schaubrock, Peter, ein Niederländer, und Schüler von Joh. Breughel, er arbeitete in dessen Manier Landschaften mit vielen Figuren und Reisenden zu Pferd und zu Fuß, ums Jahr 1576.

Scheiz, Mathias, ein Hamburger, arbeitete anfangs vortreflich nach seinem Lehrmeister Philipp Wouwermann, darauf aber nach Teniers Manier, Bauernstücke, und endlich Historien, ums Jahr 1670.

Schénau, Johann Eleazar, ein vortreflicher Mahler aus Zittau, jetzt Direktor der Akademie in Dresden.

Scheufelein, Hans, ein Nürnberger, vielleicht ein Schüler von Albrecht Dürer. Von diesem hat man unter andern historische Gemählde, in welchen Fehler gegen das Costum vorkommen. † 1550.

Schiavone, And., genannt Meldolla, im Venetianischen geb., ein guter Colorist; sein Pinsel ist lieblich und geistreich, seine Gewänder besonders schön, seine Köpfe voller Reiz, seine Figuren aber riesenmäßig; sein Fleisch frisch,

frisch, natürlich, und alle Zusammensetzung meisterlich. 1522. † 1582. Man hat von seiner Hand Frauenbilder und Heilige.

Schidone, Bartholet, ein Modeneser, und großer Mahlermeister, dessen Werke so köstlich und rarer, als jene von Raphael sind. Er mahlte, nach der Manier des Correggio, ein schönes Colorit, fein, zart, warm, reizend, und schöne Köpfe; die Zusammensetzung und Zeichnung könnte zwar besser seyn. 1560. † 1616. Er mahlt Heiligen Bilder.

Schiffer, Mathias, mahlt zu Regensburg allerhand Gegenstände, vorzüglich in kräftigem Colorit Landschaften mit herrlichen Fernungen; sodann mahlt er auch Landschaften in Veldens Geschmack, wie dieser sehr fein Schiffe gemahlt hat, auf schwarze Tinten Art; noch besser aber sind seine Architekturstücke, das Innere von Kirchen. c.

Schiler, Michael Angelus, ein Schüler von Solimena, er mahlte Historien, Blumen, Früchten, Fische, Vögel, Thiere, und alles sehr wohl, ums Jahr 1740.

Schinnagel, Maximil. Joseph, aus Baiern gebürtig, mahlte sehr angenehme Landschaften mit starken Waldungen und Ruinen; sein Pinsel ist frisch und keck. Janneck und Eichen stafirten seine Gemählde. 1697. Arbeitete um 1750. zu Wien. In seinen Landschaften sieht man, was täglich auf dem Lande Reisenden begegnet.

Schlichten, Johann van der, ein Niederländer, und Schüler von Adrian van der Werff; man hat von ihm Muscheln und Kräuter gemahlt, auch Figuren, die sich beschäftigen, als mit Schreiben c. c.

Schlot, Georg, ein Frankfurter, mahlte in edlem Geschmack Historien.

Schmäxfeld, Madame, ist auch als Mahlerinn bekannt zu Cassel.

Schmaut,

Schmaut, mahlte Landschaften mit Ruinen und Figuren in türkischer Tracht.

Schnäzler, Joh. Ulrich, ein Schweizer, und guter Portraitmahler. geb. 1694. † 1763.

Schnell, Johann, ein Baßler, geschickter Portraitmahler, ums Jahr 1720. Joh. Konrad Schnell, ein Augsburger, war ein vortreflicher Schmelzmahler, dessen Gemählde sehr hoch geschätzt werden. † 1704. 58 Jahre alt.

Schoen, **Martinus**, arbeitete zu Kolmar, seine Werke werden sehr gerühmt. † 1486. Man hat von ihm einen heiligen Sebastian mit Pfeilen durchschossen.

Schoenfeld, Joh. **Heinrich**, gebohren zu Biberach 1609, ein berühmter Historienmahler, dessen Werke, obschon sie matt colorirt, sehr meisterlich gezeichnet, und mit Wahrheit gearbeit sind. Man hat auch von ihm andere Gegenstände, als Gemsjagden rc. † zu Augsburg zwischen 1670 — 80.

Schoepf, Joh. Adam, zu Straubingen 1702. gebohren, einer der berühmtesten Künstler in historischen, besonders geistlichen und Paßionsstücken.

Schomburg, **Christoph**, von Salzburg gebürtig, war ein vortreflicher Bildnißmahler, und machte sich dadurch in Deutschland einen großen Namen. † 1753. zu Koppenhagen.

Schoorell, **Johann**, mahlte Portraits, historische Stücke und Landschaften, in welchen er einen großen Geschmack, schönes Colorit, und richtige Zeichnung zeigte. 1495. † 1562. zu Utrecht.

Schovaerts, mit diesem Namen bezeichnet, habe ich eine kleine Landschaft gesehen, welche ungemein schön und natürlich gefärbt, und mit den artigsten Figuren ausgeziert war. Das Gemählde schien 70 bis 80 Jahre alt zu seyn.

Schrei-

Schreiber, Johann, ein geschickter Mahler zu Freysingen, ums Jahr 1660. Man hat von ihm sehr gute Portraits.

Schulz, Daniel, ein Danziger, mahlte im 17ten Jahrhundert zu Paris, mit großer Stärke und Natur, Historien, Bildnisse und Thiere.

Schuppen, mahlte Portraits und geistliche Historien, 1659. † 1751. zu Wien.

Schurmann, Anna Maria, eine Utrechterinn, und große Künstlerinn in Portraits, 1607. † 1678.

Schut, Cornelius, ein Antwerpner, und Schüler von Rubens, ein geschickter Historienmahler im Großen; sein Colorit fällt zuweilen ins Graue, seine Zeichnung ist aber leicht, richtig, und seine Arbeit voller Feuer. gebohr. 1590. Man hat von ihm schöne weltliche Historienstücke, auch Nachtstücke.

Schüz, Christian Georg, ein Maynzer, und berühmter Landschaftmahler, von welchem man schöne Rheingegenden und Wasserfälle bey Schafhausen hat, 1718. gebohren. Sein Sohn, Franz, ist berühmt in selbigem Mahlerfach, er arbeitet ungemein schöne Landschaften; sein Colorit ist lieblich, hellbräunlich, zwar etwas gegen die Natur.

Schuur, Theodor van der, geb. im Haag, arbeitete in italienischem Geschmack nach Julius Romanus und Raphael; in seinen vortreflichen Werken findet man die Reste griechischer und römischer Gebäude; gebohr. 1628. † 1705.

Schwanenfeld, Hermann, mahlte sehr gut nach Manier seines Lehrmeisters Gerh. Douw, allerhand ländliche Beschäftigungen und Pastoralen. Seine Figuren, Thiere und Baumschlag übertreffen fast die Kunst seines Lehrmeisters. geb. 1620. † 1690.

Schwarz, Christoph, von Ingolstadt, ehemaliger Hofmahler zu München, colorirte sehr gut nach Titians Art;

Art; ſonſten bemühete er ſich nach Tintoret zu mahlen; allein, Schwarz konnte ſich des gotiſchen Geſchmacks nicht
entwöhnen. Seine Gemählde ſind indeſſen doch vortreflich, beſonders ſeine römiſche Hiſtorien und geiſtliche Werke, und er verdient allerdings den Namen eines der größten Künſtler. Er iſt kenntlich an ſeinen Händen und Füſ-
ſen, welche ſehr wohl gezeichnet und ausgearbeitet ſind,
die Figuren aber ſtehen etwas weit auseinander. 1550. †
1594. Man hat von ſeiner meiſterhaften Hand allerhand
geiſtliche und weltliche Hiſtorien, beſonders das Leiden
Chriſti betreffend.

Schwarz, Johann, ein Gröninger, arbeitete vortreflich hiſtoriſche Gemählde und Landſchaften, ums Jahr
1530.

Schweigländer, von deſſen Hand hat man mythologiſche kleine Gemählde.

Scierra, Franz Perez, ein Neapolitaner, und
Künſtler in Feldſchlachten, Bamboſchaden und Blumen.
1627. † 1709.

Scorza, Sinibald, ein Genueſer, arbeitete ſehr
wohl Thiere, Blumen und Landſchaften. 1590. † 1631.

Screta, Karl, von dieſem Künſtler hat man häusliche Beſchäftigungen abgemahlt, als Kinderzimmer, Kü-
chelweſen ꝛc., vorzüglich ſtark war er in geiſtlichen Geſchichten, in welchen er den richtigen Geſchmack aller damals
berühmten Künſtler zu vereinigen wußte; geb. zu Prag
1604. † 1651.

Sebaſtian, del Piombo genannt, ein Venetianer,
und großer Künſtler; ſein Colorit und Mahlergenie war
im Geſchmack des Giorgione; er arbeitete zwar mit Raphael um den Vorzug, doch iſt ſeine Hand ſehr ſchwer,
die Geſichter ſeiner Figuren trotzig, die Gewänder und Falten ſteif. Seine Portraits ſind beſſer, als ſeine Geſchich-
tengemählde. 1485. † 1547.

Seekaz,

Seekaz, Joh. Conrad, ein Grünstädter, ein Künstler in historischen Gemählden, ovidischen Stücken, und Conversationen; in seinen kleinen Cabinetstücken ist das Colorit gelblich matt, blaß, sehr trocken, der Ausdruck aber bedeutend, und durchaus seine Composition geistreich. geb. 1719. † 1768.

Seeman, Wildpret, und was zur Jagd gehört, hat man von diesem Mahler.

Seeman, Isaak, von Danzig, arbeitete sehr ähnliche Portraits 1700. zu London.

Seeu, Marinus, mahlte unter andern vortreflich geistliche Historien, er lebte ums Jahr 1550.

Segers, Daniel und Gerhard, Antwerpner; der Erste mahlte sehr gut Blumen und Insekten mit Natur, und Schönheit. 1590. † 1660. Gerhard arbeitete geistliche Historien, auch Nachtstücke nach Caravaggio und Manfredi; sein Colorit ist stark und hellglänzend. 1589. † 1651. Von Gerhard Segers hat man schöne Gemählde, die heilige Mutter Gottes betreffend, alle in die Breite geformt. Von Daniel aber Portraits in Blumenkränzen, wo auch wohl Rembrand die Portraits eingemahlt hat. Solcher Blumenkränze innwendig mit allerhand Figuren, und Muschelwerk, findet man noch verschiedener Orten, alle in die Höhe geformt.

Seibold, Christian, ein Mainzer, von diesem hat man Köpfe und Portraits; geb. 1697. † 1768. zu Wien.

Selar, Vinzentius, mahlte vortreflich geistliche Historien.

Sementi, Johann Jakob, ein Bologneser, und Schüler von Guido Reni, arbeitete unvergleichliche Historienstücke. geb. 1580.

Senen, Vater und Sohn, gebohrne Spanier, arbeiteten vortrefliche Historien und Landschaften, lebten zu Ende des 17ten Jahrhunderts.

Seng.

Seng, Jakob Christoph, ein Nürnberger, und Schüler von Ignatius Brasch; er arbeitete schöne Landschaften, Schlachten, Jagden, Wildpret, und Conversationsstücke. geb. 1727.

Sepelius, Johann, von diesem hat man unter andern römische Historien.

Serres, Dominikus, ein geschickter Seestückmahler, er arbeitete ums Jahr 1750. und 70. zu Paris und London; seine Werke stellen meistens die stille See vor.

Servandoni, Joh. Nikolaus, ein großer Künstler in Vorstellung römischer Alterthümer, Ruinen und baukünstlichen Verzierungen. † 1766.

Sesto, Cäsar de, mahlte im Geschmack des da Vinci, er blühte ums Jahr 1510. Man hat von ihm Portraits, Halbfiguren und Historien, in welchen er seine große Geschicklichkeit in der Composition zeigte.

Seuter, Johann, ein Augsburger, mahlte sehr gute Portraits und Historien. † 1719. im 33sten Jahre seines Alters.

Siebert, oder Sievert, mahlte schöne Obst und Blumenstücke mit Insekten, als Heuschrecken, rc.

Siegwald, von diesem will man Obststücke haben.

Siena, Matthäus da, ein sehr geschickter Landschaft- und Perspektivmahler. † 1588. 55 Jahre alt.

Simler, Johann, von Zürch gebürtig, mahlte gute Portraits, Blumen und Figuren in türkischer Tracht; † 1748. im 55. Jahre seines Alters.

Simone, Anton di, ein Neapolitaner, arbeitete schöne Historienstücke und Schlachten nach Bourguignon. † 1727. 71 Jahre alt.

Simonini, Franz, ein Parmesaner, arbeitete meisterhaft, und meistens im Großen, Feldschlachten, nach der Manier des Bourguignon, ums Jahr 1744; gebohren 1689.

Sing,

Sing, Johann Kaspar, mahlte im 17ten Jahrhundert zu München Historien und Bildnisse; † 1729.

Siradia, man hat von diesem vortrefliche Historien.

Sirani, Elisabeth, man hat von dieser Künstlerinn Halbfiguren mit allerhand herrlichen Zugehörungen und geistlichen Historien, die sie mit großem und herzhaftem Pinsel nach der vortreflichen Manier des G. Reni verfertigte. 1619. zu Bologna geb. † 1665.

Slingeland, Peter van, mahlte langsam, aber so fein und fleißig, daß man das Gestricke im Strumpf an einem Knaben, und das Wollichte an einem Teppich erkennen kann. Seine Conversationsstücke übertreffen fast jene von seinem Lehrmeister Gerh. Douw. Slingelands Gemählde werden hoch geachtet. 1640. † 1691. Man hat auch von ihm allerley Handwerksstuben, worinn die Gesellen arbeiten ꝛc.

Sluis, Jakob van der, ein Leidner, und Schüler von Peter van Slingeland; diesem folgte er auch in seiner fleißigen Manier, und mahlte Kabinetstücke. 166c. † 1736.

Smissen, Dominikus van der, ein Schüler von dem berühmten B. Denner, mahlte Portraits, Früchten, und Blumen, ums Jahr 1750. zu Hamburg.

Smith, Georg, mahlte ums Jahr 1760. zu London vortrefliche Landschaften.

Smith, Ludwig, ein Dortrechter, arbeitete Blumen und Früchten.

Smitz, Kaspar, man hat von diesem Künstler sehr anmuthig gemahlte Magdalenen, schöne Disteln, Blumen und Früchtenstücke. † 1689.

Smythers, Anna, von Gent gebürtig, eine Künstlerinn in ganz kleinen Figuren, ums Jahr 1560.

Snayers, Peter, ein Antwerpner, und sehr berühmter Mahler verschiedener Gegenstände, im ganz oder mittelmäßig Großen. Unter andern liebte er zu mahlen,

Schlach=

Schlachten, Soldatenbeschäftigungen, Plünderungen ꝛc. Seine Werke werden sehr geschätzt, sein Colorit ist überaus schön, hell und natürlich, als worinn er dem Rubens sehr nahe gekommen ist. geb. 1593. Lebte noch 1662.

Snellincks, Hans, zu Mecheln geb., mahlte Historien, vorzüglich aber die in den Niederlanden vorgefallene Feldschlachten; man rühmt besonders seine Kunst im Pulverrauch. 1544. † 1636.

Sneyders, Franz, Snyders oder auch Snyers genannt, ein Antwerpner, großer Künstler in wilden Thieren, Jägden, Schlachten und Kuchelstücken im Großen. Er arbeitete zuweilen mit Rubens und Jordaens; sein Colorit ist stark, und kräftig sind seine Pinselstriche; seine Zeichnung ist richtig, und seine Arbeit voller Leben und Feuer; die Borsten, Haare, Wolle oder Federn hat er gar natürlich nachgeahmt. 1579. † 1657. Er mahlte auch im Kleinen, wo er ein scheckichtes Pferd recht ins Gesicht hinzustellen gewußt hat.

Snyers, Peter, mahlte Blumen und Geflügelwerk, auch Früchte und Wildpret, welches er auf Landschaften an die Aeste von Bäumen angebracht hat, ums Jahr 1720.

Sobleau, Michael de, ein französischer Künstler, und Schüler von Guido Reni, er arbeitete vortrefliche Historienstücke; seine Köpfe sind sehr angenehm und gefällig, sonsten aber ist seine Manier hart, ums Jahr 1640.

Soens, Johann, zu Herzogenbusch gebohren, einer der ersten flanderischen Landschaftmahler, seine Werke sind flüchtig gearbeitet, aber voll Feuer. Man hat von ihm kleine Landschaften auf Kupfer gemahlt, welche gar alle andere Landschaften übertreffen. 1553. geb.

Sole, Anton Maria dal, ein Bologneser, und Schüler von Albani, ein Künstler in Landschaften; seine Farben sind stark, seine Lagen angenehm, und schön sein Baumschlag; geb. 1597. gest. 1677.

Sole,

Sole, Joh. Joseph dal, ist noch berühmter in Historien, Landschaften, Architekturen und Blumen; er ahmte die Manier des Guido Reni meisterlich nach. Seine Haare, Schleyer, Federn und Bäume sind ungemein künstlich und anständig gemahlt. 1654. † 1719.

Solimena, Franz, ein Neapolitaner, und der berühmteste Künstler seiner Zeit; er mahlte vortreflich allerhand historische Gegenstände, auch Altarblätter in großem Geschmack; sein Pinsel ist sanft und geistreich, sein Colorit kräftig, seine Gewänder schön geworfen; die Luft, Wolken, und Bäume natürlich; sein Nackendes ist zwar bald weiß, bald hafenroth, seine Bildnisse aber durchaus vortreflich. Giordano, Guido Reni, und Maratti wären die Meister, wornach er sich gebildet hat. 1657. † 1747. Man hat auch von diesem großen Künstler Gemählde aus Göttergedichten, meistens aber Heiligen Bilder im Großen auf Leinwat gemahlt.

Somerau, Joh. Heinrich Ludwig, geb. 1756. in Braunschweig; gieng in seinem 17ten Jahr nach Rom, und studirte daselbst nach den Antiquen, Raphael, Mengs und andern großen Meistern; er mahlte Portraits, die im Colorit der Manier Titians gleichen. Seine Zeichnung ist fest, und seine Composition in historischen Stücken sehr schön.

Someren, Bernhart und Paul. van, von Antwerpen, und Gebrüder, mahlten schöne Portraits, und wohl komponirte kleine Gemählde, ums Jahr 1620.

Sömmiet, arbeitet zu München, man hat von ihm sehr angenehme Landschaften im Kleinen.

Son, Georg van, ein Antwerpner, sehr berühmter Blumen- und Früchtenmahler. Von seinem Sohn hat man schöne Kuchelstücke. Sie lebten im 17ten Jahrhunderte.

Sordo, mahlte im Geschmack des Baroccio.

N   Soto,

Soto, Laurentius de, ein Madrider, großer Landschaftmahler. 1634. † 1688.

Soutman, Peter, ein Harlemer, und Schüler von Rubens, ein berühmter Historien- und Portraitmahler, ums Jahr 1640.

Spada, Leonellus, ein Bologneser, folgte der Manier von Merigi Caravaggio, und arbeitete in einem feurigen Colorit; seine Zeichnung könnte zwar besser seyn. 1576. † 1622.

Spagnoletto, siehe Ribera.

Speccard, Johann; man hat von diesem Mahler das Leben der heiligen Maria auf 7 Tafeln gemahlt. Er arbeitete in der Manier von Johann van Achen; starb 1578.

Speer, arbeitete zu Regensburg gute geistliche Historienstücke; seine Farben sind stark gemischt, und fallen ins Bräunliche.

Spelt, Adrian van der, ein berühmter Blumenmahler. † 1673.

Sperling, Christian, geb. zu Halle in Sachsen 1691, ein Schüler von van der Werf, war ein sehr geschickter Historien- und Bildnißmahler, dessen Werke sehr geschätzt sind. † 1746. zu Anspach.

Spheyman, ein Niederländer, sehr geschickter Landschaftmahler, er arbeitete zu Paris ums Jahr 1720. † 1730.

Spilberg, Johann, nach der Historie könnten deren zwey gewesen seyn, beyde sehr geschickte Portraitmahler, einer von Düsseldorf, der andere aus Ungarn gebürtig. Sie lebten im 17ten Jahrhundert; Letzterer hielt sich lange zu Augsburg auf, wo noch schöne Beweise seiner Kunst zu sehen sind.

Spitzel, Gabriel, ein Augsburger, arbeitete verschiedenes in mehrern Städten Deutschlands; man hat von ihm Conversationsstücke, nach Jakob Amigoni, sodann sehr gute Portraits. 1697. † 1760.

Spoe=

Spoede, J. J., mahlte ums Jahr 1745. zu Paris Portraits, Historien und Thierstücke von gutem Geschmack.

Spranger, Barthol., ein Antwerpner, und geistreicher Künstler, deſſen meiſtens hiſtoriſche Gemählde vortreflich ſind; ſein Pinſel iſt leicht und markigt; in den Hintergründen ſind meiſtens kleine weiſſe Figuren; ſein Baumſchlag iſt zwar nach Gothiſchem Geſchmack, ſteif und gezwungen; die Stellung ſeiner Figuren und ſonſtiger Gegenſtände aber paſſiren noch immer. Man hat von dieſem Künſtler ſchöne Allegorien im Groſſen gemählt, ovidiſche Stücke, mythologiſche Gemählde und Portraits; alles herrlich ausgeführt. 1546. geb. Er mahlte auf Kupfer, Holz, und auf Leinwat, aber alle ſeine Gemählde ſind in die Höhe geformt.

Spreeuw, ein Niederländer, arbeitete verſchiedenes, ländliche und Bauernconverſationen, auch ſonſtige Handlungen des gemeinen Lebens.

Sprengel, Ambroſius, arbeitete ums Jahr 1685 vortrefliche Hiſtorienſtücke zu Danzig.

Stadler, Joſeph, mahlte ſehr fleißige Architekturſtücke, das Innere der Kirchen ꝛc. zu Regensburg.

Standard, ſiehe Bloemen.

Stanzioni, Maximus, der Ritter Maßimi genannt, ein Neapolitaner und großer Künſtler; er arbeitete im Geſchmack wie Guido Reni. 1585. † 1656.

Stech, Andreas, mahlte zu Danzig ſehr gute Portraits, auch Hiſtorien zu Ende des 17ten Jahrhunderts.

Steen, Johann, ein Leidner, großer Künſtler in Hiſtorien und luſtigen Bauernconverſationen; ſeine Figuren haben beſonders viel Natur. 1636. † 1689. Man hat von ſeiner Hand luſtige Hochzeit Geſellſchaften.

Steen

Steenree, Wilhelm oder Georg, ein Niederländer, und Schüler von Cornelius Poelemburg; seine Conversationsstücke sind sehr rar. geb. 1600.

Steenwick, Heinrich van, ein großer Architekturkünstler, der das Innwendige von Kirchen und dunkler mit Fackeln beleuchteter Oerter, auch mythologische Stücke gemahlt hat; sein Pinsel ist leicht und fleißig, seine Figuren aber mahlten Breughel und van Thulden. 1550. † 1604. Seine hinterlassene Wittwe arbeitete ums Jahr 1614. schöne Perspektivstücke. Sein Sohn, Heinrich, ist auch berühmt. Ein anderer Steenwick, arbeitete ums Jahr 1670. vortreflich leblose Sachen und emblematische Vorstellungen des Todes, als Todtenköpfe, auslöschende Lichter. ꝛc. Von einem andern Heinrich van Steenwick will man zwar auch Landschaften mit poetischen Gedichten haben. Die Werke des obigen Heinrich, und seines Sohnes sind alle in die Breite geformt; der Vater mahlte nur im Kleinen auf Kupfer und Holz, der Sohn aber auch auf Leinwat im Großen.

Steinköpf, von Stuttgardt, mahlt herrliche Jagdstücke in Wouwermanns Geschmack.

Steinwinkel, Martin, ein Niederländer, und einer der größten Künstler in Pferdmahlen, ums Jahr 1630.

Stella, Jakob, mahlte lustige Unterhaltungen, Kinderspiele und Pastoralen. 1596. geb. Sein Colorit dörfte besser seyn. In allen seinen Arbeiten, vorzüglich in seinen historischen Gemählden, zeigte er einen vortreflichen Geschmack, mit welchem er den Poussin nachzuahmen suchte. † 1657. zu Paris.

Stem, Ignatius, aus Baiern, mahlte schöne Frauenbilder. 1698. † 1746.

Stephani, Peter, man hat von diesem vortrefliche Landschaften; er arbeitete zu Prag zu Ende des 16ten Jahrhunderts auch Jagdstücke.

Ste=

Stevens, siehe Palamedes.

Stimmer, Tobias, zu Schafhausen 1534. geb., ein geschickter Historienmahler. Sein Bruder, Christoph, ist auch berühmt. geb. 1552.

Stockmann, hat schöne Landschaften gemahlt.

Stockmar, von diesem hat man gute Jagdstücke, Hirsche zc.

Stöcklin, von diesem hat man das Innere der Kirchen in besonders natürlicher Beleuchtung.

Stom, oder Stomer, Matthäus, ein Holländer, und berühmter Mahler in Landschaften und Feldschlachten. geb. 1649. † 1702.

Stomer, Johann, ein Deutscher, arbeitete zu Neapel vortrefliche geistliche Historien und Nachtstücke; sein Colorit ist stark, aber sehr leicht sein Pinsel.

Stonga, von diesem hat man vortrefliche Bataillenstücke.

Stopp, Cornelius, ein Engländer, mahlte Höhlen, Grotten und Wüsteneyen mit großer Natur. Man hat auch einen J. P. Stopp, der Bataillen gemahlt hat.

Storer, Christoph, ein Konstanzer, mahlte vortreflich geistliche und biblische Historien; seine Zeichnung ist sehr richtig. 1611. † 1671.

Storr, von diesem hat man vortrefliche Seestücke.

Stoßkopf, Sebastian, ein Strasburger, künstelte herrliche Blumenstücke, neben welchen musikalische Instrumenten, und andere Geräthschaften liegen; gebohren 1621.

Stradanus, Johann, zu Brügge gebohr., lernte bey Maximilian Frank; ein vornehmer geistlicher Historienmahler, großer Zeichner und Colorist. Man hat auch wohlgezeichnete Pferde von ihm; ferner allerhand Mahlergegenstände, Geißlung Christi, und Göttergedichte. 1536. † 1605.

N 3

Strauch,

Strauch, Georg, ein Nürnberger, man hat von seiner Hand allegorische Gemählde auf die heilige Mutter, 1613. † 1675.

Streeck, Georg van, ein Amsterdamer, der vortrefliche Still-Lebengemählde, als Bücher, Instrumente, Sinnbilder auf den Tod ꝛc. gemahlt hat. 1632. † 1678.

Strobel, Bartholomäus, ein Breßlaner, arbeitete zu Wien schöne Portraits, ums Jahr 1642.

Strozzi, Bernhard, genannt prete Genoese, mahlte vortreflich biblische Geschichten. 1581. † 1644. Man hat auch von diesem Künstler Halbfiguren, als einen Lautenschläger ꝛc.

Strudel, Peter, ein Tyroler, er war ein Schüler von Karl Loth, und kaiserlicher Hofmahler. Unter seinen berühmten Gemählden befinden sich sehr schöne Bachanalien, und schöne nackte Kinder. 1660. † 1717.

Struyck, arbeitete künstlich Insekten.

Studer, Johann Rudolph, ein Schweitzer, berühmter Bildnißmahler, der in der schönen Stellung excellirte. 1700. geb.

Stuhr, mahlte Seeprospekten mit großen Kauffartheyschiffen.

Stumm, Johann, ein Hamburger, dessen Portraits zwar ganz unansehnlich, allein in der Aehnlichkeit Meisterstücke sind. Er war bekannt ums Jahr 1647.

Stuvens, Ernst, ein Hamburger, sehr geschickter Blumenmahler, ein Schüler von Abraham Mignon. geb. 1657.

Subleyras, Peter, dieses französischen Mahlers vorzügliche Talente sind, ein feiner Pinsel, und guter Farbenton; seine Bildnisse haben besonders viel Aehnlichkeit. 1699. † 1749.

Sueur, Eustachius le, ein Pariser, großer Künstler, und von mehreren der französische Raphael genannt;

große

große Gedanken, richtige Zeichnung, kluge Anordnung, schöne Köpfe, leichte Gewänder, und überhaupt lauter Edles und Gefälliges herrscht in seinen Werken, man sieht nichts gezwungenes, nichts manirtes, dazu noch ist sein Pinsel überaus leicht, und sein Farbenton stark und angenehm. 1617. † 1655.

Surchi, Joh. Franz, mahlte zu Ferara schöne Landschaften und Architektur, ums Jahr 1545. † um 1560.

Susenier, Abraham, ein Dortrechter, mahlte leblose Gegenstände, allerhand metallene Gefäße rc. ums Jahr 1640.

Suster, auch Sustris, Friedrich und Lambert, mahlten im 16ten Jahrhundert zu München gute Portraits und biblische Historien.

Sustermans, Justus, ein Antwerpner, und Künstler in großen historischen Stücken und Bildnissen, erarbeitete meistens zu Florenz. 1597. † 1681.

Sutermann, Lambert, geb. zu Lüttich 1506, war Titians Schüler, und mahlte in seine und Tintorets Werke Landschaften; seine eigene Arbeiten sind geistliche Historien, die er mit vieler Kunst ausführte.

Syder, Daniel, il Cavaliere Daniele genannt, ein Schweitzer; arbeitete vortrefliche biblische Historienstücke in großem Geschmack, schönem Colorit, und richtig gezeichnet. 1647. † 1705.

Szon, Michael, ein Niederländer, arbeitete vortrefliche Seestücke.

T.

Tallot, Jakob, von diesem hat man geistliche und biblische Historien, als den Kindermord rc.

　　　　　Tamm,

Tamm, Franz Wernerus, ein Hamburger, vornehmer Künstler in Thier= Früchten= und Blumenmahlen; sein Pinsel ist keck, sein Colorit männlich, und seine Werke meistens mit Fleiß ausgearbeitet. 1685. † 1724. zu Wien. Tamms Mahlergedanken sind Gemählde, wo Obst liegt, und ein Glas Wein dabey steht, ein welscher Hahn mitten unter dem andern Geflügel, ein Rehe mit anderm Wildpret an einen Baum hingelegt u. dgl.

Taruffi, Emilius, ein Bologneser, und großer Landschaftmahler, er arbeitete im Geschmack seines Lehrmeisters Albani. 1634. † 1696.

Tasso, Augustin, ein Bologueser, und geschickter Landschaftmahler im Großen; er war ein Schüler von Paul Brill; † 1644. im 79sten Jahre seines Alters.

Tempel, Abraham van den, ein Leidner von Geburt, ein großes so sich selbst gebildet hat, er mahlte Portrait en. 1618. † 1672.

Tempesta, Anton, ein Florentiner, und Künstler in großen historischen Stücken, auch in Pferden, Jagden, und Feldschlachten; seine Zeichnung ist an sich plump, seine Composition aber sehr gelehrt. 1555. † 1630.

Teniers, David, Vater und Sohn, aus Antwerpen gebürtig; der Vater ein Schüler von Rubens und Elzheimer, mahlte große und kleine Historien, aber meisterhaft Bauernstücke, Zechbrüder, Alchymisten. 1582. † 1649. Der Sohn, welcher noch berühmter ist, arbeitete geistliche Historien, Märkte, Bauernzusammenkünfte, Hauptwachen und Landschaften. 1610. † 1690. Beyde waren große Künstler, deren Gemählde sehr geachtet sind. — Von David Teniers, dem Aeltern, hat man auch schöne ovidische und Nymphenstücke; sodann andschaften; von dem Jüngern auch al= Unterhaltungen, Kühställe mit Vieh, mit Schweinen, Vogelschießen, und gemahlte Kunstkabinete.

Son=

Sonsten kommt noch zu merken, daß der ältere Teniers nur auf Kupfer oder Holz, der Jüngere aber auf Kupfer, Holz oder Leinwat gemahlt hat.

Terbruggen, Heinrich, aus Siebenbürgen gebürtig, ein Schüler von Abraham Blömaert; ein Künstler in großen historischen Stücken, wie er dann von Rubens hoch geachtet worden ist. 1588, † 1629. zu Utrecht.

Terburg, Gerhard, mahlte zu Münster alle Gesandten bey dem Friedenskongreß; er mahlte auch galante Conversationsstücke, wobey er, wie fast in allen seinen Gemählden, den Atlas an den Gewändern, worinn er excellirte, anzubringen gewußt hat. Sein Pinsel ist aber schwerer, als jener von seinen Schülern Douw, Netscher und Mieris, doch sind seine Werke alle wohl ausgearbeitet. 1610. † 1681. Terburgs und Netschers Gemählde haben große Aehnlichkeit.

Terwesten, Augustin und Elias, Gebrüder, im Haag geb., der erste 1649, der andere 1651; der ältere war ein sehr guter Historien-, der jüngere ein vortreflicher Blumen- und Früchtenmahler. Augustin † 1711. zu Berlin, und Elias 1724. zu Rom. Ein Matthäus geb. auch im Haag 1670. war Meytens Schüler, und verfertigte sehr schöne große und kleine Historienstücke, die von Kennern geschätzt werden.

Testelin, Ludwig, ein Pariser, und Schüler von Vouet, mahlte aber im Geschmack von le Sueur; sein Colorit ist zart und markigt, edel sind seine Figuren; eine schöne Einfalt herrscht in den Gewändern, und eine geistreiche Eintheilung in allen Gegenständen. 1615. † 1655.

Theodore, ein Franzos, arbeitete in Millets Geschmack Landschaften.

Theodorich, von diesem sehr alten Prager Künstler hat man fleißig gemahlte Heiligen, Kirchenlehrer, vom Jahre 1357.

Thie=

Thiele, Joh. Alexander, ein Schüler des Christ. Ludwig Agrikola; er arbeitete ungemein schöne Prospekte des Sachsenlandes. 1685. † 1752. Sein Sohn, Alexander, ein Schüler des Jos. Roos, arbeitete ihm nach, und man hat von diesem schöne Monden= oder Sonnenschein aufs Wasser mit schönem Vieh.

Thielen, Joh. Philipp van, zu Mecheln gebohr. ein Schüler von Daniel Segers, und ein berühmter sehr vornehmer Blumenmahler, wobey er allerhand Gefäße, auch Vögel angebracht hat. Seine drey Töchter excellirten auch in eben diesem Mahlerfach. 1618. † 1667. Blumenkränze mit innwendigen grauen Nischen waren Werke von Thielen.

Thill, Johann Karl von, ein Nürnberger, geschickter Mahler von Vögeln und Früchten. 1624. starb 1676.

Thimotheus, von Urbino, mahlte in der Manier von Raphael.

Thoman, von Hagelstein, Jakob Ernst, ein Lindauer; er legte sich auf das Landschaftenmahlen, wobey er die Natur bey Auf= und Niedergang der Sonne fleißig beobachtete; seine Arbeit kommt sehr mit Elzheimers Manier überein. gebohr. 1588. † 1653. Philipp Ernst Thoman, mahlte zu Augsburg sehr schöne historische Gemählde. 1657. † 1726. Tobias Heinrich, arbeitete Thierstücke, die sehr geschätzt wurden. 1700. † 1765.

Thomas, Johann, ein Niederländer, und Schüler Rubens, arbeitete aber ums Jahr 1662. zu Wien. Man hat von ihm poetische Gedichte; geb. um 1610.

Thornhill, Jakob, geb. 1676. ein englischer geschickter Historienmahler. † 1732.

Thuillers, J., ein Niederländer, mahlte in der Manier des van der Heyden, schöne Architektur und Prospekten; seine Werke haben meistens viele Figuren.

Thul=

Thulden, Theodor van, mahlte viel Altarblät=
ter, meistens aber lustige Conversationsstücke, als Bauern=
feste und Jahrmärkte; seine Figuren, welche er sehr häu=
fig setzte, sind lauters Leben. 1607. † 1669. Thul=
den ist ein berühmter Künstler, dessen Werke sehr beliebt
sind. Man hat unter andern von ihm schöne Mutter Got=
tes Gemählde und Unterhaltungen der heiligen Familie,
ferner allegorische Gemählde.

Thun, Melchior, arbeitete zu Danzig mit flüchti=
gem, doch sehr künstlichem Pinsel, Portraits und Histo=
rien, 1672. † 1737.

Thurner, arbeitete ums Jahr 1730. zu Dresden
sehr schöne Landschaften in der Manier von Jos. Orient;
seine kleine Figuren haben viel Natur, und ein angeneh=
mes Colorit.

Thwenhusen, man hat von diesem Portraits und
alte Köpfe nach Rembrand, welche der Mahlerkunst Ehre
machen; sein Colorit ist zwar etwas trocken. Er lebte in
der Mitte des 17ten Jahrhunderts zu Danzig.

Thys, Gisbert, ein Antwerpuer, großer Künstler
in Portraits, Landschaften und Thieren. geb. 1625.

Tiarini, Alexander, ein Bologneser Künstler,
mahlte in starkem Colorit mit meisterhaften Verkürzungen,
biblische Geschichte. 1577. † 1668.

Tibaldi, Pellegrinus, ein Mailänder, und be=
rühmter Mahler schreckbarer Bilder, starker Körper, wo
er meisterlich das Nervenwerk anbrachte; seine Zeichnung
ist richtig, seine Hand leicht, sein Colorit kräftig. 1522.
† 1596.

Tibbeman, mahlte Landschaften nach Millet, wel=
che von Liebhabern hoch geachtet werden.

Tieling, Ludwig, ein niederländischer geschickter
Landschaftmahler, seine Figuren und Thiere sind besonders
fleißig gefertiget, ums Jahr 1650.

Tiepp=

Tiepolo, Joh. Baptist, ein Venetianer, arbeitete im Geschmack des Paul Veronese, schöne Köpfe und vortrefflich geistliche Historien; durch welche er sich einen großen Ruhm erwarb; geb. 1693. † 1770. zu Madrid.

Tilborg, Aegidius van, ein Brüßler, arbeitete wie Brouwer, Bauernstücke und Besoffene; seine Färbung ist aber noch dunkler, wie von diesem, auch nicht die Composition so artig. geb. 1625.

Tilleman, Simon Peter, genannt Shenck, ein vornehmer Portrait= und Landschaftmahler, von Geburt ein Bremer. geb. 1602.

Tintoret, siehe Robustt.

Tischbein, Joh. Heinrich, ein Schüler von Piazetta, ein berühmter Historienmahler neuerer Zeiten, der mit frischem und lebhaftem Colorit mahlte. Sein Bruder Anton, arbeitet schöne Conversationsstücke. Joh. Heinrich geb. 1722: zu Hayna in Hessen.

Tisio, siehe Garofalo.

Titian, Vecelli, zu Cador im Friaul gebohr., der größte Meister im Colorit; sein Pinsel ist übrigens zart, und edel seine Stellungen; sein Ausdruck ist zwar nicht stark, auch seine Zeichnung nicht die richtigste, doch in seinen Bildnissen und in der Behandlung seiner Farben ist dieser Künstler unnachahmlich, auch sein Pinsel ist zärter, als jener von seinem Lehrmeister Giorgione. Im Ausdruck der Leidenschaften war er mittelmäßig; seine Schattenfarbe ist auch nicht mit den andern zerschmolzen, sondern ganz rein aufgetragen, und doch erhalten sich seine Farben noch immerfort frisch. Kinder und weibliche Personen mahlte er besser, als männliche. Seine Schlachten, Instrumentenspieler und Landschaften werden seinen andern Werken, welche in Geistlichen, Allegorien, und aus der Götterhistorie bestehen, vorgezogen. Er mahlte auf Leinwat und Holz, niemal auf Kupfer. 1477. † 1576. Horatius, sein Sohn, mahlte Portraits und Historien.

Toc=

Tocque, Joh. Ludwig, ein vortreflicher Bildniß=
mahler zu Paris, der nach Rigauds und Largilliers Tod
den erſten Rang behauptete; geb. 1696. † 1772. zu
Paris.

Toeput, Ludwig, von Mecheln gebürtig, ein vor=
treflicher Meiſter in Landſchaften; ſeine Fernungen ſind
beſſer, als jene von ſeinem Zeitgenoſſen Paul Brill. In
ſeinen Werken iſt eine ſchöne leichte Luft, röthlichte Wol=
ken, Abendröthen, Regen, Sturm, ſchöne Figuren und
Thiere. Man hat auch geiſtliche Hiſtorien von ſeiner Hand,
ums Jahr 1590.

Toledo, Johann de, ein Spanier, und großer
Künſtler in Feldſchlachten, See= und Nachtſtücken; auch
war er im Hiſtorienmahlen ſehr glücklich. 1611. ſtarb
1665.

Tombe, la, genannt Stopper, ein Amſterdamer;
man hat von ſeiner Hand artige Converſationen, Erzgrä=
ber, Grotten, Grabmäler, und römiſche Antiquen ge=
mahlt, mit vielen wohlgezeichneten Figuren. 1616. †
1676.

Tons, arbeitete zu Brüſſel meiſterhafte Landſchaf=
ten und Jagdſtücke; ſeine Manier gleicht ſehr jener von
Rubens.

Torbido, Markus, ein großer Künſtler, deſſen
Werke denen von Raphaels faſt gleich kommen. Flörirte
ums Jahr 1600. Sein Colorit iſt kräftig.

Torelli, Felix, von Verona, mahlte vortrefliche
Hiſtoriengemählde im Kleinen und im Großen, in wel=
chen er einen großen Verſtand in der Compoſition zeigte,
obgleich ſein Colorit nicht das beſte iſt. † zu Bologne
1748. im 81ſten Jahre ſeines Alters. Sein Sohn, Ste=
phan, geb. 1712, war ebenfalls in dem nämlichen Fach
berühmt, und wurde deswegen in verſchiedene große Städ=
te Deutſchlands berufen, in welchen er ſich viel Ehre er=
worben hat.

Tore=

Toresani, Andreas, von Brescia, ein vortreflicher Landschaftmahler, in welchen er Seen, Gestade mit allerley Gattung von Schiffen und Figuren mit einer angenehmen Manier nach der Natur darstellte. ✝ um 1750.

Torrvliet, Jakob, ein Leydner, und vortreflicher Bildniß = und Historienmahler, der nach Raphael, Veronese und Tintoret so fleißig studirte, daß eine gute Färbung, eine richtige Zeichnung, und eine schöne Composition gemeiniglich den Karakter seiner Gemählde ausmachen. 1641. ✝ 1719.

Torregiani, Bartholom., aus Neapel, mahlte nach Manier des Salvator Rosa, ums Jahr 1680.

Torrentius, Johann, ein Amsterdamer, und großer Künstler, seine meisten Mählergegenstände sind aber schlecht gewählt. 1589. ✝ 1640.

Torres, Mathias de, arbeitete zu Madrid schöne Historienstücke, Feldschlachten und Landschaften; gestorb. 1711. 80 Jahre alt.

Tourniere, Robert, dieser französische, sehr berühmte Mahler arbeitete schöne Bildniße und Nachtstücke, im Geschmack von Schälcken, meistens Staffeleygemählde mit historischen Nebengedanken. Er mahlte in schönem Colorit, und sehr fein. 1676. starb 1752.

Trautman, Joh. Georg, ein Zweybrücker, mahlte meistens Nachtstücke, im gelbdunkeln Colorit, nach der Manier von Reimbrand und Schälcken; starb 1769. im 88sten Jahr seines Alters. Man hat zwar auch von ihm andere Gegenstände, als Heilige, und Historien, Feuersbrünste und dergleichen; sein Pinsel ist zart, und sein Colorit feurig.

Tremoillere, Peter Karl, ein geschickter französischer Historienmahler, der einen leichten flüchtigen Pinsel führte, und in seiner Anlage und Anordnung einen gefälligen Geschmack hatte; geb. 1703. gest. 1739.

Tre

Trevisani, ein venetianischer Mahler, und großer Künstler in jedem Fach der Mahlerey; man hat vortreflische Portraits und geistliche Historienstücke von ihm, auch Landschaften, Seestücke und Thiere. 1656. † 1746.

Triva, Anton, von diesem in der Erfindung sehr künstlichen Mahler hat man köstliche allegorische Gemähl. 1626. † 1699.

Tröger, Paul, bey Brixen gebohren, von diesem Künstler hat man vortrefliche geistliche Stücke, als Christus am Kreuz, Christus am Oelberg, Christus mit den Jüngern ic. 1698. † 1777. zu Wien.

Troost, Cornelius, ein Amsterdamer, man hat von seiner Hand sehr beliebte lustige Conversationen, nämlich Vorfallenheiten sowohl in als außer den Häusern, sodann auch Landschaften. Er wird der holländische Watteau genannt. 1697. † 1750.

Troost, Wilhelm, ist berühmt wegen seinen vortreflichen Landschaften; geb. 1684. zu Amsterdam.

Troy, Franz de, ein Toulouser, und berühmter Mahler, besonders in Bildnissen der Frauen. Seine gute Zeichnung, das edle Wesen, der feine doch kräftige und fleißige Pinsel, ein harmonirendes Colorit sind seine Talente. Man hat auch von ihm geistliche Gemählde, als Magdalena die Büsserinn; gest. 1730. im 85sten Jahre seines Alters.

Troy, Johann Franz de, des vorigen Sohn, dieser französische Mahler ist kenntlich an seinem pikanten Licht und schönen galanten Gewändern, woran er, nach seinem Genie, mehr Fleiß als an die übrigen Gegenstände gewandt hat. 1676. † 1752. Er war in allem Betracht ein großer Meister, denn er arbeitete mit majestätischer Einfallt, und seine Compositionen waren voll Feuer und Lebhaftigkeit.

Troyen, Rombout van, man hat von diesem
Künstler schöne Prospekte, baufällige Gebäude, Höhlen;
er arbeitete zu Amsterdam ums Jahr 1630. † 1650.

Turchi, Alexander, neben andern hat man von
dessen Hand Cabinetstücke auf Marmor oder Agätstein gearbeitet. 1582. starb 1648. Im historischen Fache hatte er viele Stärke, denn ein starkes Cölorit, ein guter Geschmack in der Zeichnung und angenehme Pinselzüge sind
die gewöhnliche Kennzeichen seiner Arbeiten.

Tuscher, Mark., ein vortreflicher Mahler von Nürnberg, und Schüler Dan. Preißlers.; geb. 1706. starb
1751. zu Koppenhagen.

Tyssens, Petrus und Joh. Baptista, beyde Antwerpner; der erstere mahlte Historien, richtig gezeichnet,
und so gut colorirt, wie jene von Rubens. 1625. † 1661.
Joh. Baptist war ein sehr vornehmer Meister im Mahlen von Harnischen und allerhand Geschütz, Degen ꝛc. sodann von Geflügel, Tauben, Hahnen, Hasen, Füchsen.
Seine Thiere sind so gut gemahlt, als jene von Boel und
Hondekoeter; sein Colorit ist zart. Ein anderer Tyssens
mahlte schöne Landschaften mit Figuren und Thieren in
Berghems Geschmack.

Von obigem Peter Tyssens hat man auch herrliche
poetische Gedichte auf Landschaften, die mit schönen Nymphen, Hunden und ländlichen Dingen meisterhaft ausstafirt sind.

V.

Vader, Ludwig de, geb. zu Brüssel 1560, war ein
großer Landschaftmahler; seine Gemählde sind sehr natürlich, er wußte die mit Dünsten angefüllte Luft sehr wohl
vorzustellen. Seine Bäume sind von gutem Geschmack,
wohl ausgearbeitet, und ihr Wiederschein zeigt sich auf eine
ange-

angenehme Weise in den Wassern, womit er seine Land‡
schaften zierte.

Bajani, Alexander oder Horaz, ein Florentiner,
und großer Künstler geistlicher Historien, dabey mahlte er
auch Spieler, Raufer ꝛc., in welchen er die Leidenschaften
lebhaft abbildete, und mit einer guten Zeichnung und star‡
kem Colorit darstellte. Er blühte um 1650.

Baillant, Wallerant, geb. zu Lille in Flandern
1623, ein großer und vortreflicher Bildnißmahler, er hat‡
te vier Brüder, Andreas, Bernhard, Jakob und Jo‡
hann, die er brüderlich unterrichtete, die ihm aber auch
Ehre machten; starb 1677. zu Paris.

Balder, Gerard, ein Strasburger, dessen histori‡
sche Werke sind in Wien bekannt, wo er ums Jahr 1665
und 70. gemahlt hat.

Valentin, Moses, ein berühmter französischer
Mahler, arbeitete nach der Manier von Caravaggio, mei‡
stens gemeine Weltgegenstände, als Spieler, Tobacksge‡
sellschaften, Musikanten, Zigeuner, zwar auch Soldaten
Beschäftigungen, und historische Stücke; sein Pinsel ist
leicht, doch kräftig, sein Colorit warm, und durchaus
herrscht eine gute Anordnung. Man hat von ihm auch
halbe Figuren, zum Beyspiel: ein Bub schlägt die Cyther.
1600. † 1632.

Valkenburg, deren giebt es mehrere, Niederländer
von Geburt. Lukas van Valkenburg, mahlte Landschaf‡
ten mit Felsen, Bergwerk, Schmelzhütten, und viel beschäf‡
tigten Leuten, Bauernraufereyen, allegorische Gemählde und
Jagdprospekten, alle in die Breite geformt; † 1625. Sein
Bruder Martin, mahlte flamändische Dorfkirchweihen, auch
Landschaften mit Räubereyen und Schmelzhüttenwerk. 1542.
† 1636. zu Frankfurt am Main. Des Lukas Sohn,
Friedrich, mahlte Historien, Bauernhochzeiten und Land‡
schaften; man will auch von dieses Künstlers Hand an Fi‡
guren zahlreiche Conversationsstücke haben, zum Beyspiel:

O   ein

ein nächtliches Carneval, Luſtbarkeit von Venedig, wo viele Figuren bey einer Illumination ſich verſammeln. Theodor van Falkenburg, ein Amſterdamer, und geſchickter
Mahler in Vorſtellung zahmer und wilder Thiere und Vögel. 1675. † 1721.

Valks, Peter, ein Friesländer, ſtudirte nach Abraham Blömaert, und mahlte vortrefliche Hiſtorien, Portraits und Landſchaften. 1584. geb.

Vandyck, ſiehe Dyck.

Vanloo, mehrere dieſes Namens ſind in der Mah-
lerhiſtorie als geſchickte Künſtler bekannt. Jakob Vanloo, war der Lehrmeiſter des van der Neer, und ein vortreflicher Bildnißmahler. Joh. Baptiſt Vanloo, geb.
zu Aix in der Provence 1684, war ein berühmter Frescomahler; ſeine Bildniſſe ſind auch vortreflich, welche leicht,
geiſtreich, in ſchönem Colorit gemahlt, und auf das rich-
tigſte gezeichnet ſind. Im friſchen Fleiſch mahlen kam er
nahe dem Rubens. ſtarb 1745. Sonſten iſt auch Peter
Vanloo, ein Antwerpner, in perſpektiviſchen Stücken berühmt. Er lebte ums Jahr 1600. Theodor Vanloo,
mahlte bibliſche Geſchichten in Marattis Geſchmack; geb.
zu Brüßel um 1630. ſtarb um 1669. Karl Andreas
Vanloo, geb. zu Nice 1705, mahlte Hiſtorien und Landſchaften, in welchen er die Maniern vieler großer Meiſter
geiſtreich zu vereinigen wußte. Seine Zeichnung iſt richtig
und ſorgfältig ausgeführt; ſein Colorit lieblich und angenehm. ſtarb 1765.

Vanni, Franz, zu Siena gebohren, kommt in ſeinem Geſchmack dem Barozio am nächſten, doch iſt ſein
Pinſel nicht ſo fein und feurig. Vanni verdient unter die
ſehr geſchickten Mahler gezählt zu werden. 1563. ſtarb
1610.

Vanucci, Peter, arbeitete zu Anfang des 16ten
Jahrhunderts ſchöne Frauenbilder, und andere Heilige. †
1524. im 78ſten Jahre ſeines Alters. Er war Raphaels
Lehrmeiſter.

Van-

Vantuys, siehe Thys.

Vanvitelli, Kaspar, arbeitete zu Rom und Neapel sehr fleißige Landschaften mit schönen Gebäuden, sein Baumschlag ist mittelmäßig, ums Jahr 1700.

Varege, arbeitete in Poelemburgs Geschmack, ungemein angenehme Landschaften auf Kupfer; seine Figuren sind meistens Liebesgötter, oder ovidische Gedichte.

Vargas, Ludwig de, ein Spanier, sein Pinsel ist leicht, frey und ungezwungen, von großem Geschmack und Geist. 1528. † 1590. Er mahlte Historien und Bildnisse.

Varotari, Alexander; man hat von seiner Hand biblische Werke, auch Portraits herrlich ausgeführt. 1590. † 1650.

Varson, Georg, ein Antwerpner, geschickter Blumen= und Früchtenmahler; geb. ums Jahr 1622. Eigentlich heißt er van Son.

Vasari, Lazarus, mahlte im Großen vortreffliche Stücke; er war ein Meister im Ausdruck der Leidenschaften und Bewegungen der Körper. 1380. † 1452.

Vasco, ein portugiesischer Mahler, und großer Künstler seiner Zeit, und ein großer Zeichner; seine Gemählde sind mit schönen Landschaften und Architektur verziert, ums Jahr 1480.

Uccello, Paul, ein Florentiner, und berühmter Künstler im Vögelmahlen; man hat auch Landschaften mit Thieren und schönen Figuren von ihm. † 1472. 83 Jahre alt.

Uden, Lukas van, geb. zu Antwerpen, ist wohl der beßte Landschaftmahler; sein Baumschlag ist besonders künstlich, es schien, als ob die Blätter seiner Bäume durch den Wind angewehet würden. 1595. † 1662.

Udewael, von diesem hat man geistliche Historien, auch poetische Göttergedichte.

Udine, siehe Nanni.

Vec=

Vecchia, Peter della, mahlte Halbfiguren und Portraits, † 1678. im 73sten Jahre seines Alters; auch Geschichten, in deren Zusammensetzung er viel Feuer, einen großen und wohl ausgedruckten Karakter in einem sehr schönen Colorit zeigte.

Vechio, Hieronymus, ein Veroneser, und Meister in großen Gemählden. Seine Landschaften und Bäume, Blumen und Früchten sind mit großer Kunst und Natur gefertigt. 1472. † 1555. Sein eigentlicher Name ist Libri.

Vecellio, Franz, ein Bruder des Titian, und guter Mahler, ums Jahr 1528. Horatius Vecellio, ein Sohn des Titian, war auch ein sehr berühmter Portraitmahler. † 1576.

Veen, Octavius van, ein Mahler von Leyden, arbeitete geistliche und weltliche Stücke; er war der Lehrmeister von Rubens, und mahlte im niederländischen Geschmack Allegorien und geistliche Historien, Schatten und Licht brachte er meisterlich an; in Hand- und Fußemahlen war er besonders glücklich, und seine Köpfe haben viel Reitzendes; man hat auch von ihm lustige Conversationsstücke und Bachanalien, auch Portraits und herrliche heilige Familienstücke mit schöner Architektur. 1556. † 1634. Zwey andere Veen, wahrscheinlich des vorhergehenden Bruders Söhne, stellten in ihren Gemählden mit Wasserfarben lebendige Vögel vor, die sie mit großer Lebhaftigkeit der Farbe und Leichtigkeit ihres Pinsels in natürlicher Nachahmung der Federn aufs fleißigste ausarbeiteten, weswegen sie von Kennern sehr geschätzt und theuer bezahlt werden. † um 1706.

Veit, siehe Fyt.

Velasques, de Silva, einer der größten spanischen Künstler; er mahlte meistens historische Gegenstände, worinn er die Natur fleißig nachgeahmt hat; seine Zeichnung ist die richtigste, und seine Manier die zärtlichste. 1594. † 1660. Man hat auch Portraits von ihm gefertigt.

Vel=

Velde, Adrian van de, ein Amsterdamer; es sind zwar mehrere dieses Namens, darunter war Adrian ein berühmter Landschaftmahler; er mahlte sehr gut Vieh und Seestücke, in welchen ein schöner blauer Himmel, und gute Wolkennatur zu ersehen ist. Sein Pinsel ist ungemein lieblich und markigt, sein Colorit zart und glänzend. 1639. † 1672. Cornelius war in Seestücken noch berühmter, arbeitete um 1710. zu London. Esaias, in Feld= und Seeschlachten, um 1630. Johann, in Landschaften, um 1670. Beyde Wilhelm van de Velde, waren berühmt in Marinen, Seeschlachten und Seestürmen. Der Vater geb. in Leyden 1610. † 1693. zu London; der Sohn starb 1707. im 74sten Jahre seines Alters.

Venusti, Marcel, von Mantua, ein großer Künstler; denn er hatte eine richtige Zeichnung, eine majestätische Composition, eine fleißige Ausarbeitung, und eine zärtliche Färbung. Seine größte Stärke bestand in kleinen Portraits und Figuren. † 1580.

Veralli, Philipp, ein Bologneser, und Schüler von Albani, ein Künstler in Landschaften und schönen Bäumen, welche der Wind anzublasen scheinet, ums Jahr 1650.

Verbeck, Franz und Cornelius. Ersterer mahlte ländliche Unterhaltungen, Schenken und Bauerntänze, im Geschmack von Rembrand; Letzterer Seestücke, Pferde und Bataillen, ums Jahr 1619.

Verbruggen, deren waren mehrere, Kaspar Peter, mahlte Früchten und Blumen; Johannes, Seestücke, Seestürme; und ein anderer zu Delft gebohren, arbeitete Conversationsstücke, Fisch= und Kräutermärkte.

Verbuis, Arnold, arbeitete Portraits, Historien, aber auch allerhand gegen die Ehrbarkeit anstößiges, ums Jahr 1690.

Ver=

Verbier, Franz, ein Parifer, und Schüler von le Brun, ein großer Zeichner, sonsten aber ein Künstler, den das Glück nicht unterstützt hat. 1651. † 1730.

Verdoel, Adrian, ein Schüler von Rembrand, dessen Manier er auch im stark-dunkeln Colorit folgte; seine Zeichnung ist richtiger als jene von seinem Lehrmeister. geb. 1620.

Verduffen, Johann Peter, einer der größten Feldschlachtenmahler dieses Jahrhunderts. † 1763.

Verelst, Cornelius, und Simon, Niederländer und geschickte Blumenmahler. Simon war einer der vortreflichsten Blumenmahler, daher seine Gemählde stark gesucht und sehr theuer bezahlt wurden; starb 1710. im 46sten Jahr seines Alters. Man hat auch von einem Peter Verelst Bauernconversationen, zu Antwerpen geb. 1614. † 1659.

Verendael, Nikolaus, ein Mahler von Antwerpen, hatte es im Blumenmahlen sehr weit gebracht. Er blühte gegen das Ende des 17ten Jahrhunderts.

Vereycke, Hans, genannt Kleinhans, von Brugge gebürtig, ein berühmter Landschaftmahler; seine Lagen sind überaus gut gewählt; meistens findet man in seinen Werken Historien von der heiligen Maria angebracht, ums Jahr 1550.

Verhaegt, Tobias, ein Antwerpner, und Künstler im Landschaftmahlen; darinn findet man einen weiten Horizont, verfallene Gebäude, starke Berge, und schöne Bäume. 1566. † 1631.

Verhagen, Peter Joseph, aus Brabant; man hat von seiner Hand geistliche Geschichtsstücke. geb. 1728.

Verheyden, Franz Peter, ein Haager, arbeitete nach eigener Manier sehr schöne Thierstücke, und Jagden; die Federn und Haare mahlte er besonders künstlich und leicht. 1657. † 1711.

Ver-

Verhoeck, Gisbert, arbeitete Feldschlachten in Bourguignons Manier. 1644. † 1690.

Verhuyk, Cornelius, ein Rotterdamer, arbeitete Jagden und Thierstücke, auch schöne Bataillen, in starkem Colorit, nach Bourguignon. geb. 1648.

Verkolie, Johann, ein Amsterdamer, arbeitete zu Delft Historien, Conversationen, Mahlzeiten und Portraits. Sein Pinsel ist zart, und seine Composition geistreich. 1650. † 1693. Sein Sohn, Nikolaus, war berühmter, und arbeitete Historien, Conversationen, Landschaften, Figuren, Thiere und Blumen mit besonderer Geschicklichkeit. 1673. † 1746.

Vermeulen, Jakob, ein Niederländer, mahlte sehr gut allerhand Federvieh und Wildpret, ums Jahr 1760. in Italien.

Vermont, Hiacynth Collin de, ein sehr geschickter Historienmahler von Paris, ein Schüler des Rigaud. Seine Werke sind in einem sehr angenehmen, rührenden und der Wahrheit völlig entsprechenden Styl gearbeitet. gebohr. 1693. † 1761.

Vernet, Joseph, ein Franzos, und einer der größten Künstler seiner Zeit, in Seestücken, ums Jahr 1750.

Veronese, Paul oder Caliari, siehe Caliari.

Verrocchio, Andreas, ein Meister des Erhabenen, das er in alle seine Werke mit großer Kunst anzubringen wußte; er mahlte geistliche Stücke, als die Grablegung Christi ꝛc. 1432. † 1488.

Verschuuring, Heinrich, dessen Schlachten, die mit einer bewundernswürdigen Genauigkeit bearbeitet sind, und Jagdstücke sind sehr berühmt. 1627. † 1690.

Vertanghen, Daniel, Poelemburgs Schüler, im Haag 1660. geb., mahlte in sehr feinem Geschmack Bachusfeste und Landschaften, worinn schöne, sehr wohlgezeichnete nackende Nymphen, nach der Manier des Albani, angebracht sind, sein Colorit ist natürlich, und seine Arbeit

O 4 sehr

sehr fleißig. Man hat auch Landschaften mit Wildnissen von seiner Hand, worinn sich Heilige in Dornen wälzen. ꝛc. ꝛc.

Bervoort, Joseph, ein Amsterdamer, sehr geschickter Landschaftmahler. 1676. geb.

Berwilt, Franz, ein Rotterdamer, und vortreflicher Landschaftmahler; seine Werke sind voller Anmuth, und hie und da mit altem Gemäuer ausgeziert, seine Figuren sind in der Manier des Cornelius Poelemburgs gefertigt. geb. 1600.

Betti, David de, ein Deutscher, dessen kleine Figuren sehr gefallen.

Uffenbach, Philipp, ein Frankfurter, und Nachahmer der alten deutschen Meister. † 1640.

Vicente, Barthol., ein Spanier, dessen Landschaften sind im Geschmack Titians gemahlt. 1630. † 1700. In seinen historischen Gemählden folgte er der Manier des Bassano, so daß man beyde Arbeiten leicht verwechseln kann.

Vicino, Joh. Angelus, mahlte zu Genua vortrefliche Landschaften, Seestücke und Feldschlachten, ums Jahr 1670.

Victor, man hat von Ludwig Victor schön gemahltes Geflügelwerk, Hahnen und Katzenkämpfe. Johann Victor, war ein Schüler Rubens, und machte als solcher seinem Meister wirklich Ehre.

Viechter, Joh. Christoph, man hat von seiner Hand artige Architekturstücke. 1719. unweit Wien geb. starb 1760.

Vieira, Franz, geb. zu Lisabon um 1700, ein vortreflicher Mahler, der in seinen geistlichen und weltlichen Geschichten einen großen Verstand, vielen Geschmack, und tiefe Kenntnisse der Geschichte und der Kunst, gezeigt hat.

Vierpyl, man hat von diesem Mahler Conversationsstücke; er arbeitete zu Anfang dieses Jahrhunderts.

Vig-

Vignali, Jakob, einer der beßten Künstler seiner Zeit; er verfertigte viele, sehr schöne und wohlgefärbte historische Gemählde in Florenz; geb. 1592. † 1664.

Vilenburg, Gerard, von Amsterdam, ein geschickter Landschaftmahler, ums Jahr 1670.

Vince, Leonhard da, ein Florentiner, sehr berühmter Mahler, der die Natur bis zum Kleinsten nachzuahmen sich befleißigte, als in Haaren, Bärten, Blumen und Kräutern; sein Pinsel ist sehr ausdrückend, sein Colorit aber matt, seine Fleischfarbe blaßroth, seine Zeichnung ziemlich richtig. 1445. † 1520. Man hat von seinem künstlichen Pinsel geistliche und biblische Werke, unter andern eine Johannis Enthauptung. ꝛc.

Vincentino, Andreas, geb. zu Venedig 1539, mahlte im Geschmack des Tintorets Historien; auch hat man von seiner Hand die 7 Planeten und Allegorien. † 1614.

Vincentio, ein Romaner, und Schüler von Kaspar Poussin; seine Landschaften werden sehr geachtet.

Vinck, von dessen Hand hat man mythologische kleine Cabinetstücke keck und kräftig gemahlt, in sehr angenehmem Colorit.

Vinckenbooms, David, zu Mecheln 1578. geb. mahlte biblische Historien, ländliche Unterhaltungen, Hochzeiten, Landschaften, Jagd= und Nachtstücke. In seinen Landschaften findet man ein sehr schönes und reizendes Colorit, ob sie gleich mit leichter Hand gemahlt sind.

Vinne, Laurentius van der, ein Harlemer Künstler in Blumen, Pflanzen und Seegewächsen. geb. 1658. Man hat auch von einem Johann van der Vinne lustige Stücke, als einen Gassenleyrer ꝛc., zu Harlem 1663. gebohren.

Vischer, Johann, ein Amsterdamer, mahlte Viehstücke. 1636. geb.

Vi=

Vischer, Theodor, ein Schüler von Nikolaus Berghem, arbeitete vortrefliche Landschaften und Thiere im Geschmack seines Lehrmeisters, welche auch diesem nicht viel
nachgeben. 1650. † 1697. Cornelius de Vischer,
mahlte ums Jahr 1550. Portraits.

Vitale, Candidus, ein Bologneser, und großer
Künstler in Blumen, Früchten und Thieren. 1680. † 1753.

Vitringa, Wilhelm, ein geschickter holländischer
Seemahler, dessen Figuren vortreflich gezeichnet sind.

Vittorja, Vinzenz, ein Mahler von Valence, und
Schüler des Maratti, der sich in seinen Werken durch eine richtige Ordonanz und anatomische Richtigkeit vor andern auszeichnete. Seine Bildnisse sind vortreflich; geb.
1647. † zu Rom 1709.

Vivien, Joseph, ein Lioner, und Schüler von le
Brun, ein vortreflicher Bildnißmahler, besonders mit Pastelfarben. 1657. † 1735. zu Bonn.

Ulefeld, Helena Christina von, war ums Jahr
1660. als eine geschickte Mahlerinn in Dänemark bekannt.
† 1677. im 34sten Jahre ihres Alters.

Ulenbork, mahlte zu Anfang des 17ten Jahrhunderts zu Danzig verschiedenes; doch sind seine Küchenstücke den andern Werken vorzuziehen.

Ulerick, Peter, ein vortreflicher Meister in historischen Werken, welche nach seinem Lehrmeister Tintoret
gearbeitet sind; man hat auch von ihm schöne Architektur
und Prospekten. 1539. † 1581.

Bleughel, Nikolaus, von Antwerpen, mahlte
nach Paul Veronese vortreflich kleine Historienstücke. † 1737.
im 68sten Jahre seines Alters.

Ulft, Jakob van der, geb. zu Gorkum um 1627.
mahlte mit außerordentlichem Fleiß und mit großer Kenntniß und Geschmack die Gegenden von Rom, die nicht nur
wohlgezeichnet und herrlich colorirt, sondern auch durch
seine

feine und leichte Pinselstriche sehr lebhaft sind; er setzt sie meisterhaft zusammen, und bediente sich des Helldunkeln sehr nützlich.

Vlieger, Simon de, der Lehrmeister von Wilhelm van der Velde, er arbeitete Schiffe und Seestücke zu Amsterdam, ums Jahr 1640.

Vliet, Wilhelm und Heinrich van, beyde waren anfangs gute Historienmahler, nachmals aber legten sie sich auf Portraits, worinn Wilhelm excellirt hat. 1584. † 1642. Heinrich, mahlte auch schöne Mondscheine und perspektivische Stücke.

Umbach, Jonas, ein Augsburger, arbeitete in der Mitte des 17ten Jahrhunderts sehr schöne historische Stücke. Unter andern sieht man (doch sehr selten, dann seine Gemählde sind rar) ovidische Stücke von ihm.

Unger, Oswald, von diesem hat man vortrefliche Historienstücke, als Martern der Heiligen 2c.

Voet, Karl Borchart, und Ferdinand; ersterer mahlte Blumen, Insekten und Landschaften. 1670. starb 1745. Von letzterm hat man schöne geistliche Historienstücke, Bildnisse und Landschaften, die von Kennern geschätzt und gesucht werden; er blühte ums Jahr 1660.

Vogel, Karl van, auch Voglar, genannt Distelblum, gebohren zu Mastricht 1653., mahlte sehr schöne Blumen und Thiere, sowohl in seinem Vaterlande, als vorzüglich in Rom, wo er seine Kunst zu einem hohen Grad der Vollkommenheit gebracht hatte, wo er auch 1695. starb.

Vogelzang, Johann, ein Amsterdamer, geschickter Landschaften= und Thiermahler. geb. 1688.

Volaire, ein französischer Künstler neuerer Zeiten, besonders in Seestücken.

Vollerdt, Johann Christian, ein sehr geschickter sächsischer Mahler, dessen Winterstücke besonders viel Natur und Stärke haben. 1708. † 1769.

Volle=

Vollevens, Johann, der jüngere, geb. im Haag 1685, war im Portraitmahlen ein vortreflicher Künstler, dessen Arbeiten sehr hochgeschätzt, und überall gesucht wurden.

Volpato, mahlte unter andern Figuren, als Apostel.

Volterra da, eigentlich Daniel Ricciarelli, ein großer und berühmter Künstler, dessen Arbeiten unter die schönsten in Rom gerechnet werden; starb 1566. im 57. Jahre seines Alters.

Vonck, C., mahlte vortrefliche Vögelstücke; er blühte um 1670.

Voorhout, Johann, ein Niederländer, und ein großer Künstler in historischen und geistlichen Werken. 1647. † 1749.

Voort, Cornelius van der, ein berühmter Portraitmahler, seine Werke haben besondere Aehnlichkeit; zu Antwerpen 1580. geb.

Vos, Cornelius de, ein Schüler von van Dyck, und berühmter Historienmahler, ums Jahr 1645.

Vos, Martin de, geb. zu Antwerpen um 1534, ein Schüler des Fr. Floris, der sich nicht allein durch seine herrliche Portraits, sondern auch durch seine historischen Gemählde im Geschmack des Tintoret, in welchen er alle Pracht der Alten mit großem Verstande anzubringen wußte, in Italien und den Niederlanden berühmt gemacht hat. Er komponirte mit leichter Mühe, und seine Gemählde sind in einem erhabenen Styl gearbeitet; seine Zeichnung ist richtig, sein Colorit gut, und seine Ausarbeitung leicht. starb 1604. Paul des Vos, geb. zu Aelst um 1600, mahlte Thiere, Jagden und Feldschlachten mit Feuer und Lebhaftigkeit ganz nach der Natur.

Vosmeer, Jakob Walter, ein Delfter Mähler, arbeitete Blumen, Thiere und Landschaften. 1584. starb 1641.

Voster=

Vostermans, Johann, ein Schüler von Hermann Saftleven, und großer Künstler; seine Werke werden wegen der sinnreichen Composition und leichtem Pinsel, jenen von seinem Lehrmeister vorgezogen. Er arbeitete meistens perspektivische Stücke. geb. 1647.

Vouet, Simon, ein Pariser, und berühmter Mahler, der nach Carravaggio und Valentin gearbeitet hat, nachmals aber sich durch die Werke des Paul Veronese bildete. Seine geistliche Gemählde und poetische Gedichte sind natürlich, angenehm, gut gezeichnet, und sein Colorit sehr kräftig, ob es gleich zuweilen ins Graue fällt. Man hat Marienbilder von ihm in besonders frischem Geschmack. 1582. † 1649. Seine Köpfe wollen zwar nicht viel bedeuten, und zuweilen mahlte er die Nasen im Profil klein aufgeworfen, seine Finger sind auch zu kurz.

Voys, Heinrich de, ein Leidner, berühmter Historien= und Landschaftmahler, der die großen Meister in seinen Werken nachahmte, als einen Poelemburg, Teniers oder Brouwer. geb. 1641.

Uppinck, man hat von seiner Hand Landschaften mit Hühnern.

Vree, Nikolaus de, ein geschickter holländischer Blumen= und Landschaftmahler; starb 1702. Seine Landschaften sind mit einer natürlichen Färbung, und seine Blumen mit einem leichten Pinsel und lebhaftem Colorit gemahlt.

Vreem, Anton, ein Dortrechter, und Schüler von Schalken; man hat kleine Stücke von ihm, welche vortreflich gemahlt sind, als Figuren mit allerhand Papieren oder Büchern beschäftiget. 1660. † 1681.

Vriendt, siehe Floris.

Vries, Joh. Regnerus, ein Niederländer, mahlte in besonderm gar nicht angenehmen Geschmack, doch mit Natur, alte Gebäude in seine Landschaften. Adrian de

Vries,

Vries, mahlte auch Portraits; sodann Johann Frede=
man de Vries, gothische Architektur. 1527. † 1604.

Urlaub, Anton, ein Würzburger, arbeitete im Jahr
1779. zu Augsburg sehr gute Portraits in Oel, und mit
Pastelfarben; sein Colorit ist kräftig, seine Stellung mei=
sterlich, und im Pelzwerkmahlen ist sein Pinsel von großer
Stärke.

Vromans, genannt Schlangenmahler; er arbei=
tete Kräuter, Disteln, Brombeersträuche mit Schlangen,
Sommervögel, Spinnen oder sonstige Insekten. geb. 1658.

Vroom, Heinrich Cornelius, ein Harlemer, und
großer Künstler in Landschaften, Seetreffen und Seestür=
men. 1566. geb. Man hält ihn für den besten See=
stückmahler.

Ursela, mahlte nach Franz Mieris mit vielem Fleiß
und zartem Pinsel.

Utrecht, Adrian van, ein Antwerpner, mahlte
schöne Vögel, Blumen, Früchten und Thiere. 1599. †
1651.

Vuez, Arnold de, ein Franzos, und großer Histo=
rienmahler, mit welchen er sein ganzes Genie in einer geist=
reichen Composition, richtiger Zeichnung und angenehmer
Verschiedenheit zeigte, und dabey immer auf den Geschmack
von Raphael sah. Sein Colorit könnte besser seyn; starb
1724. im 82sten Jahr seines Alters.

Vytenbroeck, Moses van, ein Niederländer, und
Schüler von Cornelius Poelemburg, arbeitete aber in
Elzheimers Manier. † 1650.

W.

Wael, Cornelius de, ein Antwerpner Künstler in Feld=
schlachten, Belagerungen und Scharmützeln. Seine größ=
te Stärke bestand im Ausdruck der Leidenschaften, der Ver=
wunde=

wundeten oder Sterbenden. geb 1594. Man hat auch von seiner Hand den Durchgang der Israeliten durch das rothe Meer.

Wael, Johann de, ein Schüler von Franz Frank, war ein geschickter Mähler; geb. 1558. † 1633.

Wael, Lukas de, ein Schüler von Joh. Breughel, mahlte in seines Lehrmeisters Geschmack vortrefliche Landschaften mit Wasserfällen oder steilen Felsen, Sonnen Auf und Niedergang, Donner und Blitz. geb. 1591.

Waerd, Anton van der, ein Haagner, mahlte Historien, Landschaften und Portraits. geb. 1689.

Waerding, ein Frauenzimmer, mahlte unvergleichliche Kuchelstücke zu Hamburg.

Wagner, Joh. Georg, ein Nürnberger, und geschickter Historienmahler, ein Schüler von Daniel Preisler. 1642. † 1686.

Wagner, Joh. Georg, von Geburt ein Sachse, war ein Schüler des berühmten Dietrichs, und arbeitete vortrefliche Landschaften in Wasserfarben, in welchen man ein glüendes Colorit und eine leichte markigte Ausführung bewundert. † 1767. sehr jung.

Walch, Jakob, ein geschickter Nürnberger Portraitmahler. starb 1500.

Walch, Johannes, geb. 1757. in der Reichsstadt Kempten, wurde von seinem Vater, der bloß als Liebhaber zeichnete und mahlte, in den Anfangsgründen der Kunst unterrichtet; er übte sich darinn unter der Anleitung eines Schmutzers in Wien, und sodann in Rom, wo er nach den Antiken studirte. Seine Miniaturgemählde zeigen auch dieß Studium in einem hohen Grad, auch sind seine Portraits sehr ähnlich, und in einem lebhaften, aber doch natürlichen Colorit. Lebt seit 1786. in Augsburg.

Waldgrave, ein Engländer, der in Landschaften, besonders in schönem Baumschlag berühmt ist.

Wald

Waldraf, aus Baiern, arbeitete in einem dunkeln, gar nicht angenehmen Colorit, jedoch mit flüchtigem Pinsel, vortrefliche, meistens geistliche Historien; seine Zeichnung ist sehr richtig, und viel Feuer im Ausdruck seiner Gegenstände. starb 1778.

Walker, Robert, ein englischer Bildnißmahler, er arbeitete nach van Dyck, und schwung sich sehr hoch. † 1658.

Wallers, von diesem hat man sehr gute Köpfe, Halbfiguren.

Wals, Gottfried, ein Köllner, arbeitete unter andern im Kleinen sehr künstliche Landschaften, ums Jahr 1640.

Walter, Franz, ein Glazer, mahlte schöne Portraits in Miniaturarbeit. geb. 1734. lebt in Wien.

Wans, ein sehr berühmter Landschaftmahler im Großen.

Waser, Anna, eine Schweizerinn, mahlte sehr künstliche Schäferstücke. 1679. † 1713.

Wateau, Anton, dieser französische Galanteriestückmahler arbeitete sehr leicht, mit Reitz und richtiger Zeichnung, im schönen Colorit nach Rubens, galante und ländliche Unterhaltungen, auch Soldatenmärsche. In seinen Werken findet man einen muntern Mahlergeist, schöne Figuren, zierliche Köpfe und angenehme Landschaften. 1684. † 1721.

Waterloo, Anton, zu Utrecht gebohren, ein vortreflicher Landschaftmahler, der in dem durch die Bäume scheinenden Lichte und natürlichen Widerschein im Wasser excellirt hat. geb. 1618.

Watterschoot, Heinrich, ein vortreflicher Landschaft- und Bataillenmahler von München, dessen Werke sehr gute mahlerische Eigenschaften haben, besonders sind seine Figuren artig und gut colorirt. Er war zu des Mahlers Beichs Zeiten bekannt.

Wax=

Wärschlünger, Paul, ein Baier, arbeitete ums Jahr 1720. Jagdstücke; Wildpret, Thiere, Vögel, Früchten, Weintrauben und Blumen. Seine Arbeit ist verschieden, zuweilen meisterhaft.

Weeling, Anselm, mahlte vortrefliche Cabinetstücke in der Manier von Schalken, oder Douw. 1675. starb 1747.

Weenix, Joh. Baptist, ein Amsterdamer, mahlte vortreflich alles, was man verlangte, Geschichten, Prospekten, Marinen, Thiere, Vögel und Blumen; er arbeitete sehr geschwind. 1621. † 1660. Sein Sohn, Johann, ist eben so berühmt in Historien, Thieren, Federwildpret, Landschaften und Blumen. 1644. † 1719.— Diese Künstler pflegten ihren Wildpretgemählden öfters Jägerhörner, Weidtäschen und Steckgärner beyzumahlen. Letzterer Weenix mahlte auch Seeprospekten mit orientalisch gekleideten Figuren.

Weidner, Joh. Adolph, mahlte Thiere, Vögel, und dergleichen ziemlich der Natur gemäß, in Augsburg 1736. geb.

Weirotter, Franz Edmund, ein Mahler aus Inspruck, arbeitete in Deutschland verschiedener Orten schöne Landschaften mit hellen Farben und schönen Prospekten in niedrigen Gegenden; sein Baumschlag macht ihn kenntlich, weil seine Baumblätter aus lauter krummen Hacken gefertigt sind. † 1771. zu Wien.

Weis, Nikolaus, von Brixen, ein sehr vortreflicher Künstler, dessen Viehstücke denen von Heinrich Roos fast vorzuziehen sind. Man hat von ihm herrlich angeordnete Landschaften mit Kühen, Ochsen und Schaafen, zwar letztere könnten besser gezeichnet seyn. Er mahlte auch schöne Kuchelstücke, todte Vögel und Fische; alles ist künstlich, und sein Colorit frisch und natürlich, eher blaß als kräftig. Er arbeitete im Jahre 1648, auch noch 1681.

P   Wen=

Wenzel, Joh. Friedrich, ein Berliner, bekannter Historien- und Bildnißmahler, und Schüler von Jakob Amigoni. geb. 1709.

Wenzinger, ein geschickter Mahler geistlicher Historien, er arbeitete vieles in der Schweitz ums Jahr 1750.

† Werdmüller, Johann Rudolph, ein Schweitzer, mahlte schöne Portraits, Landschaften und Früchten. geb. 1639. gest. 1668.

Werf, Adrian van der, ein Holländer, dessen Werke sehr gesucht werden, obschon sie gar nicht lebhaft gemahlt sind; sein Fleisch gleicht dem Elfenbein, seine Gewänder sind aber sehr wohl gefaltet, und groß, sonsten sind alle seine Gemählde mit erstaunlichem Fleiß vollendet. 1659. † 1722. Peter, sein Bruder, gehört auch unter die berühmte Mahler, obschon er dem Adrian nicht gleich kommt. † 1718.

Werner, Joseph, ein Schweitzer, und großer Künstler in Miniaturarbeit. 1637. † 1710.

Wertinger, Johann, ein vornehmer Portraitmahler.

Wessel, Jakob, ein Danziger, geschickter Portraitmahler, ums Jahr 1765.

West, Benjamin, arbeitet wirklich zu London vortrefliche Historienstücke und Portraits; er ist einer der größten Mahler unserer Zeit, doch wollen einige seine Zeichnung tadeln.

Weyde, oder Wyde, Roger van der, man hat von diesem Künstler die heilige Mutter Gottes an einem Rosengeländer sitzend mit andern Heiligen begleitet. Auch mahlte er historische Stücke und Portraits mit lebhaften und starken Ausdrücken; geb. zu Brüßel 1480. † 1529.

Weyer, Gabriel, ein sehr sinnreicher Mahler von Nürnberg. † 1640.

Weyerman, Jakob Christoph, ein Schweitzer, und Schüler von Beich, ein vortreflicher Landschaftmahler;

Wienfrag, man will von diesem Künstler Bäuern=
stücke haben.

Wieringen, Cornelius, ein Harlemer, mahlte
vortrefliche Seestücke. In seinen Werken findet man die
Gefahr zur See, die Mannigfaltigkeit der Schiffe und ih=
rer Arbeiter, oder was dabey vorfällt, sehr natürlich vor=
gestellt. Seine Arbeit ist so gut, als jene von dem be=
rühmten Seestückmahler Heinrich Cornelius Vroom. Flo=
rirte ums Jahr 1630.

Wigmana, Gerard, arbeitete in Franz Mieris
Geschmack, auch mit solchem Fleiß, bey weitem aber nicht
mit dem Geist und Güte, zu Gorcum 1673. geb., starb
1741.

Wildens, Johann, ein Antwerpner, und vortref=
licher Historien= und Landschaftmahler; seine abwechslende
Luft, die schöne Natur der Wolken, das weißglänzende
Wässer sind seine vorzügliche Mahlereigenschaften. 1600.
† 1644.

Willaert, Adam, oder Willarts; ein Antwerp=
ner, und großer Künstler in Seestücken und Flüßen mit al=
lerhand kleinen Schiffen, und schönen Figuren. geb. 1577.

Willebort, siehe Bossaert.

Willems, Markus, zu Mecheln geb.; ein vortref=
licher Historienmahler. Man hat zwar auch von ihm son=
stige Mahlergedanken und schöne Figuren im Großen. 1527.
† 1561.

Williemburg, von diesem hat man schöne Land=
schaften mit Felsen und Wasserfällen.

Willieret, Peter, arbeitete in der Schweitz meisterhaft geistliche Historienstücke, ums Jahr 1625.

Willingen, Peter van der, mahlte meistens Sinnbilder des Todes, und leblose Gegenstände, Todtenköpfe, Kinder, die Seifenblasen machen, musikalische Instrumente. geb. 1607.

Willinx., von diesem hat man Weiber mit Märktfeilschaften und Fischen. 2c.

Willmann, Michael, geb. zu Königsberg in Preußen 1630, war durch seine vortrefliche Arbeiten in Deutschland berühmt, welche in die Kunstkabinete häufig aufgesucht wurden.

Wilson, Richard, ein Landschaftmahler neuester Zeiten, ein großer Künstler; seine schön gezeichnete und sehr wohlgefärbte Figuren werden von Kennern hochgeachtet. Er arbeitete ums Jahr 1760. zu London.

Winckelmann, Ludwig von, ein Trierer, aus Coblenz gebürtig, mahlt auf Atlaß, Tafet, Tuch und andere Zeuge mit dauerhaften Farben nach der venetianischen Art, sogar widersteht sein aufgelegtes Gold dem Wasser, alles nach eigener Erfindung.

Windinger, Peter, mahlte Gefäße mit Blumen.

Wingard, Anton, ein Antwerpner, arbeitete Landschaften; er besaß ein großes Talent in schicklicher Austheilung von Schatten und Licht.

Winghen, Joas oder Joseph van, ein Brüßler; man hat von diesem Künstler herrliche römisch historische Gemählde. 1544. † 1603.

Winter, Egidius de, zu Leewarden gebohr., ein Schüler von Regner Brakenburg; arbeitete zu Amsterdam sehr artige und lustige Gesellschaften, auch Kinderspiele in seines Lehrmeisters Manier. 1650. † 1720.

Winter, Franz Joseph, war zu Augsburg und München ein berühmter Portraitmahler.

Wit,

Wit, Jakob de, geb. zu Amsterdam 1695, studir=
te nach Rubens und Vandyck, mahlte Historien und Por=
traits, aber auch Basreliefs von Erz, Marmor, Gips,
Stein und Holz, die der Natur sehr täuschend nachgeahmt
sind. † 1754.

Witenbrock, von diesem hat man schöne Landschaf=
ten mit Vieh.

Withers, Mathias, lernte bey Jakob van Cam=
pen; er mahlte allerhand Pflanzen, Blumen, Schlangen
und andere Insekten mit großer Natur und Stärke, alles
fein ausgearbeitet. † 1703. Sein Sohn, Peter, folg=
te ihm mit eben dem Fleiß in diesem Mahlerfach nach.

Withoß, Mathias, Franz und Peter, arbeiteten
unvergleichlich schöne Blumen= und Früchtenstücke, theils in
Oel= theils in Wasserfarben, mit allerhand Insekten, Schlan=
gen ꝛc. Johannes aber mahlte vortrefliche Landschaften
mit römischen Gegenden und Alterthümer. Sie lebten im
16ten Jahrhundert bis zu Ende, und Anfang des 17ten,
ihre Arbeit wird sehr geachtet.

Witte, Kaspar de, ein Antwerpner, und berühm=
ter Landschaftmahler; seine Werke sind sehr wohl colorirt,
mit altem Mauerwerk ausgeziert, und mit einem angeneh=
men Duft überzogen. geb. 1621.

Witte, Lievin de, von Gent gebürtig, mahlte sehr
schöne Historien, Architektur und perspektivische Stücke,
ums Jahr 1550.

Witte, Petrus de, genannt Peter Candito, geb.
zu Brügge 1548, war ein berühmter Portrait= und Land=
schaftmahler; seine Werke sind zuweilen mit biblischen Hi=
storien ausstafirt. Ein anderer Peter de Witte, geb. zu
Antwerpen 1620, mahlte sehr anmuthige Landschaften,
die mit guter Färbung und Geschmack ausgearbeitet sind,
weswegen sie auch sehr theuer bezahlt wurden. Des Pe=
ter Candito Gemählde sind durchgängig vortreflich, histo=
rische oder biblische Geschichten im Großen ausgeführt; doch

P 3   hat

hat man auch schöne Marienbilder oder Heilige von seiner Hand im Kleinen auf Kupfer gearbeitet, die sehr werth gehalten werden; er war zu München Hofmahler.

Wittig, Bartholom., ein Schlesier, und Künstler in Historien, Blumen, besonders aber in Nachtstücken, ums Jahr 1650. Man hat von diesem Künstler große Feyerlichkeiten bey Nacht ausgeführt, herrliche Stücke. † 1684.

Wohlgemuth, Michael, ein Nürnberger, und großer Mahler seiner Zeit; sein Pinsel ist zwar nicht angenehm, seine Zeichnung nicht fein, auch sein Colorit trocken, dennoch aber haben seine Werke viel Natur. 1434. † 1519. Man hat von seinem Pinsel altmodische Hausaltärchen mit Heiligen.

Wolf, Joh. Andreas, war Bergmüllers Lehrmeister, und mahlte schöne Historienstücke zu München. 1652. † 1716.

Wolker, Joh. Georg, aus Burgau gebürtig, ein Schüler von J. G. Bergmüller, mahlte historische Stücke; starb zu Augsburg 1766.

Woodkock, von diesem hat man schöne Seestücke mit Schiffen. 2c.

Woolton, Johann, mahlte ums Jahr 1725. in England vortrefliche Batailllen und Pferde in Joh. Wyks Geschmack.

Wouters, Franz, ein Schüler von Rubens, mahlte Historien, besonders aber schöne Landschaften im schönen Colorit, und mit künstlichen Fernungen; seine Staffage ist meistens aus den Gedichten oder Götterhistorie gezogen. 1614. † 1659.

Wouwermans, dieser sind mehrere, gebohrne Harlemer, mahlten unvergleichlich, und sehr reitzende Landschafts= und Soldaten=Conversationsstücke, Pferde, Jagden, Schlachten, Plünderungen, Reigerbeitzen, Schlittenfahrten, Seeprospekte, Pferdmärkte, und einen schönen Baumschlag;

schlag; alles lebt, alles ist Natur und Reitz. Des **Phi-lipps** Werke sind die berühmtesten und theuersten; dieser Meister unterscheidet sich von den andern seines Namens in der schönen Auswahl der Gegenstände, und in der guten Zusammensetzung; alles ist in seinen Gemählden vollkommen, sein Himmel und Gegenden fallen in das Dunstigwolkigte; und seine Figuren sind bezaubernd aus dem Helldunkeln heraus gearbeitet. Sie lebten in der Mitte des 17ten Jahrhunderts. **Philipp** mahlte auch Jahrmärkte und Kirmessen, auch ist nicht zu verschweigen, daß dessen Hintergründe meistens mit allerhand geistreichen Veränderungen ausgeziert sind. **Peter** und **Johann Wouwermanns** Werke sind zwar viel ähnlich jenen von **Philipp**. Von **Peter Wouwermanns** hat man auch Scharmützel und Attaken der Reuterey, Soldatenmärsche rc. Ferner kommen noch zu bemerken, von **Philipp Wouwermanns** Räuberstücke, Schlachten, Soldatenmärsche, auch Reitschulen, in welchen sich ein oder ander Pferd, als ein Schimmel besonders auszeichnet. Seine Gemählde sind durchgängig breiter als hoch geformt. Ein unträgliches Zeichen eines Originalgemählde von **Philipp Wouwermanns**.

Wtewael, Joachim, ein Utrechter; man hat von diesem Künstler ein schönes Dianenbaad. 1566. ✝ ums Jahr 1604.

Wubbels, ein Niederländer, und berühmter Seestückmahler, im Geschmack des Backhuysen.

Wuest, Joh. Heinrich, zu Zürch 1741. gebohr., ein berühmter Landschaftmahler; seine Luft ist leicht, sein Baumschlag abwechselnd, bald gut, bald schlecht, seine Figuren und Thiere wohlgezeichnet, seine Stellungen bestens gerathen, und das Colorit vortreflich.

Wulffhagen, Franz, aus dem Herzogthum Bremen gebürtig, ein Schüler von **Rembrand**, dessen Manier er auch in seinen Gemählden nachgeahmt hat; er blühte ums Jahr 1660.

Wulf-

Wulffraat, Margaretha, eine Arnheimerinn, und große Künstlerinn in Historien und Portraits; ihr Pinsel ist fein und fleißig, und das Nackte besonders zart und fein gemahlt. 1678. geb. Ihr Vater, Mathias, mahlte sehr niedliche und angenehme historische Conversationsstücke, auch kleine Portraits. † 1727. zu Amsterdam im 79sten Jahre seines Alters.

Wunder, Wilhelm Ernst, ein Thüringer; er arbeitete zu Bayreuth verschiedenes, doch verdienen seine Cabinetstücke, seine Blumen, Wildpret, Bauern und Landschaftsstücke im Kleinen den Vorzug; diese sind sehr fleißig und im angenehmen Colorit gearbeitet; geb. 1717.

Wurmser, Nikolaus, ein Strasburger alter Mahler; florirte ums Jahr 1357. zu Prag. Man hat von seiner Hand einen Christus am Kreuz.

Wutky, Michael, ein Cremser; man hat von seiner Hand römische Prospekten und herrliche Gebäude; gebohr. 1739. lebt noch in Italien.

Wyck, Johann, ein Harlemer, berühmter Thiermahler; er mahlte Hirsche, Schweine, prächtig gekleidete Jäger in Landschaften. 1652. † 1702. Sein Vater, Thomas, geb. zu Harlem 1616, mahlte mit einer ausnehmenden Geschicklichkeit Seehäfen und Gestade mit Schiffen und allen dazu gehörigen Geräthschaften, auch öffentliche Märkte, die er mit Seiltänzern, Taschenspielern und Marktschreyern zierte. Sein Colorit ist glüend, und die Farben sind stark angelegt; starb 1686.

Wyde, siehe Weyde.

Wynants, Johann, ein Harlemer, und Lehrmeister von Philipp Wouwermanns, einer der berühmtesten Landschaftmahler; sein Colorit, Beleuchtung und Luft ist überaus künstlich und angenehm angebracht; die Figuren in seinen Gemählden aber arbeiteten Ostade, Wouwermanns, Lingelbach, van der Velde und van Thulden. 1600. gebohren.

bohren. Seine Werke haben mit jenen von Wouwermann viel Aehnlichkeit.

Wynen, **Dominikus van**, arbeitete vortrefliche moderne Cabinetstücke; er war ein Meister im Ausdruck der Leidenschaften. 1661. zu Amsterdam geb.

Wytman, **Matthäus**, zu Gorcum geb., mahlte nach Netschers Manier allerhand Gemählde, Landschaften, Früchten und Blumen sehr künstlich. 1650. † 1689.

Y.

Ypres, **Karl van**, mahlte nach Tintorets Manier sehr schöne Historienstücke. † 1563.

Z.

Zagelman, **Johann**, zu Teschen geb., mahlte todtes Geflügelwerk an einen Baum gelehnt; Joh. Christian Brand mahlte zuweilen die Landschaft darzu; starb 1758. in Wien.

Zago, **Sanctus**, ein Schüler von Titian; er kam seinem Lehrmeister in geistlichen Historien sehr nahe, dessen fein zartes Wesen aber konnte er nicht erreichen. Florirte ums Jahr 1560.

Zampieri, siehe **Dominichino.**

Zanchi, **Anton**, gebohr. zu Este im Paduanischen 1639. war ein sehr geschickter Historienmahler, seine schönsten Werke sind in Venedig. † 1725.

Zarinena, **Christoph**, ein Schüler von Titian; er war sehr geschickt, die Werke seines Lehrmeisters nachzuahmen. 1548. † 1600.

Zeelander, **Peter de**, ein Künstler in Seestücken, besonders sind seine Seeschiffe sehr natürlich und fleißig ausgearbeitet.

Zee=

Zeeman, Regner, dieser Künstler war bekannt nach der Mitte des 17ten Jahrhunderts, und arbeitete vortrefliche Seestücke im Großen mit vielen Schiffen.

Zegers, Herkules, ein vortreflicher Landschaftmahler, und Zeitgenoß des Potters.

Zick, Januarius, zu München geb., ein sehr vornehmer Historienmahler unserer Zeit. Seine Historien und Cabinetstücke, welche nach Rembrands Geschmack gearbeitet sind, verrathen einen großen Künstler; seine Gemählde und Farben sind indessen kenntlicher und heller, als jene von Rembrand, welcher sich eines unreinen, fast unerkenntlichen Farbenschmelzes bedient hat. Sein Vater Johann, von Ottobeuern, war auch ein vortreflicher Mahler, der sich durch seine schöne historische Werke sehr berühmt gemacht hat; geb. 1702. † 1762.

Ziesenis, Joh. Georg, mahlte sehr ähnliche Portraits. 1716. † 1764.

Zoffani, oder Zauffeli, Johann; ein Regensburger und sehr geschickter Mahler; man hat von ihm Portraits und Historien, welche schon weit und breit bekannt sind; seine Farben könnten zwar besser abstechen, sie werden für zu einförmig gehalten. Man hat von seiner geschickten Hand in Wien das größte florentinische Familien-Portrait und mehrere. Er arbeitet schon viele Jahre her in London. geb. 1733.

Zon, oder la Zoon, van, ein Niederländer, und vortreflicher Blumen= und Früchtenmahler; seine Arbeit ist mit Kräutern, Vorhängen oder allerhand metallenen Gefäßen ausgeziert, ums Jahr 1710. zu London.

Zorg, Heinrich, Rokes genannt, ein Rotterdamer, arbeitete in David Teniers, seines gewesenen Lehrmeisters Manier und Stärke. 1621. † 1682.

Zuccarelli, Franz, arbeitete sehr schöne Landschaften mit vortreflichen Figuren in schön frischem Colorit; seine

ne Thiere sind auserlesen schön, besonders Hunde und Pferde; geb. 1704, 1770. lebte er noch in London.

Zuchero, Taddeus und Friedrich, geb. zu St. Ag-
nelo di Vado, und sehr geschickte Mahler; ersterer mahlte
frisch und markigt mit Verstand und guter Zeichnung, besonders die Köpfe, Hände und Füße, auch schöne Haare;
seine Gewänder sind aber steif, übrigens war er ein Meister des Helldunkeln. 1529. † 1566. Letzterer arbeitete
im Geschmack des Taddeus, doch ist sein Pinsel leichter,
zwar seine Figuren und Gewänder auch steif und schwer.
1543. † 1609. Von Ersterm hat man eine Geißlung
Christi, von Letzterm aber eine Landschaft mit der heiligen
Mutter Gottes und Gesellschaft.

Zucchi, Anton, geb. zu Venedig 1726, ein Schüler von Amigoni, dessen schönes Colorit er vortreflich nachzuahmen wußte. Man sieht in seinen Gemählden Ruinen
von antiken Gebäuden von einer reichen und poetischen Composition. Er arbeitete mit großem Ruhm in Italien und
England.

Zwanenborg, Jakob van, dieser verdient angeführt zu werden, als ein Lehrmeister des so künstlichen Rembrands, obschon Rembrand seines bezaubernden Colorits eigener Schöpfer war.

Zyl, Gerard van, ein Leidner, er arbeitete in van
Dycks Manier Portraits und kleine Conversationen. 1649.

Zyl, Theodor van, mahlte sehr schöne Architekturstücke. geb. 1560.

Ver=

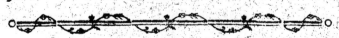

Verzeichniß,

in welchem Fache der Mahlerey die Künstler und Mahler kennbar sind.

Architektur, Alterthümer, Reste alter Gebäude, römische Antiken, Kirchenzierathen, Kirchen, Schlösser, Festungen.

Siehe

Anezi.	Campagno.	Heyden.
Asselyn.	Dalens.	Himelroth.
Avenian.	Deelen.	Hoog.
Bassan.	Dufrais.	Juvenel.
Bibiena.	Dyk.	Kruyf.
Blendinger.	Ehrenberg	Lairesse.
Bloemen.	Esperling.	Lorme.
Blondeel.	Eyckens.	Martiali.
Boyer.	Feistenberger.	Meunier.
Breenberg.	Ferg.	Neefs.
Brizio.	Floris.	Nieulant.
Bronckhorst.	Focke.	Offenbeck.
Call.	Freminet.	Patel.
Calvart.	Fresnoy.	Penni.
Canale.	Gabbiani.	Perelle.
Carlieri.	Garzi.	Poorter.
Carnevale.	Geldern.	Poussin.
Champagne.	Gout.	Pozzo.
Cheron.	Graf.	Prina.
Colonna.	Haen.	Rademacker.
Compe.	Harms.	Rooker.

Rons=

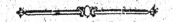

Rousseau.
Sais.
Sbiek.
Schiffer.
Schuur.
Servandoni.
Sole.

Stadler.
Steenwick.
Stöcklin.
Surchi.
Thuilliers.
Vanvitelli.
Vasco.

Verhaegt.
Ulerich.
Vries.
Withoß.
Witte.
Zyl.

Baumschlag, schöne Bäume, schlechter Baumschlag.

Baudewin.
Beudler.
Beutler.
Bonito.
Bril.
Brinckman.
Ermels.
Ferg.
Forest.
Grimaldi.

Gryef.
Hoeck.
Kierings.
Lorrain.
Martinelli.
Maturino.
Meulen.
Milet.
Mola.
Patenier.

Poussin.
Pinacker.
Schwanenfeld.
Sole.
Spranger.
Vanvitelli.
Uden.
Veralli.
Waldgrave.
Weirotter.

Bataillen, Feldschlachten, Seeschlachten.

Angeli.
Angelus, Michael.
Arpinas.
Beich.
Bemel.
Bent.
Block.
Bloemen.
Bocchi.
Bockhorst.
Bocksberger.
Bois.
Brotus.

Calimberg.
Calza.
Canti.
Casanova.
Castelli.
Chantreau.
Chodowicki.
Comendu.
Coppola.
Courtois.
Cozzette.
Eisman.
Eyck.

Falcone.
Fiore.
Francesca.
Franck.
Füsli.
Gaal.
Gaelen.
Gerhard.
Gratiani.
Herber.
Hopfer.
Hugtenberg.
Knupfer.

Kobell.

Kobell.
Leckerbetien.
Lembke.
Leygeben.
Lin.
Lione.
Löwenstern.
Maas.
Marc.
Martin.
Monti.
Nollet.
Paganini.
Palamedes.
Pänfi.
Parmigiano.
Paroccel.
Paton.

Porpora.
Possenti.
Querfurt.
Rabiella.
Rainert.
Reschi.
Reuling.
Reuter.
Ridinger.
Rinaldi.
Rosa.
Rugendas.
Scierra.
Seng.
Simone.
Simonicci.
Snayers.
Snellinck.

Sneyders.
Stom.
Stonga.
Stopp.
Tempesta.
Titian.
Toledo.
Torres.
Verbeck.
Verdussen.
Verhoeck.
Verhuyck.
Verschuring.
Vicino.
Vos.
Wael.
Woolton.

Blumen, Früchte, Obst, Kräuter, Pflanzen, Gemüß.

Aelst.
Angelini.
Angermeyer.
Ascione.
Baglioni.
Bailly.
Beck.
Becke.
Belvedere.
Bernardi.
Bernasconi.
Vernez.
Bersotti.
Bettina.
Bettini.

Bigi.
Bimbi.
Bobson.
Boel.
Bös.
Bosch.
Boschaart.
Boulogne.
Brach.
Bouttats.
Breughel.
Broeik.
Brughel.
Caffi.
Camogli.

Campi.
Cassani.
Cassissa.
Castellano.
Cerquozzi.
Chemin.
Ciezar.
Cittadini.
Corte.
Covyn.
Craan.
Crepu.
Cristiani.
Dalen.
Degri.

Ducas.

Ducas.	Hulsdonck.	Neer.
Duramano.	Hulst.	Nikkelen.
Dychtl.	Huysum.	Nimmegen.
Dyk.	Kalf.	Nys.
Eimart.	Kalraat.	Oetgens.
Elger.	Kessel.	Os.
Eß.	Kik.	Oudry.
Eyckens.	Labrador.	Overf.
Falch.	Lairesse.	Pace.
Felice.	Lanse.	Page.
Fiedler.	Legi.	Pereda.
Fiori.	Leonelli.	Perego.
Fischer.	Levo.	Peyrotte.
Flegel.	Leusing.	Pfeiler.
Fontenay.	Ligozio.	Piccart.
Friedrich.	Lobes.	Recco.
Fusco.	Loth.	Robart.
Fyt.	Lucker.	Roepel.
Gabron.	Lyssens.	Roeting.
Gallis.	Mannlich.	Rohr.
Gillmans.	Mans.	Roodtseus.
Gobbo.	Mantuano.	Roschbach.
Gavaerth.	Mathiowiz.	Roye.
Haan.	Merian.	Ruoppoli.
Hamen.	Mesquida.	Ruysch.
Hamilton.	Mignon.	Scacciati.
Hardime.	Monnoyer.	Schiler.
Haverman.	Monticelli.	Schlichten.
Heck.	Moortel.	Scierra.
Heem.	Moreels.	Scoppa.
Heinecken.	Morel.	Scorza.
Hien.	Moucheron.	Segers.
Hooch.	Myn.	Siebert.
Horemans.	Nanni.	Siegwald.
Huber.	Navarra.	Simler.

Emissen.	Thill.	Utrecht.
Smits.	Varson.	Warschlunger.
Smiz.	Verbruggen.	Werdmüller.
Snyers.	Verelst.	Withoß.
Sole.	Verendael.	Willinr.
Son.	Verkolie.	Windinger.
Spada.	Vinne.	Wittig.
Spelt.	Vitali.	Wunder.
Stuvens.	Vogel.	Wytmann.
Tamm.	Vosmeer.	Zon.
Thielen.	Vree.	

Conversationsstücke, Bauern, lustige Gesellschäften, Trinkstuben, Bakchusfeste, Cabinetstücke, Solda-ten-Unterhaltungen, Bamboschaden, Schäferstücke, ovidische Stücke, und poetische Gedichte.

Abshofen.	Bout.	Cramer.
Achterfeld.	Brackenburg.	Cuipers.
Amorosi.	Brassauw.	Cuylenburg.
Anchilus.	Breenberg.	Dassonville.
Angelo.	Breughel.	Diepraam.
Balten.	Breydel.	Domenici.
Battum.	Brio.	Donducci.
Beckers.	Brouwer.	Douw.
Bega.	Buttler.	Droogsloof.
Berchet.	Buys.	Dussaert.
Berckheyden.	Caneau.	Erpard.
Biset.	Caravaggio.	Ferg.
Bloet.	Carre.	Fiedler.
Blond.	Castelli.	Focke.
Bolleri.	Cerezo.	Forge.
Bonito.	Chatel.	Fourmestraux.
Boon.	Chodowicki.	Freudenberger.
Bosch.	Cittadini.	Fuchs.
Bourdon.	Codde.	Gobelyns.

Gossin.

Grundman.

Halen.

Hals.

Hamen.

Heck.

Helmout.

Helmsdorff.

Herp.

Heur.

Hoeck.

Hooghe.

Horemans.

Jannecke.

Jansens.

Jardin.

Juncker.

Keill.

Kessel.

Klerck.

Knupfer.

Koeck.

Koedyck.

Kraus.

Kuyp.

Laar.

Laen.

Laenen.

Laroon.

Lauri.

Leermans.

Liberi.

Löwenstern.

Longhi.

Mandyn.

Manfredy.

Maroli.

Massan.

Maulperz.

Mezu.

Miel.

Mieris.

Mirevelt.

Molenaer.

Moni.

Montagne.

Monticelli.

Moor.

Morelli.

Muscher.

My.

Myn.

Nain.

Nestcher.

Nolleckius.

Ostade.

Ouderogge.

Paape.

Paganini.

Palamedes.

Palcko.

Palthe.

Pee.

Pequaer.

Penen.

Pereda.

Pieters.

Potter.

Quast.

Raoux.

Ravestyn.

Rembrand.

Rombuts.

Rosa.

Rysen.

Sacchi.

Sachtleven.

Sandvoert.

Sart.

Scheiz.

Schwanenfeld.

Scierra.

Seekaz.

Seng.

Slingeland.

Sluis.

Spizel.

Spreeuw.

Steen.

Steeree.

Stella.

Sueur.

Teniers.

Terburg.

Thulden.

Tilborgh.

Tischbein.

Titian.

Tombe.

Troost.

Q

Turchi,

Turchi.

Valentin.

Varege.

Veen.

Verbeck.

Verbruggen.

Verkolie.

Vierpyl.

Vreem.

Waser.

Wáteau.

Weeling.

Werff.

Wientrag.

Wigmana.

Winter.

Wouwermans.

Wulfraat.

Wunder.

Wyck.

Wynen.

Zorg.

Zyl.

Federvieh, Hahnen, Hennen, Geflügel.

Aelst.

Angermeyer.

Bischof.

Boel.

Burgau.

Burgau.

Durante.

Fockhezer.

Ferguson.

Gryef.

Hamilton.

Hien.

Höntekoter.

Hyhn.

Koning.

Lilienbergh.

Mieris.

Puytling.

Podasch.

Tyssens.

Verendael.

Vermeulen.

Victor.

Weidner.

Fische, Fischfänge, Krebse, Muscheln.

Bernardi.

Bettini.

Boel.

Bril.

Breughel.

Bueklaer.

Cuyk.

Eß.

Felice.

Ferg.

Gellig.

Kessel.

Liberale.

Loth.

Mannlich.

Migtton.

Nanni.

Porpora.

Roeting.

Schiler.

Schlichten.

Verbruggen.

Weis.

Fleisch, schönes Fleisch, schönes Nacktes, schöne Weibspersonen, nackte Figuren, Götter, Göttinnen.

Albani.

Allori.

Balen.

Bartholomäo.

Blanchard.

Brandmüller.

Broeck.

Cousin.

Coxie.

Coypel.

Floris.

Geldersman.

Giorgi.

Giorgi.	Mabuse.	Rubens.
Giorgione.	Moine.	Salviati.
Harp.	Montfort.	Savoye.
Heiß.	Ongers.	Solimene.
Holbein.	Oost.	Vanloo.
Klerck.	Pieters.	Vertangen.
Kranach.	Rottenhamer.	Werff.
Loir.		

Früchte, siehe Blumen.

Geschirre, Gefäße, allerhand Töpfe, Gläser.

Baliuw.	Flegel.	Labrador.
Bernez.	Fontenay.	Maltese.
Bersotti.	Fyt.	Monticelli.
Bos.	Gabron.	Oudry.
Caravaggio.	Heem.	Pee.
Castro.	Kalf.	Poorter.
Fioravente.	Koeck.	

Haare, schöne Haare.

Cazes.	Floris.	Montfort.
Civoli.	Kranach.	Morales.

Hirtenstücke, siehe Viehstücke.

Historienmahler, Poesien, allerhand Gedichte, römische oder biblische Geschichten, Allegorien.

Amberger.	Aver.	Baugin.
Amigoni.	Backer.	Baumgartner.
Andre.	Baldi.	Beeldemaker.
Angelica.	Baldung.	Bellini.
Angelo.	Balen.	Berchet.
Appel.	Balten.	Beretini.
Assan.	Barent.	Bernardini.
Asselyn.	Baroccio.	Beschey.
Assen.	Bassano.	Beutler.

Bianchi.

Bianchi.	Colomba.	Fisches.
Bie.	Colyn.	Floris.
Bilivelti.	Coning.	Fontaine.
Blanchard.	Cordues.	Fragonard.
Bloensart.	Corregio.	Franck.
Bockhorst.	Costanzi.	Fresnoy.
Bol.	Courtois.	Gabbiani.
Borroni.	Covyn.	Garbieri.
Bottoni.	Denys.	Garzi.
Bottschild.	Derich.	Gebouw.
Boulanger.	Dewet.	Gelder.
Bracklinburg.	Deyster.	Geldersman.
Brandenberg.	Diepenbeck.	Gerhard.
Brandi.	Dietrich.	Golling.
Brandmüller.	Dieu.	Goltius.
Brinckman.	Dolee.	Gürtler.
Bronckhorst.	Donducci.	Hahn.
Brün.	Douven.	Hal.
Brun.	Doyen.	Halter.
Bylert.	Dürer.	Hämen.
Calci.	Dyk.	Heil.
Calcker.	Eckhout.	Heinz.
Calimberg.	Eichler.	Heis.
Calvart.	Enzensperger.	Helmbrecker.
Campana.	Elzhaimer.	Heur.
Campi.	Enghelrams.	Hoffman.
Caraccio.	Esperling.	Hogart.
Carlier.	Ermels.	Hollstein.
Cassano.	Eyckens.	Holzer.
Castiglione.	Fantoni.	Hontorst.
Cazes.	Felice.	Hoogstad.
Cheron.	Fensterer.	Hopfer.
Cerezo.	Ferrari.	Huber.
Christ.	Feuerlein.	Jacobs.
Clef.	Fevre.	Jameson.

Jannefe.

Janneke.
Jordans.
Jouvenet.
Isaac.
Juanez.
Julius romanus.
Kager.
Kappers.
Kelner.
Keſſel.
König.
Knappich.
Knupfer.
Koeck.
Kranach.
Kupetzky.
Laire.
Laireſſe.
Lama.
Lanfranco.
Largilliere.
Lemens.
Liſſe.
Loth.
Lys.
Lyſſens.
Maas.
Mabuſe.
Maeſt.
Malbetz.
Mander.
Maratti.
Marc.
Matteo.
Mauchert.

Mauperche.
Mazzieri.
Mengs.
Miel.
Mirevelt.
Moine.
Montagne.
Montanini.
Morales.
Murillo.
Myn.
Natalino.
Neer.
Nieulant.
Nogari.
Offin.
Ongers.
Oost.
Palcko.
Palma.
Panico.
Paſſari.
Paudiz.
Pee.
Penni.
Pereda.
Permanginiani.
Perrier.
Pesne.
Pfaltz.
Piazetta.
Pipi.
Pittoni.
Plazzer.
Poelemburg.

Poorter.
Porbus.
Porta.
Poſſenti.
Pot.
Preisler.
Prina.
Quant.
Quitter.
Reicher.
Reſani.
Rivalz.
Rode.
Roos.
Rotari.
Rotenhamer.
Rubens.
Sambach.
Sabbatini.
Sandrart.
Sanſon.
Saracino.
Sarrazin.
Schall.
Schlot.
Schönfeld.
Schut.
Schulz.
Schwarz.
Sebaſtian.
Seekaz.
Segers.
Sementi.
Senen.
Seuter.

Q 3

Simone.

Simone.
Sing.
Siradia.
Sobleau.
Solimene.
Speccard.
Speer.
Spranger.
Spoede.
Sprengel.
Stanzioni.
Steen.
Stech.
Stimmer.
Stomer.
Storer.
Stradanus.
Strozzi.
Sueur.
Suster.
Susterman.
Syder.
Tallot.
Tempel.
Tempesta.
Teniers.
Terbruggen.
Thun.
Thuilliers.

Tiarini.
Tiepolo.
Tintoret.
Tischbein.
Toeput.
Torres.
Trautman.
Tremolliere.
Trevisani.
Triva.
Troger.
Troy.
Tyssens.
Valckenburg.
Valder.
Valcks.
Vanloo.
Varege.
Udewael.
Veen.
Velasquez.
Verbuis.
Vereycke.
Verkolie.
Veronese.
Vince.
Vinckeboom.
Ulerich.
Vleugels.

Vliet.
Umbach.
Unger.
Vorhout.
Vos.
Vouet.
Voys.
Waerd.
Wagner.
Waldraf.
Weeninr.
Wenzel.
Wenzinger.
West.
Wieling.
Wildens.
Willebort.
Willems.
Willieret.
Witte.
Wittig.
Wolf.
Wolcker.
Wouters.
Wulfraat.
Ypern.
Zago.
Zick.
Zoffani.

Jagdstücke, Jäger, Hetzen, Wildpret und Jagdzeug.

Barlow.
Beldeenraker.
Bernaert.
Viecke.

Biltius.
Bocksberger.
Brill.
Cantone.

Caro.
Chantrean.
Chodowiecki.
Desportes.

Drossaart.

Drossaart.
Gaal.
Gaelen.
Gravenstein.
Hamer.
Heus.
Hondius.
Jacobs.
Laar.
Leygeben.
Maas.

Meulen.
Miel.
Oudendyck.
Pequaer.
Pierson.
Rubens.
Rysbracht.
Seng.
Seeman.
Sneyders.

Stokmar.
Stradan.
Thoman.
Tons.
Verheyden.
Verhuyck.
Verschuring.
Vinckeboom.
Vos.
Warschlunger.

Jahrmärkte, Kirchweihen, Marktplätze, Hochzeiten.

Angelo.
Balten.
Bassano.
Brackenburg.
Breughel.
Breydel.
Brouwer.
Castiglione.
Chatel.

Cittadini.
Donducci.
Droogsloot.
Graf.
Helmbrecker.
Helmout.
Grund.
Jardin.
Laar.

Monticelli.
Nikkelen.
Possenti.
Raoux.
Rohr.
Teniers.
Thulden.
Wyck.

Insekten, Sommervögel, Eydexen, Schlangen.

Augermeyer.
Beck.
Bos.
Broeck.
Burgau.
Degri.
Fontenay.

Halbauer.
Hamilton.
Heem.
Hooch.
Heus.
Marcellis.
Merian.

Mignon.
Roeting.
Ruysch.
Segers.
Struyck.
Vromans.
Widhoß.

Kinder, schöne Kinder, Kinderspiel.

Albani.
Blanchet.
Brentel.
Castelli.

Cazes.
Liberti.
Loir.
Melling.

Mierts.
Oswald.
Stella.
Strudel.

Kir=

Kirchen, siehe Architektur.

Köpfe, schöne Köpfe, alte Köpfe, Halbfiguren.

Bel.	Fratrel.	Rotari.
Vol.	Fabrique.	Rembrand.
Brüderle.	Gratiani.	Sandrart.
Caravaggio.	Hårlein.	Twenhusen.
Cynerole.	Hoffmeister.	Tiepolo.
Denner.	Merten.	Wallers.

Kuchelstücke, Kuchelgeschirre, Kupfergeschirre, Marktfeilschaften.

Aerthens.	Helt.	Sneyders.
Bassano.	Kalf.	Son.
Dychtl.	Leusing.	Susenier.
Eimart.	Mezu.	Ulenborck.
Flegel.	Mirevelt.	Waerding.
Hoffmann.	Overf.	

Landschaften, Prospekte, Perspektivstücke.

Achtschellings.	Assen.	Beich.
Agricola.	Aver.	Bel.
Aguero.	Bager.	Belin.
Ackerboom.	Baglioni.	Bellers.
Albani.	Balen.	Belloti.
Alenwyn.	Balten.	Bemel.
Alfaro.	Bamfylde.	Bendler.
Allegrain.	Barret.	Bent.
Ammon.	Bassi.	Berckheyden.
Amstel.	Battum.	Beretini.
Anezi.	Baudewin.	Berghem.
Angeli.	Baugin.	Bermant.
Appel.	Baumgartner.	Beutler.
Artois.	Becker.	Bianchi.
Asch.	Beeldemaker.	Bibiena.
Asselyn.	Begyn.	Biecke.

Blan=

Carlevary.	Does.
Carre.	Domenici.
Casanova.	Dominique.
Casta.	Donducci.
Castellano.	Drossaert.
Castiglione.	Dürer.
Cauliz.	Edema.
Champagne.	Ehrenberg.
Chodowiecki.	Eimart.
Ciezar.	Eisman.
Cingiaroli.	Elzevir.
Cittadini.	Elzhaimer.
Clef.	Ercolanetti.
Clerisseau.	Everdingen.
Coccorante.	Eyckens.
Collantes.	Fabritius.
Columba.	Fargues.
Compagno.	Farington.
Compe.	Feistenberger.
Concevoe.	Felice.
Corneille.	Felgem.
Cossiau.	Ferajuolo.
Costa.	Ferg.
Corie.	Fiamingo.
Cröos.	Filgher.
Daele.	Fonticelli.
Dalens.	Forest.
Danckers.	Fouquier.
Delatre.	Freminet.
Deutici.	Freznoy.
Desportes.	Friedrich.
Diest.	Gabbiani.
Dietrich.	Gains.
Dietsch.	Gainsborough.
Dionat.	Gallis.

Gar=

Garvey.	Hochecker.	Lauri.
Garzi.	Hoeck.	Lauterer.
Gaffel.	Hoefnagel.	Leckerbetien
Gebouw.	Hoie.	Leuw.
Geelen.	Hollando.	Liegols.
Gennari.	Hoog.	Lingelbach.
Genoel.	Huber.	Lione.
Gerard.	Huet.	Lisse.
Gini.	Huysman.	Locatelli.
Giron.	Huysum.	Loegel.
Glauber.	Jameson.	Lombardi.
Gobelyns.	Jardin.	Londonio.
Godewick.	Jollain.	Lorenzetti.
Gool.	Jove.	Lorrain.
Gout.	Jriate.	Loto.
Goyen.	Juvenel.	Mander.
Griffier.	Kabel.	Mans.
Grimaldi.	Kalraat.	Manskirch.
Grimmer.	Kamphuyzen.	Mantuano.
Grund.	Kaynot.	Manzoli.
Gyzen.	Kegel.	Martin.
Hackert.	Kempen.	Martinelli.
Haen.	Kessel.	Martinotu.
Hagen.	Kierings.	Martorello.
Halen.	Klas.	Marziali.
Hamen.	Klengel.	Masturzo.
Harms.	Kneller.	Maturino.
Hartman.	Knippergen.	Mauperche.
Heck.	Kobell.	Mazzieri.
Heil.	Koene.	Meer.
Herault.	Kraer.	Merian.
Heus.	Kraes.	Meulen.
Hezendorf.	Lambert.	Meyer.
Hirt.	Larise.	Michault.
Hobbema.	Lauch.	Milet.

Mund,
Nagel,
Nanni,
Nedeck.
Niculant,
Nikkelen.
Nollekins,
Nollet,
Offerman,
Oliva,
Onofri.
Oppersdorf,
Orient,
Offenbeck,
Oudendyck,
Paderna,
Pagani,
Panfi.
Parmigiano,
Patal,
Patenier,
Pecchio,
Pedone,
Penni.
Pereda,

Possenti,
Post,
Potter,
Poussin,
Poytlinck,
Primi,
Prouck,
Pinacker,
Quartal.
Rademacker,
Raineri,
Reclam,
Reschi,
Reuter.
Rinaldi,
Ritschier,
Riviera,
Robert,
Rogier.
Rogman,
Rooker,
Ryos.
Rosignal,
Rudolph,
Rugeri,

Savery,
Schalch,
Schaubrock,
Schiffer,
Schinagel,
Schütz,
Schwarz,
Senen.
Siena,
Smith,
Soens,
Sole,
Sommier,
Soto.
Speyman,.
Steenwick,
Stephani.
Stock,
Stom.
Surchi,
Taruffi,
Tasso,
Teniers,
Theodore,
Thiele.

Tieling.

Tilleman.

Titian.

Toeput.

Tons.

Torres.

Troost.

Troyen.

Tyssens.

Valckenburg.

Valcks.

Vanloo.

Vantuys.

Vanvitelli.

Vasco.

Uccello.

Uden.

Vechio.

Velde.

Veralli.

Vereycke.

Verhaegt.

Verkolie.

Vertangen.

Vervoort.

Verwilt.

Vicente.

Vicino

Vilenburg.

Vincentio.

Vischer.

Voet.

Vogelzang.

Vosmeer.

Vostermans.

Vree.

Vries.

Vroom.

Wael.

Waerd.

Waldgrave.

Wals.

Wans.

Wateau.

Waterloo.

Waterschoot.

Weeninx.

Weirotter.

Weiß.

Werdmüller.

Weyerman.

Withoß.

Wildens.

Williemburg.

Wilson.

Wingart.

Winter.

Witenbrock.

Witte.

Wouters.

Wouvermans.

Wuest.

Wyck.

Wynants.

Wytmau.

Zegers.

Zuccarelli.

Still = Lebengemälde, leblese Gegenstände, Musikalien, Bücher, Teppiche, Todtenköpfe, und Allusionen auf die Eitelkeit.

Aelst.

Aenvanyck.

Ammon.

Andriesen.

Vel.

Binoi.

Block.

Boulogne.

Castro.

Dewet.

Fioravente.

Flegel.

Gallis.

Gysbrechts.

Koenig.

Labrador.

Lauch.

Leck.

Lippi.

Malthese.

Pace.

Peuteman.

Pierson.

Remps.

Rothfuchs.

Steenwick.

Streeck.

Willingen.

Martyr, schreckbare Historien.

Capurro. Glautsching. Tibaldi.
Garbieri. Ribera.

Nachtstücke, Feuersbrünste, Mondenschein, Höhlen, Gewölber, Hexenstücke.

Bentum. Hackert. Schalcken.
Blondeel. Heil. Seekatz.
Bolleri. Hondius. Steenwick.
Bramer. Kobell. Stomer.
Breughel. Koella. Stopp.
Caravaggio. Maier. Thiele.
Cuylenburg. Neefs. Toledo.
Douw. Neer. Tombe.
Elst. Nigges. Tournieres.
Elzevir. Ovens. Trautman.
Elzheimer. Palthe. Troyen.
Falciatore. Pedone. Vinckeboom.
Francesca. Pipi. Weeling.
Füsli. Savoldo. Wittig.
Ganzes.

Räuber, Mörder, Ziegeuner.

Falciatore.	Lin.	Präsch.
Jardin.	Manfredi.	Quast.
Laar.	Nikkelen.	Valentin.
Leygeben.	Rollet.	

Seestücke, Schiffe, Seesturm, Sturmwinde.

Artveld.	Goyen.	Rose.
Backhuysen.	Grund.	Ruisdael.
Beck.	Hägen.	Salm.
Bel.	Herman.	Scath.
Belvois.	Jager.	Serres.
Bianchi.	Kruyf.	Störr.
Blanckhoff.	Liegois.	Szon.
Borzoni.	Lorrain.	Toledo.
Bril.	Maddersteg.	Velde.
Butler.	Marziali.	Verbeck.
Carbone.	Masturzo.	Verbruggen.
Carlevariis.	Meer.	Vernet.
Carre.	Minderhout.	Vicino.
Casanova.	Monticelli.	Vlieger.
Cerquozzi.	Nieulant.	Vliet.
Coccorante.	Oliva.	Volaire.
Compagno.	Paton.	Vollert.
Danckerts.	Pedone.	Vroom.
Domenici.	Pesce.	Wieringen.
Everdingen.	Paters.	Willaert.
Eyck.	Platten.	Woodkok.
Fergione.	Possenti.	Wubbels.
Fiamingo.	Primi.	Wyck.
Füsli.	Rietschof.	Zeelander.
Ganzes.	Riviera.	Zeeman.
Glauber.	Rosa.	

Städte.

Städte, Marktflecken, Dörfer.

Ackerboom.	Goyen.	Prouck.
Bränd.	Heyden.	Snayers.
Compe.	Murant.	Teniers.
Ferg.	Offenbeck.	

Thiere, Thierstücke, Viehstücke, Hornvieh, Wildpret, Hunde, Weydwerk.

Angelo.	Breughel.	Furich.
Asselyn.	Bueklaer.	Fyt.
Baldung.	Byß.	Gabbiani.
Bassano.	Cane.	Gaelen.
Baudiz.	Caro.	Gainsborough.
Barlow.	Carre.	Gilpin.
Begyn.	Cassani.	Gool.
Beich.	Castiglione.	Graf.
Beint.	Cauli.	Gravensteitt.
Berckheyden.	Cigniaroli.	Gryef.
Bergen.	Cittadini.	Hals.
Berghem.	Cossiau.	Hamer.
Bernaerk.	Cuyck.	Hamilton.
Bersotti.	Dalens.	Heus.
Bettini.	Desportes.	Hieu.
Bianchi.	Dietrich.	Hirt.
Bloemark.	Duc.	Hoefnägel.
Bloemen.	Dupaon.	Hondius.
Boel.	Enzinger.	Huber.
Bois.	Ercolanetti.	Huysman.
Bölleri.	Everdingen.	Hyen.
Borssum.	Faleens.	Jacobs.
Both.	Fergione.	Jardin.
Bouscher.	Ferguson.	Kabel.
Boule.	Fockhezer.	Kalraat.
Brach.	Fontana.	Kamphuyzen.
Brandi.	Fuchs.	Kessel.

Klengel,

Klengel.
Klöckner.
Koning.
Kräer.
Kupp.
Lairesse.
Lauterer.
Leeuw.
Legi.
Leonelli.
Londonio.
Loth.
Mannlich.
Maroli.
Martinotti.
Massan.
Meer.
Mesquida.
Mieris.
Mirevelt.
Moucheron.
Nanni.
Offenbeck.
Oudry.
Pasch.
Päuditz.

Pecchio.
Porbus.
Potter.
Prasch.
Recco.
Resani.
Reuter.
Ridinger.
Roos.
Rooshof.
Rosa.
Rudhard.
Rugeri.
Ruhl.
Ruoppoli.
Ryck.
Sauerland.
Savery.
Scacciati.
Scalch.
Scheiz.
Schiler.
Schulz.
Schwanenfeld.
Scorza.
Sneyders.

Spöede.
Stradan.
Tamm.
Thiele.
Thoman.
Thys.
Tieling.
Tyssens.
Valckenburg.
Vantuys.
Veit.
Verheyden.
Verhuyck.
Vermeulen.
Vischer.
Vitali.
Vogel.
Vogelzang.
Vos.
Utrecht.
Warschlunger.
Weeninx.
Weis.
Wuest.
Wunder.
Wyck.

Trauben.

Aelst.
Aenvanick.
Ascione.

Eß.
Hamilton.
Hulsdonck.

Loth.
Os.
Warschlunger.

Viehstücke, siehe Thierstücke.

Vöge

Vögel oder Federvieh.

Burgau.	Savery.
Bys.	Schiler.
Caro.	Spada.
Eimart.	Thielen.
Fabrique.	Thill.
Lucker.	Tyssens.
Nanni.	Valckenburg.
Nys.	Uccello.
Olen.	Vogelaer.
Oudry.	Vonck.
Overf.	Utrecht.
Sauerland.	Wets.

fälle, Landschaften mit Wasserfällen, mit Seen.

Everdingen.	Kuyp.
Feistenberger.	Ruisdael.
Giron.	Williemburg.

N   Ver-

Verzeichniß
verschiedener Monogrammen und Unterschriften
von Mahlermeistern.

A.

Das Monogramma von Heinrich Aldegraf 1502.
gebohren; war ums Jahr 1551. folgendes

Auf einer Landschaft von Daniel van Alsloot, und
Heinrich de Clerck die Geschichte des barmherzigen Sa-
mariters vorstellend, ist auf dem Stamm eines Baumes
zu lesen

D ab Alsloot. S. A. Pict. 1608.

Das Monogramma von Albrecht Altorffer 1440.
geb. † 1511. war folgendes

Auf einem Portrait steht
Sophonisba Anguisciola se ipsam pinxit.

Auf einem Gemählde, wo Andromeda an einen Felſen geſchmiedet, von dem Perſeus befreyet wird, ſteht

Ioſeph Arpinas 1604.

Auf einer Landſchaft mit einem Waſſerfall von Johann Aſſelyn ſteht das Monogramm

A

Auf einer ſtark belaubten Landſchaft geiſtlich ſtafirt von Peter van Avont ſteht

Peter van Avont fec.

B.

Auf einem Seeſtück von Ludolph Backhuyſen findet man die Unterſchrift

Ludolph Backhuyſen f.

Das Monogramma von Johann Baldung 1470. geb.; war ums Jahr 1516. folgendes

HGB

Auf einem Gemählde von Jacob Baſſan, die Marter des heiligen Sebaſtian vorſtellend, iſt zu leſen

Iab. Baſſanenſis. f.

Auf einem Gemählde von Pompeius Battoni die Rückkehr des verlornen Sohnes betrefend iſt zu leſen

P. Batoni pinxit Romæ 1773.

Das Monogramma von Johann Wilhelm Bauer 1600. geb. † 1640. war folgendes

Io. WB

Auf

Auf einer kleinen Landschaft von Johann Wilhelm Baur mit Cameelen, Pferden und Hornvieh stafirt in Wasserfarben steht

Io: WBaur fecit.

Das Monogramma von A van Beeke war um's Jahr 1650. folgendes

AB

Auf einem flammånder Bauern = Conversationsstücke von Cornelius Bega steht

Bega fecit.

Das Monogramma von Cornelius Bega 1600. geb. † 1664. war folgendes

B

Auf einem Gemåhlde, wo ein junges Frauenzimmer an ihrem Putztisch sitzt, steht unten auf einem Zettel

Iohannes Bellinus faciebat MDXV

1515.

Auf Landschaften von Wilhelm Bemmel, wo turki= sche Reiter von Råubern angegriffen werden, oder wo ein Reiterkorps sich in Marsch setzt, steht

W. Bemmel fec.

Das Monogramma von Nicolaus Berghem 1624. geb. † 1683. war folgendes

B

Auf einer gebürgigten Landschaft mit Vieh und Hirten von Dirck van Berghen heißt es

D. v. Berghen fec.

Eine bergigte Landschaft mit Vieh und einer Hirtinn
auf einem Esel von Nicolaus Berchem ist aezeichnet

erchem fec. 1680.

Eine bergigte Landschaft mit einer ausruhenden Heer-
de ist bezeichnet

Berchem fec.

Das Zeichen von Heinrich van Bles 1450. war
ums Jahr 1510. folgendes

Auf einem Gemählde von Abraham Bloemaert,
die Anbethung der heiligen drey Könige vorstellend, heißt
es:

A. Blomaert fec.

Das Monogramma von Peter van Bloemen 1649
geb. † 1719. war folgendes

Das

Das Monogramma von Bartholomä B o e h m 1502,
geb. † 1540. war folgendes

B-B

Auf einer Landschaft von Hans B o l, die Predigt Johannis in der Wüste vorstellend, steht

Hans Bol fec. 1589.

In zwey luſtigen oder Carnevals Converſationen von
Regner B r a ck e n b u r g h lieſt man:

R. Brackenbürgh f. 1690.

Auf zwey Proſpekten, mit ſchönem Baumwerk und
Waſſerproſpekten von Chriſtian Hülfgott B r a n d dem Aeltern ſteht

Brand fec. 1753.

Auf einem Gemählde die Schlacht bey Hochkirchen
vorſtellend von Joh. Chriſtian B r a n d dem Jüngern iſt
die Unterſchrift

peint par I. C. Brand peintre de S. M. I. et R.
et Profeſſeur de l'academie des Arts.

Auf einem Schlachtenſtück gegen die Türken von Johann
Peter van B r e d a l ſteht

I. P. van Bredal fec.

Das Monogramma von Criſpin van den B r o e ck
1530. geb. war ums Jahr 1650. folgendes

C ⋈ B

Auf zwey Gemählden von Peter B r u e g e l dem Aeltern, wovon eins einen Faſtnachtszeitvertreib, das andere
eine Dorfkirchweih vorſtellt, heißt es

Bruegel MDLIX.

Auf

Auf mehrern Gemählden von Peter Bruegel dem
Aeltern die Kreuzausführung Christi, den Bau des Thurms
zu Babel vorstellend, ist zu lesen

Bruegel MCCCCCLXIII
—— MDLXIII
—— MDLX.

Auf einer Landschaft von dem Johann oder Blumen
Brueghel steht   Brueghel 1604.
Auf einer andern von diesem Künstler ist zu lesen:

Brueghel fec. 1610.

Das Monogramma von Ambrosius Brueghel 1580
geb. war ums Jahr 1670 folgendes

Auf einem sehr reichen Blumenstück von Johann oder
von dem Sammt Breughel steht unten

I. Brueghel fec. 1625.

Auf einem Portrait von Mde le Brun, die nachher
unglückliche Königinn Antonia von Frankreich vorstellend,
steht:

peint par Mde le Brun agèe de 22. ans 1780.

Die Unterschrift von Hans Burgmair 1473. geb.
† 1559. war folgendes

H: \B:
H: B:

Auf zwey Architekturstücken von Johann Rudolph Bys
geistlich stafirt, steht

I. R. Bys fec.

C.

Auf dem Portrait von Callet den nachher unglück-
lichen König von Frankreich Ludwig den XVI. in dem
Ordens-Ceremonienkleide vorstellend, steht

Calet pt. 1781.

Auf einem Gemählde von Guido Canlassi, den heiligen Hieronymus in einer Höhle vorstellend, steht

Guido Cagnacci pt.

Auf einem Gemählde von Guido Canlassi die ster-
bende Cleopatra vorstellend, heißt es

Guido Cagnazzi pt.

Ein eigenes Portrait bezeichnet

Vincentius Catena pinxit.

Auf einem Gemählde von Philipp de Champaigne
vorstellend wie Adam und Eva den Tod ihres Sohnes Abel
bedauern, steht

Phil. de Champaigne faciebat Ao. 1656.

Auf einem Gemählde von Jacob Chimenti, wo
sich Susanna bey einem Brunnen zum Baad bereitet, vorstellend steht   Iacob Empoli f. 1600.

Auf einem Gemählde von Scipio Compagno, die
Enthauptung des heiligen Januarius vorstellend, steht

Cip: Compagno f.

Auf einem Gemählde von Scipio Compagno, einen Prospekt von Neapel vorstellend, steht

obiges Zeichen.

Das

Das Monogramma von Cornelius Cornelissen 1562. geb. † 1638, war folgendes

Auf einem Gemählde von Heinrich de Cort, ein altes Schloß vorstellend, steht

Henry de Cort a Anvers Ao. 1774.

Auf einem Fruchtstücke von A. Coosemans heißt es
A. Coosemans f.

Auf einem andern steht oben neben einem vergoldeten Pokal　　　　　A. Coosemans.

Auf einer Landschaft von Joseph van Craesbecke steht
C B.

Die Unterschrift von Hans von Culmbach 1500. geb. † 1545. war folgende
H. v. C.

D.

Auf einem Architekturstücke von Dirck van Delen, so ohne Figuren gefertiget ist, steht
D. van Delen fec.

Auf einer Landschaft, Jakob und Esau vorstellend, steht der Name des Künstlers
Iacob Wilhelm Delphius Ao. 1584.

　　　　　Das

Das Monogramma von Wendel Dieterling 154●
geb. ✝ 1599, war folgendes

WS

Auf zwey Gemählden von Christ. Wilhelm Ernst Dietrich die Beschneidung Christi, sodann Mariä Reinigung
vorstellend, ist zu lesen

C. W. E. Dietrich fec. Ao. 1738.
C. W. E. Dietricy pinxt 1738.

Auf zwey Köpfen ein altes Weib und einen alten
Mann den Künstler selbst vorstellend, steht

Denner 1726. fec.

Auf einem Gemählde von Dosso Dossi, den heiligen Hieronymus in einer Wildniß vorstellend, hat dieser
Künstler seinen Namen auf folgende Weise hingesetzt

Auf einem kleinen Gemählde von Gerard Dou, einen Arzt vorstellend, so den Urin betrachtet, ist hingeschrieben   GDOV 1643.

Das Monogramma von Gerard Dou 1613. geb.
✝ 1680, war folgendes

GDOV

Auf einem Gemählde von J. C. Drosch—sloot, wo
ein bekannter Duell von statten geht, heißt es

I. C. Drooch—sloot f. 1630.

Ein Gemählde von A. Duck, wo Kriegsdrangsalen
vorgestellt sind, ist bezeichnet mit   A. Duck f.

Auf

Auf einem Mutter Gottes Gemählde von Albrecht Dürer steht

Exegit quinque Meſtri Spatio Albertus Dürer Germanus MDVI.

Auf einem Gemählde die Martern der Chriſten von Albrecht Dürer vorgeſtellet, iſt auf einem angeſteckten Zettel zu leſen

Iſte faciebat Anno Domini 1508. Albertus Dürer alemanus.

Auf Zeichnungen von Albrecht Dürer die Auferſtehung Chriſti, und die Thaten Simſons vorſtellend, iſt zu leſen

Albertus Dürer Norenbergenſis faciebat poſt virginis partum 1510.

Auf einem emblematiſchen Gemählde von Albrecht Dürer, hält er ſelbſt eine Tafel, worauf geſchrieben iſt

Albertus Dürer noricus faciebat Anno a virginis partu 1511.

Das Monogramma von Albrecht Dürer 1471 geb. † 1528, war folgendes

Ein noch unaufgelöstes Monogramma

Zwey ſchöne Gemählde ſtellen allerley Früchten, Weinglas, Tabackpfeifen, Citronenſchäalen ꝛc. vor.

E. Auf

E.

Auf einem Gemählde von W. van Ehrenberg, eine prächtige Kirche von italienischer Bauart vorstellend, ist an einer Säule zu lesen

W v. Ehrenberg f. 1664.

Auf einem Gemählde, die bethende heilige Mutter vorstellend in Pastell ist folgende Unterschrift

Elisabethae principis parmensis Iosephi archiducis austriae conjugis optimae Opus.
1763.

Das Zeichen von Cornelius Engelbrecht 1468. geb. † 1533. war folgende

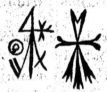

Auf einem Gemählde, wo Kriegsvölker Halt machen in einem Dorf, von Nikolaus van Eyck steht

N. van Eyck fec.

F.

Das Monogramma von Franz Floris 1520 geb. † 1570, war folgendes

HF

Auf einem Gemählde von Franz Franck, Christus am Kreuz vorgestellt, ist zu lesen

Den. Ion. **HF** in. 1606.

Auf

Auf einem Gemählde von Franz Franck dem Aeltern vorstellend, wie Croesus dem weisen Solon seine Schäze zeigt, ist zu lesen

D. o̅ I̅Franck inv̅.

Auf einem Gemählde, ein Ecce homo, von Franz Franck dem Aeltern steht Ffranck inv.

Auf einem Gemählde von Franz Franck dem Jüngern, eine Hexenverschwörung vorstellend, steht

Den. jon francis franck fecit et inv. 1607.

Auf einem Gemählde von Franz Franck dem Jüngern, den Triumph des Neptunus mit der Amphytrite vorstellend, steht

Do. Ffranck inv. et f. Ao. 1635.

Auf einem Gemählde in der kais. königl. Gallerie zu Wien, mit Wasserfarben, ist die Aufschrift

Franciscus I. Romanorum Imperator pinx. 1755.

Auf Geflügelstücken neben andern Jagdzeug ist zu lesen Ioannes Fyt 1647. f.

Auf einem großen Thierstücke von diesem Künstler ist zu lesen Ioannes Fyt fec.

Auf einem Frucht- und Geflügelstück von Joh. Fyt steht Iohannes Fyt fec. 1652.

G.

Das Monogramma von Lukas Gassel war ums Jahr 1548 folgendes

L̷G

Auf

Auf einem Geflügelstücke theils hangend theils liegend von N. van Gelder steht unten verzogen

NVGelder.

Die Unterschrift von N. van Gelder ist folgende

NVGelder.

Auf einem Gemählde, die büßende Magdalena in einer Höhle vorstellend, steht unten

Horatius Gentileschi florentinus f.

Auf einem Gemählde von Horatius Gentileschi, eine heilige Familie, wo Maria auf dem Boden sitzt, vorstellend, ist unten zu lesen

Horatius Gentileschus fecit.

Auf einem Gemählde von Thomas Gherardini grau in grau eines antiken marmornen Basreliefs, welches den Triumph der Ariadne vorstellet, steht

Tom.so Gherardini f. 1777.

Auf einem Gemählde von Gherardini, eine Nachahmung grau in grau eines antiken marmornen Basreliefs, eine Vikoria mit einer Fama vorstellend, ist zu lesen

Tom.so Gherardini f. 1777.

Auf einem Architekturstücke von Johann Ghering, die prächtige ehedem Jesuitenkirche zu Antwerpen vorstellend, liest man

IGhering fec. Ao. 1665.

Auf einem Kruzifix von vielfarbiger Gipsmahlerey liest man

Lambertus Christian Gori florentiae f. Ao. 1767.

Auf

Auf einer kleinen Landschaft von Peter Gyzen steht

Peter Gyzen fec.

H.

Auf Blumenstücken von Joh. Baptist Haelszel steht

Iean pap. v. Haelszel pinx. 1775.

Auf zwey Pferdstücken von Joh. Georg de Hamilton steht　　Iann Georg de Hamilton fec.

Auf einem Gemählde von Carl Wilhelm de Hamilton, wo alle Vögel unter dem Schutz des Adlers vorgestellt sind, liest man

Les Conversations et Chansons des Oiseaux
de C. W. de H.

Auf einem großen Thierstück von Philipp de Hamilton, Wölfe vorstellend, steht

Philipp de Hamilton C.C.M.C.P. fec. 1720.

Auf einem großen Pferdstück von Joh. Georg de Hamilton steht

Fait par Iean Georg d'Hamilton peintre du
cabinet de S. M. I. et cath. Ao. 1727.

Auf einer Nachahmung eines Basreliefs in Erz ein Kinder Bachanal vorstellend, steht der Meister

Ioseph Hauzinger pt. 1781.

Auf einem großen Frucht= und Blumenstück von Joh. de Heem steht　　I. De Heem fecit Anno 1648.

Auf einem Obststück von Cornelius de Heem allerhand durcheinander vorstellend, steht zu lesen

C. de Heem fecit.

Auf

Auf einem Fruchtſtück Citronen, Erdbeeren, und ein Glas Wein ꝛc. von Johann de Heem iſt gezeichnet

I. de Heem fec.

Auf Figurenreichen Proſpekten, deren eine den Winter und Eißfahrten vorſtellt, von Robert van Hoeck iſt zu leſen R. v. H. 1649.

Auf einem Gemählde von Martin von Hemskercken einen Triumph des Bacchus vorſtellend, ſteht unten

Martin Hemskerckius pingebat.

Auf einem Gemählde von Wilhelm de Heuſch, einen Sonnenaufgang in einer Berggegend vorſtellend, ſteht

CDHeuſch.

Auf einer bergigten Landſchaft von Wilhelm de Heuſch iſt zu leſen

CDHeuſch fec. 1699.

Das Monogramma von Hans Holbein 1495 geb. ✝ 1554, war folgendes

HB

Auf einem Gemählde von Johann van Hoogſtraten ein Zimmer, worinn zwey Weibsperſonen ſind, vorſtellend, ſteht I. v. Hoogſtraten f.

Auf einem Gemählde von Samuel van Hoogſtraten, den Proſpekt der alten kaiſerl. Burg in Wien vorſtellend, heißt es oben auf einem Zettel

Samuel van Hoogſtraten fec. 1652.

Auf

Auf einem Portrait von Samuel von Hoogstraten, einen graubärtigten Alten vorstellend, steht das Monogramm

SH und die Jahrzahl 1653.

Das Monogramma von Samuel van Hochstraten 1627. geb. † 1678, war folgendes obiges Zeichen.

Auf einem Geflügelstücke von Melchior Hondekoeter steht zu lesen M. D. Hondekoeter fec.

Auf einem Geflügelstücke von Melchior Hondekoeter, eine Henne mit ihren Jungen vorstellend, steht
M. D. Hondekoeter fec.

Auf zwey Conversationsstücken von Joh. Horemans, eine Kinderschule, sodann eine Schusterwerkstatt vorstellend, steht I. Horemans 1712.

Auf einem Gemählde von Johann van Hugtenburg, einen Scharmützel zwischen Reitern vorstellend, ist zu lesen
I. van Hugtenburg f.

Auf einem Gemählde von Johann van Hugtenburg, die Belagerung von Namur im Jahre 1695. vorstellend, steht I. v. Hugtenburg.

Auf schönen Blumenstücken mit Insekten, Vögeln, Nestern, oder Eyderen von Johann van Huysum, steht
Ian van Huysum f.

Eine noch nicht aufgelöste Unterschrift
H. I. H.

Das Gemählde stellt eine stark belaubte Landschaft mit geistlicher Staffage vor.

Das Zeichen von Lukas Kranach dem ältern 1472. geb. † 1553, war folgendes

Auf des Künstlers eigenem Portrait steht
Iohann Kupezki pinxit 1709.

L.

Das Monogramma von Lukas Leyden 1494. geb. † 1533, war folgendes

Auf einem Gemählde von Peter van Lint vorstellend, wie Christus den 38 Jahre langen Kranken heilet, steht
P. v. Lint f.

Auf einem Gemählde die Beschneidung Christi vorstellend, von Andreas Luigi, genannt Ingegno, steht folgendes
1526. Luig.

M. Die

M.

Die Unterſchrift von N. M a i r war ums Jahr 1490. folgende

MAIR

Auf einem Gemåhlde den heiligen Apoſtel Philippus vorſtellend, von Ulrich M a i r, ſteht   Mair f. 1653.

Auf einem Portrait Kaiſer Joſeph den **II.** vorſtellend, von Anton M a r o n, ſteht

A. Maron Auſtrius Viennſis pinxt. Romæ 1775.

Das Monogramma von Iſaak van M e ch e l n 1440. geb. † 1503, war folgendes

Auf einem mit Bleiſteft gezeichneten Portrait ſteht die Unterſchrift   Ant. Raph. Mengs.

Auf einem Portrait ſteht

Mathæus Merian f 1659.

Auf einem Gemåhlde von Johann M e ſſi s, Loth mit ſeinen Töchtern in einer Höhle vorſtellend, iſt zu leſen

Ioannes Maſſiis pingebat 1563.

Ein Gemåhlde von Franz M i e r i s, vorſtellend eine kranke Dame, welcher ein Arzt den Puls greift, iſt be= zeichnet   Franz Mieris fec. 1651.

Auf einem Gemåhlde von Wilhelm van M i e r i s, die griechiſche Lais mit dem Philoſophen Demoſthenes vorſtel= lend, ſteht   W. van Mieris fec. 1683.

Zwey

Zwey herrlich gemahlte Portraits von Wilhelm van Mieris sind bezeichnet eins W. van Mieris f. 1683.
W. van Mieris f 1684.

Ein kleines Kuchelstück von Ludwig van Moni, wo die Köchinn Austern öffnet, und allerhand Kuchelgeräthe neben ihr liegen hat, ist unterschrieben L. van Moni f.

Auf einem Gemählde von Anton Montfort, ein Dianenbaad vorstellend, steht B. 1573.

Auf einem Portrait von Anton Moor liest man oben Antonius Mor faciebat 1549.

Auf zwey Gemählden von Friedrich Moucheron, wo eines einen Scharmützel zwischen Reiterey vorstellt, das andere aber eine Landschaft mit steilen Felsen und Vieh, sodann eine Bäurinn, die einen Stier am Seil führt, und dazu in ein Horn bläst, steht F. Moucheron f.

Auf einem alten Altarsgemählde von Thomas von Mutina herrührend in der kais. königl. Gallerie zu Wien aufbehalten vom Jahr 1297. steht

Quis opus hoc finxit, Thomas a Mutina pinxit;
quale vides Lector rarissimi filius Auctor.
Das älteste Oelgemählde.

Auf einem Gemählde die heilige Familie in einem Saal vorstellend, steht M 1490

N.

Auf einem Architekturstück von Peter Neefs, die prächtige ehedem Jesuitenkirche von Antwerpen vorstellend, ist auf einer Säule zu lesen Peter Neefs fec.

Auf einem römischen Prospekt von Wilhelm van Nieulant ist zu lesen Guil. van Nieulant fec. 1612.

O. Auf

O.

Auf einem Gemählde von Maria van Oosterwyck, einen Blumenstrauß in einer steinernen Vase mit einer großen Sonnenblume vorstellend, steht

Maria v. Oosterwyck f.

P.

Auf einem Gemählde von Palamedes Stevens, einen Scharmützel vorstellend, steht

P. Palamedes Ao. 1636.

Ein Gemählde die schmerzhafte Mutter Gottes vorstellend, ist unterzeichnet Iacobus Palma f.

Auf einem Gemählde die Taufe Christi vorstellend, von Joachim Patinier, steht auf einem Stein

Opus Ioachim d. Patinier

Auf Köpfen oder Portraits von Paudiz steht zu lesen Criftoff Paudiz f. 1665.

Auf einem Seesturmgemählde von Bonaventura Peeters, steht B. P. fec.

Zwey Seestücke von Bonaventura Peeters sind unterzeichnet B: P:

Auf einem Gemählde von Hyaccinth de la Pegnia, den Prospekt der neuen Brücke zu Paris vorstellend, steht

Hiac. de la Pegnia fec. 1743.

Das Monogramma von Georg Pens 1510. geb. 1550, war folgendes

Auf einem Gemählde von Wachsmahlerey steht unten
Giuseppe Pesce Romano dipinse in Napoli nell' Anno 1758.

Auf

Egbert van der Poel fec. 1647.

Ein Gemählde von Cornelius Poelemburg, wo sich Nymphen baaden, ist bezeichnet　　C. P. f.

Eine Verkündigung Mariä von Cornelius Poelemburg ist bezeichnet　　C. P. F.

Das Monogramma von Cornelius Poelemburg 1586. geb. † 1660, war folgendes　　**C. P.**

Auf einem Blumenstück grau in grau inwendig, von J. M. Pretschneider, steht　I. M. Pretschneider.

Ω.

Die Unterschrift von Peter Quast war ums Jahr 1630. folgende　　Pictor Quast Inv.

Auf einem Gemählde von Peter Quast, eine Bauern-schenke, wo Taback geraucht wird, vorstellend, ist zu lesen
Pictor Quast Inv. 1633.

Auf einem Gemählde von Joh. Erasmus Quellinus, wo der heil. Franz Xaver den Indianern das Evangelium predigt, ist zu lesen　　Quellinus f. Ao. 1661.

Das Monogramma von Joh. Erasmus Quellinus 1629. geb. † 1715, war folgendes

N.

Auf einem Gemåhlde die heilige Mutter, von Franeo Raibolini, genannt Francia, gemahlt, vorstellend, liest man an einem Fußgesims Francia Aurifaber bono.

Auf einem Gemåhlde Raphaels, die heilige Mutter mit dem Jesuskind im Grünen sitzend vorstellend, steht die Jahrzahl MDVI. daraus läßt sich nachrechnen, daß der Künstler damals in seinem 33. Altersjahre gewesen ist.

Auf einem Gemåhlde von Rembrand, den heiligen Apostel Paulus an einem Tische sitzend vorstellend, heißt es Rimbrandt f. 1636.

Auf einem Portrait von Rimbrandt, dessen Mutter von ihm gemåhlt vorstellend, steht zu lesen Rimbrandt fec. 1639.

Auf einer Landschaft mit Ruinen und Vieh, von Heinrich Roos, steht HRoos pt. 1684.

Auf einer Landschaft mit Ruinen und Vieh von Heinrich Roos steht HRoos fecit. 1684.

Das Monogramma von Joh. Heinrich Roos 1631. geb. † 1685, war folgendes

Auf zwey Landschaften mit Viehheerden von Joseph Rosa steht Ioseph Rosa fec. 1770.

Auf einem Gemåhlde von Johann Rottenhammer, die Krippe Christi vorstellend, steht I. Rottenhammer fec. 1608.

Auf einem Gemåhlde die Martern der Christen vorstellend, von Joh. Christian Ruprecht, steht Ad Imitationem Düreri fec. Ioh. Christian Ruprecht civis Norim. Ao. 1653.

Auf

precht civis Norimbergenſis Anno Domini MDCLIV.

Auf einer Bärenhätze von Carl Ruthart ſteht
C. Ruthart f. 1665.

Das Monogramma von Carl Ruthart war ums Jahr 1666, folgendes

CRL

Auf einem gemahlten dicken Strauß mit weißen Roſen, Nelken und Tulipen ꝛc. auch mit Inſekten in einem gläſernen Gefäß ſteht   Rachel Ruyſch fec. 1706.

Auf einem Gemählde von David Ryckaert, eine Dorfkirchweihe vorſtellend, lieſt man
David Ryckaert f. Antwerpiæ.

Eine noch nicht aufgelößte Unterſchrift
I. G. K. R.
Das Gemählde ſtellt ein Stillleben vor, Häringe auf einem Teller und allerhand Früchten.

S.

Auf einer gebürgigten Landſchaft und Proſpekt von Herman Saftleven ſteht
Herman Saft—leven f. A. Utrecht. Anno 1665.

Das Monogramma von Herman Saftleven 1609 geb. ✝ 1685, war folgendes

Auf

Auf einem Gemählde von Andreas del Sarto, den Leichnam Christi von der heiligen Jungfrau und zween Engeln beweint, vorstellend, steht

And. Sar. flo. fac.

Auf zwey Landschaften mit Pferden, und mit vielen vierfüßigen und fliehenden Thieren von Roelandt Savery steht R. Savery. FF. 1608.

Auf einem andern Gemählde 1610.

Auf einer Landschaft mit Felsen steht der Nam des Künstlers Roeland Savery 1628 FF.

Auf einem Gemählde von Johann Jakob Schalch, den Rheinfall bey Schafhausen vorstellend, ist zu lesen

Iohann Iacob Schalch fecit.

Das Monogramma von Martin Schoen 1430 geb. † 1486, war folgendes

Auf einem Gemählde von Peter Schubruck, den Brand von Troja vorstellend, steht unten

Pet. Schubruck fec. 1605.

Auf zwey Blumenkränzen inwendig mit Grau in grauen Figuren, von Daniel Seghers, ist zu lesen

D. Seghers Soc. Iefu. 1647.

Auf Bataillenstücken von Peter Snayers steht

Peter Snayers pinxit. 1639.

Zwey Gemählde von Peter Snyers, todtes Wildpret an dem Ast eines dicken Baumes hangend, vorstellend, sind bezeichnet P. Snyers 1720.

Auf

Auf einem Portrait von Hans Specart steht
H. Specart.

Auf zwey mythologischen Stücken, die Maja und die
Omphale vorstellend, heißt es
Bar. Sprangers Ant. fesit.

Auf zwey mythologischen Gemählden Bachus und Ve=
nusfeste vorstellend, von Bartholomäus Spranger, steht
B. Sprangers Ant. v. fec. 1590.

Auf einem kleinen Architekturstück von Heinrich van
Steinwyck steht   Henr. v. Steinwyck 1604.

Auf einem kleinen Gemählde von Heinrich van Stein=
wyck, eine große Kirche gothischer Bauart vorstellend, heißt
es   Henricus van Steinwyck f. 1605.

Auf einer Kirche gothischer Art, von Heinrich van
Steinwyck dem jüngern, steht
H. v. Steinwyck f. 1618.

Auf einem Gemählde von Heinrich van Steinwyck,
ein Architekturstück, und einen Kerker, wo Petrus von ei=
nem Engel befreyt worden ist, vorstellend, steht
HNE. v. Steinwych. 1621.

T.

Auf einem Gemählde von David Teniers dem äl=
tern, die Gedichte von der in eine weisse Kuh verwandel=
ten Jo vorstellend, steht   David Teniers f. 1638.

Auf einem Gemählde von David Teniers dem ältern,
ein ovidisches Gedicht vorstellend, steht
David Teniers 1638.

Auf

Auf einem Gemählde von David Teniers dem jüngern, das jährliche Vogelschießen in Brussel vorstellend, unterschrieb sich der Künstler

David Tenjers fec. 1652.

Auf einem Gemählde von David Tenjers dem jüngern, das Opfer Abrahams vorstellend, steht

D. Teniers f. 1653.

Ein Blumenstück von Joh. Philipp van Thielen, worinn grau in grau die heilige Mutter Gottes eingemahlt ist, hat folgende Unterschrift

I. P. van Thielen Rigoulds f. Ao. 1648.

Auf einem Gemählde von Theodor van Thulden, die heilige Mutter auf einem Throne sitzend vorstellend, ist zu lesen   T. van Thulden fec. Ao. 1654.

Auf einem allegorischen Gemählde von Theodor van Thulden auf den Frieden steht

T. v. Thulden fec. Ao. 1655.

Auf einem Gemählde von Tintoret, wo ein Seeoffizier im Harnisch portraitirt ist, liest man an einer Säule

Annor XXX.

30.

Auf das Portrait von Benedetto Varchi ist hingeschrieben   Titianus f.

Auf einem Gemählde die Danáe, oder den goldenen Regen vorstellend, heißt es unten

Titianus Eques Cæf. fecit.

Auf

Auf einem Gemählde, die Lucretia mit offener Brust und einem Dolch, in der Hand vorstellend liest man
Sibi Titianus faciebat,

Ein großes Gemählde: Ecce homo, ist auf einer Treppe bezeichnet
Titianus Eques Cæf. f. 1543.

Auf einem Portrait den Kaiser Carl den V. vorstellend, liest man
Carolus V. Imp. An. æta. 50. MDL. TF.
Bedeutet Titianus faciebat.

Auf einem Portrait von Fabritius Salvaresius steht oben auf einer kleinen Tafel
Fabritius Salvaresius Annum agens L. MDLVIII.
Titiani Opus. MDLVIII.

Auf dem Portrait des kaiserlichen Antiquarii, Jokob von Strada, liest man
Iacobus de Strada Civis romanus Cæf. Antiquarius et Com. Belic. an. ætat. LIX.
MDLXVI. Titianus f,

Das Monogramma von Titian Becelli 1477 geb. ✝ 1576, war folgendes

Das Monogramma von Lukas van Balkemburg 1540 geb. ✝ 1625, war folgendes

Auf

Auf einem Portrait von Franz Vecelli gemahlt, einen schwarzbärtigten Mann vorstellend, heißt es

1538. Natus Annos 35.

Ein Hirtenstück in einer Landschaft von Adrian van der Velde ist bezeichnet   A. v. Velde f. 1664.

Das Monogramma von Wilhelm van der Velde 1610 geb. † 1693, war folgendes

Auf einem Gemählde von Peter Verelst, eine Bauernschenke vorstellend, steht

P. Verelst f.

Auf einem Gemählde von Peter Jos. Verhaghen, wo der König Stephanus von Ungarn die Krone und Reichsinsignien empfängt, heißt es

P. I. Verhaghen Ærschotanus f. 1770.

Das Zeichen von David Vinckboons 1578 gebohr. war ums Jahr 1611 folgendes

Das Monogramma von Cornelius de Vischer war ums Jahr 1550. folgendes

Auf

S. Vrancx fec.

W.

Auf einem Prospekt eines Seehavens mit einem Schloß von Johann Weenix, steht

I. Weenix f.

Auf einem historischen Stück von Jodocus a Winghe, wo der Appelles die Campaspe als Venus abmahlt, ist beygeschrieben

Iodocus a Winghe.

Auf einer Landschaft mit Ruinen von Caspar de Witte, steht
Caspar de Witte fec.

Das Monogramma von Philipp Wouwermanns 1620 geb. † 1670, war folgendes

Auf einem Gemählde von Joachim Wte Wael, ein Dianenbaad vorstellend, ist zu lesen
Ioachim Wte—Wael fecit.

Das Monogramma von Joachim Wte—Wael 1566 geb. † 1607, war folgendes

Auf

Wylleb̄ort, eine Ruhe der von der Jagd ermüdeten Diana vorstellend, steht zu lesen

Ioh. Fyt f. 1650. die Figuren sind von Th. Wyllebort.

Eine noch nicht aufgelöste Unterschrift
Georg P. R. E. W.
Das Gemählde stellt eine römische Historie vor.

3.

Auf zwey Geflügelstücken von Johann Zagelman, todte Enten oder Rebhühner, nebst andern Vögeln an einen Baum hingelehnt, steht

I. Zagelman pt.